성공적인 자녀교육과 자기계발을 위한
교육투자 가이드

교육의 **수**익률을 **높**여라

일러두기

1. 연령은 '만 나이'를 기준으로 하되 정확한 나이를 알기 어려울 때는 '연 나이'(기준연도-출생연도)로 표기하였다.

2. 임금이나 소득은 별도의 언급이 없는 한 세전(세금 공제 전) 금액이다.

3. 맞춤법은 국립국어원의 한국어 어문규범을 따르되, 둘 이상의 낱말이 이어진 명사의 띄어쓰기와 외래어 표기는 대중의 언어습관을 고려하여 필요한 경우 이를 지키지 않았다.

성공적인 자녀교육과
자기계발을 위한
교육투자 가이드

교육의
수익률을
높여라

박경인·권준모 지음

크리에이티브탱크
CreativeTank

프롤로그

교육은 투자이고, 투자에는 모름지기 원칙이 필요하다

흔히들 교육을 '자식 농사'라고 한다. 농부가 훌륭한 재배환경에서 품질 좋은 비료를 주며 정성스럽게 길러야 작황이 좋듯, 교육도 부모가 양질의 교육환경 속에서 자녀를 올바른 방향으로 이끌어야 그 결과가 좋은 법이다. 농부가 재배시설을 갖추고 비료를 고를 때 반드시 따져보는 문제가 있다. 바로 '투자한 만큼 수익이 발생할 수 있을까?' 하는 것이다. 작황이 좋아진다고 해서 무작정 값비싼 재배시설이나 비료를 선택할 수는 없다. 자선사업을 하는 농부가 아니고서야 이윤을 남기지 않고 농사를 지을 수는 없는 노릇이 아니겠는가? 그런데 자식 농사에서는 농부라면 당연히 고려해야 할 문제가 간과되기 일쑤다. 많은 부모들은 이렇게 말한다. 자녀교육을 어떻게 비용과 편익을 따져가며 생각할 수 있냐고. 설령 밑 빠진 독에 물 붓는 것과 다름없더라도 부모의 입장에서는 힘이 닿을 때까지 물을 부어야 하지 않겠느냐고.

교육은 병을 치료하는 것이 아니다. 자녀의 건강과 직결된 문제는 물불 가리지 않고 뛰어들고 싶은 것이 부모의 마음이다. 그런데 교육은 치료가 아니라 투자이고, 투자에는 모름지기 원칙이 필요하다. 예컨대 주식투자의 가장 기본적인 원칙은 가격이 많이 오를 것 같은 주식을 사고 별로 오르지 않거나 떨어질 것 같은 주식을 파는 것이다. 주가의 방향을 예측하기 어려운 사람은 주식을 사지 않으면 된다. 주식 살 돈을 그대로 은행에 넣어둔다고 하자. 나중에 이자가 붙어서 맡길 때보다 더 많은 돈을, 어쩌면 주식 고수의 투자수익률 이상의 돈을 찾게 될지도 모른다.

교육도 주식투자와 다를 바가 없다. 교육효과가 높아 보이는 데는 교육비를 늘리고 낮아 보이는 데는 교육비를 줄이면 된다. 교육효과가 불분명하다면, 교육에 쓸 돈을 예금으로 굴렸다가 나중에 자식에게 주는 것도 부모의 입장에서 결코 나쁘지 않은 선택이다. 창업자금으로 쓰든 주택구입자금에 보태든, 아무튼 그 돈이 자녀의 인생에 적지 않은 도움이 될 수 있을 테니까. 교육에 있어서도 비용과 편익을 철저히 따져야 하고 '밑 빠진 독에 물 붓듯' 교육비를 쓰지 않아야 하는 이유가 바로 이 때문이다.

남들이 다 주식 산다고 내가 사야 하는 것이 아니듯이 남들이 다 학원 보낸다고 내 자식을 반드시 학원에 보낼 필요는 없다. 학원 보낼 돈을 다른 곳에 유용하게 써보자. 만일 내 아이가 글쓰기에 소질이 있고 드라마작가를 꿈꾼다면, 고액의 수강료를 내야 하는 국영수 학원에 보내는 것보다 동서양 고전을 한 권이더라도 더 사주고, 극장에서 영화 한 편이라도 더 보여주며, 넷플릭스Netflix, 티빙TVing과 같은 온라인동영상서비스OTT: over-the-top 구독을 하나라도 더 늘리는 편이 훨씬 나을지도 모른다. 유명 학원에 보내고 명문대 출신의 과외교사를 붙여주며 값비싼 참고서를 사주는 것만 교육인 것은 아니다. 자녀의 재능을 살리는 데 투자하는 것이라면, 그것이 가계부에서 교육비로 분류되든, 여가·문화생활비로 분류되든 모두 교육과 다름없다.

    이 책은 우리 아이를 명문대에 보내고 유망한 직업을 갖게 하는 방법을 알려주지 않는다. 오히려 그 반대에 가깝다. 교육의 목적이 좋은 학벌이나 직장을 얻기 위함이 아니기 때문에 무분별한 교육비 지출을 지양해야 한다고 말할 것이다. 농부가 농사에서, 투자자가 주식에서 높은 수익률을 거두려는 것과 마찬가지로 교육도 수익률을 높이는 방향으로 이루어져야 함을 객관적인 근거를 통해 보여줄 것이다. 어쩌면 교육에 관해 누구나 알 법한 내용이지만 쉽게 인정하고 싶지 않은 불편한 진실을 말하게 될지도 모른다. 그러나 불편한 진실을 통해 우리 사회가 추구하는 교육이 올바른 방향으로 나아갈 수 있다면, 그 진실은 피할 것이 아니라 하루라도 더 빨리 받아들여야 한다. 이 책을 다 읽은 독자가 교육에 관한 불편한 진실을 조금이나마 덜 불편하게 느끼고 교육 문제에 대해 그동안 가졌던 생각을 한 번쯤 되돌아볼 수 있다면, 이 책은 소기의 목적을 달성한 셈이다.

    교육 문제를 다양한 학문, 이를테면 교육학, 경제학, 심리학, 신경과학, 언어학 등의 관점에서 바라본 만큼 이 책은 일반적인 교육

관련 서적보다 훨씬 방대한 주제를 다루고 있다. 이로 인해 선행 연구자들의 논문과 저서는 물론이고 여러 전문가로부터도 많은 도움을 받을 수밖에 없었다. 특히 촌철살인 같은 의견으로 이 책의 완성도를 한층 높여주신 전종희 교수님(국립강릉원주대학교 교양교육부), 정한별 교수님(서울대학교 기초교육원)께 감사의 마음을 전한다. 물론 기존의 연구결과를 소개할 때는 어느 한쪽의 입장에 치우치지 않고 최대한 객관적으로, 그리고 학부모뿐만 아니라 학생 독자들도 이해하기 쉽게 전달하고자 노력하였다. 모쪼록 이 책이 독자들에게 오늘날 대한민국 교육의 현실을 반추하고 더 나은 교육의 미래를 기약하는 기회가 되기를 바란다.

2024년 12월

박경인, 권준모

CONTENTS

프롤로그　　　　　　　　　　　　　　　　　　　　　　　　　004

제1부
사교육 공화국의 민낯　　　　　　　　　　　　　010

제1장	사교육시장, 도대체 얼마나 클까?	012
제2장	사교육비를 다 모으면 아파트 한 채 값?	018
제3장	사교육을 이끄는 학원, 얼마나 많을까?	024
제4장	사교육의 메카, 서울 강남구 대치동	030
제5장	천정부지로 오르는 사교육 물가	036
제6장	늘어나는 사교육, 떨어지는 학업성취도	042
제7장	입시제도에 따라 춤추는 사교육시장	048
제8장	과도한 입시경쟁에 내몰리는 아이들	054

제2부
교육의 불편한 진실　　　　　　　　　　　　　060

제9장	공부는 유전일까? 환경일까?	062
제10장	남자는 수학을, 여자는 언어를 더 잘할까?	074

제11장	대학에 꼭 가야 할까?	088
제12장	명문대를 나오면 돈을 더 많이 벌까?	098
제13장	공부를 잘하면 의대에 가야 할까?	118
제14장	대학 진학의 최종 목표는 취업일까?	130
제15장	IQ가 지능의 전부일까?	144
제16장	영어는 일찍 배울수록 더 잘할까?	150
제17장	사교육을 많이 받으면 수능점수가 올라갈까?	162
제18장	재수를 하면 더 좋은 대학에 갈까?	176

제3부
교육의 수익률을 높이는 전략 — 188

제19장	숨겨진 재능을 발굴해라	190
제20장	뇌를 효율적으로 개발해라	206
제21장	적어도 40대까지는 자기계발에 힘써라	214
제22장	외국어는 필요하다고 느낄 때 집중학습해라	224
제23장	자기효능감을 갖고 자기주도적으로 공부해라	238
제24장	자신만의 학습법을 찾고 충분한 수면을 취해라	248
제25장	나에게 맞는 입시전략을 세워라	260
제26장	시험, 피할 수 없다면 즐겨라	274
제27장	인공지능 시대를 대비해라	280

에필로그	290
주	294
참고문헌	326

교육의 수익률을 높여라

제1부

사교육 공화국의 민낯

제1장 사교육시장, 도대체 얼마나 클까?

제2장 사교육비를 다 모으면 아파트 한 채 값?

제3장 사교육을 이끄는 학원, 얼마나 많을까?

제4장 사교육의 메카, 서울 강남구 대치동

제5장 천정부지로 오르는 사교육 물가

제6장 늘어나는 사교육, 떨어지는 학업성취도

제7장 입시제도에 따라 춤추는 사교육시장

제8장 과도한 입시경쟁에 내몰리는 아이들

제1부

사교육 공화국의 민낯

사교육 공화국 대한민국, 학원가 1번지 대치동
이것이 우리나라 교육의 현주소이다

제1장

사교육시장, 도대체 얼마나 클까?

초중고 사교육시장 27조 원(2023년), 대형마트 판매액의 74%

　매년 3월 통계청은 교육부와 함께 「초중고사교육비조사」 결과를 발표한다. 이 조사는 전국의 초중고 학생 7만 4천 명을 대상으로 학부모가 자녀의 사교육비 지출내용을 직접 입력하는 방식으로 실시된다. 표본이 클 뿐 아니라 조사내용의 신뢰성도 높아 우리나라의 사교육 실태를 총체적으로 파악할 수 있는 자료라 할 만하다.

　「초중고사교육비조사」에 따르면, 2023년 우리나라 초중고 사교육비 총액은 무려 27조 원이 넘었다. 2022년에 26조 원을 조금 밑돌았으니 1년 만에 1조 원 이상 늘어났다. 기간을 좀 더 늘려보면 사교육비 총액은 2015년 약 18조 원에서 2023년 약 27조 원으로 8년 만에 50% 남짓 증가하였다. 그런데 이 기간에 초중고 학생 수는 609

만 명에서 521만 명으로 15% 가까이 감소하였다. 학령인구 감소로 학생 수가 계속 줄어들고 있음에도 불구하고 사교육시장 규모는 점점 더 커지고 있다.

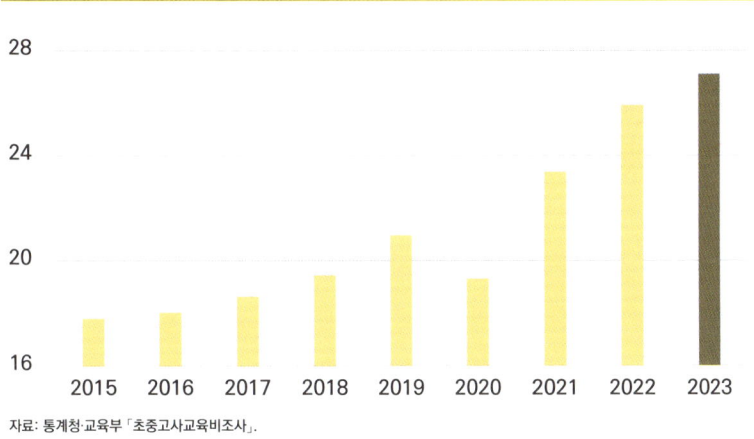

초중고 사교육비 총액   단위: 조 원

자료: 통계청·교육부 「초중고사교육비조사」.

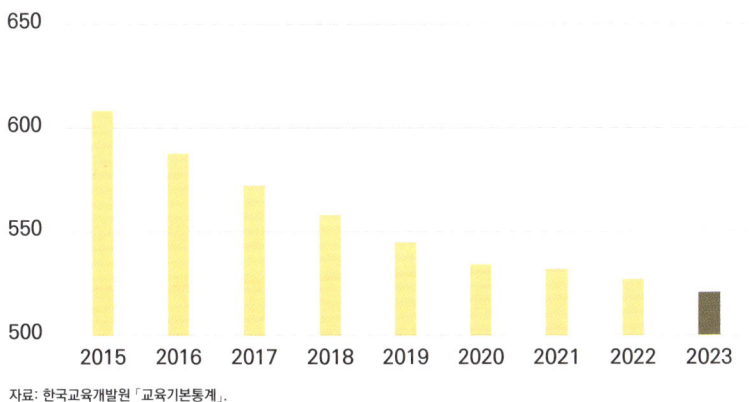

초중고 전체 학생 수   단위: 만 명

자료: 한국교육개발원 「교육기본통계」.

그런데 27억 원이면 모를까, 27조 원은 너무 큰 금액이라 그 느낌이 피부에 잘 와닿지 않는다. 연간 27조 원의 사교육시장, 과연 얼마나 큰 것일까?

2023년 한 해 동안 우리나라 백화점의 총판매액은 41조 원, 대형마트는 37조 원가량 된다.[1] 그러니까 우리나라 사교육시장은 각종 명품 브랜드가 즐비한 백화점의 2/3, 매주 장 보러 가는 대형마트의 3/4 정도에 이르는 규모이다. 더욱 놀라운 사실은 신세계·롯데·현대백화점 또는 이마트·롯데마트·홈플러스처럼 덩치 큰 업체가 존재하는 백화점이나 대형마트와 달리, 사교육시장은 이렇다 할 대기업이 없음에도 이들에 비견할 만하다는 점이다. 현재 사교육시장의 최대기업인 메가스터디교육도 2023년 매출액이 1조 원에 채 미치지 못한다.

전체 사교육시장은 약 45조 원으로 백화점·대형마트를 능가

위에서 말한 사교육비 통계는 초중고 학생을 대상으로 하기 때문에 미취학아동과 취업준비생의 사교육비가 빠져있다. 미취학아동의 경우 유아 대상 영어학원(흔히 '영어유치원'이라 부른다)이, 취업준비생의 경우에는 토익TOEIC, 공무원시험 등을 준비하는 학원이 크게 발달해 있다. 뿐만 아니라 재수생, 삼수생 등의 'N수생'이 대입 준비에 쓰는 교육비도 만만치 않다. 따라서 이들을 포함할 경우 사교육시장은 27조 원보다 훨씬 더 클 가능성이 높다. 미취학아동과 재수생,

취업준비생의 사교육을 아우르는 전체 사교육시장은 공식적인 통계가 없어 정확한 규모를 말하기 어렵지만, 간단한 방법을 통해 대략적인 크기를 한번 추정해 보기로 하자.

2023년 한 해 동안 우리나라의 가구당 교육비 지출은 평균 254만 원이었는데, 이 중에서 사교육비에 해당하는 학원 및 보습 교육비가 197만 원이었다.[2] 여기에 전국 가구 수(약 2천 3백만 가구)를 곱하면, 2023년 우리나라 사교육비 총액은 대략 45조 원으로 추산된다.

앞서 백화점의 총판매액이 41조 원, 대형마트가 35조 원 정도 된다고 했으니 미취학아동과 재수생, 취업준비생이 다니는 학원(영어유치원도 법률상 '학원'이다)을 포함할 경우 실제 사교육시장의 규모는 백화점과 대형마트를 능가하는 셈이다.

초중고 학생 다섯 명 중 네 명이 사교육에 참여하고 있어

사교육시장 규모가 날이 갈수록 커지고 있지만, 사교육은 학업성적이 우수한 상위권 학생이나 고소득층 자녀에만 국한된 문제가 아닐까 하는 의문을 들 수 있을지도 모르겠다. 하지만 현실을 보면 천만의 말씀이다.

2023년 우리나라 초중고 학생 가운데 79%가 사교육에 참여하고 있었다. 어림잡아 다섯 명 중 네 명이 사교육을 받고 있다는 뜻이다. 이는 「초중고사교육비조사」가 처음 실시된 2007년 이래 가장 높은 비율이다.

사교육 참여율은 학교급이 내려갈수록, 즉 연령이 낮을수록 더 높았다. 2023년 기준으로 고등학생의 사교육 참여율은 66%(일반고 학생은 72%)였으나 중학생은 75%, 초등학생은 86%까지 올라갔다. 조금 오래전에 조사된 것이기는 하지만, 3세 이상 취학 전 아동의 사교육 참여율은 거의 100%에 달한다는 연구결과도 있다.[3]

사교육시장, 우리나라가 OECD 국가들 가운데 1위

그렇다면 우리나라는 다른 나라에 비해 사교육시장이 도대체 얼마나 크길래 '사교육 공화국'이라는 오명을 얻게 된 것일까?

프랑스 파리에 본부를 둔 경제협력개발기구Organisation for Economic Co-operation and Development(이하 'OECD'라고 한다)는 3년마다 각국의 15세 학생을 대상으로 「국제학업성취도평가Programme for International Student Assessment」(이하 'PISA'라고 한다)를 실시하고 있다. 여기서 15세는 우리나라로 치면 고등학년 1학년에 해당한다(다른 국가도 대부분 비슷하다). PISA는 주로 읽기, 수학, 과학 등 인지영역에 대한 성취도 평가와 함께 이러한 성취도에 영향을 미치는 요인에 관한 설문조사를 진행하는데, 2012년에는 사교육 참여시간이 설문항목에 포함되었다.

학원 등 영리 목적의 사교육기관을 통한 개인별 학습시간을 국가별로 조사한 결과, 우리나라는 주당 평균 3.6시간으로 OECD의 34개 회원국[4] 가운데 당당히 1위에 오르는 기염을 토했다. 더욱 충격적인 것은 OECD 평균이 주당 평균 0.6시간에 불과하였다는 점이다. 즉, 우리나라 학생의 사교육 참여시간은 OECD 국가들의 무려 6배에 달했다. 우리나라에 이어 2~3위에 오른 그리스와 튀르키예(터키)를 제외하면, 대부분의 국가들은 평균 사교육 참여시간이 주당 1시간에 한참 못 미치거나 기껏해야 1시간 정도였다.

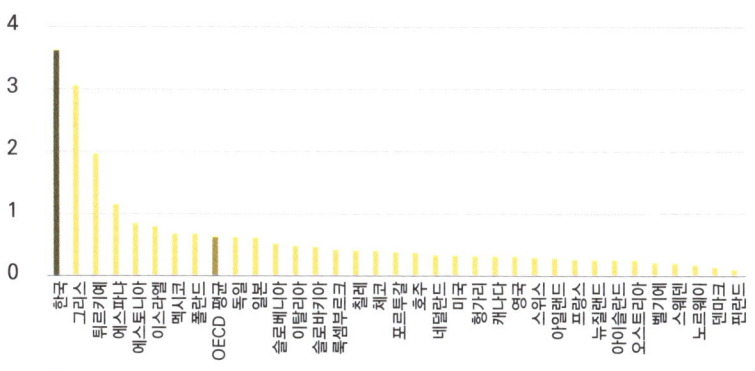

* 15세 학생 기준
자료: OECD(2013).

학원과 같은 영리기업이 사교육을 주도한다는 점에서 이 통계는 국가별 사교육시장의 상대적인 크기를 서로 비교할 수 있는 지표라고 볼 수 있다. 이쯤 되면 대한민국이 왜 '사교육 공화국'이라고 불릴 수밖에 없는지 그 이유가 충분히 이해되고도 남을 것이다.■

제2장

사교육비를 다 모으면 아파트 한 채 값?

4인 가구 월평균 소비의 24%가 사교육비

OECD 국가 가운데 가장 큰 규모의 우리나라 사교육시장. 그렇다면 학생 1인당 사교육비는 얼마나 쓰고 있을까?

2023년 우리나라 초중고 사교육비 총액(약 27조 원)을 전체 학생 수로 나누면, 1인당 사교육비는 연간 521만 원, 월평균 43만 4천 원으로 계산된다. 그런데 여기에는 사교육에 참여하지 않는 학생도 포함되어 있다. 이들을 제외하고 다시 계산하면 1인당 사교육비는 월평균 55만 3천 원으로 올라간다. 자녀 2명 모두가 사교육에 참여하는 4인 가구를 기준으로 매월 약 111만 원의 사교육비를 쓰고 있는 것이다. 이는 우리나라 4인 가구 월평균 소비액(452만 원)[1]의 24%에 달할 정도로 큰 금액이다.

2017년 38만 원이었던 1인당 월평균 사교육비(참여 학생 기준)는 불과 6년 만에 45%가량 늘어났다. 4인 가구의 월평균 소비에서 초중고 자녀 2명의 사교육비가 차지하는 비중도 2017년 20%에서 2023년 24%로 오르며 가계의 사교육비 부담이 점점 커지고 있다. 이렇게 볼 때 부모에게 큰 부담을 지우는 진정한 '등골 브레이커'는 값비싼 의류나 가방, 신발이 아니라 사교육이라고 해야 할 듯싶다.

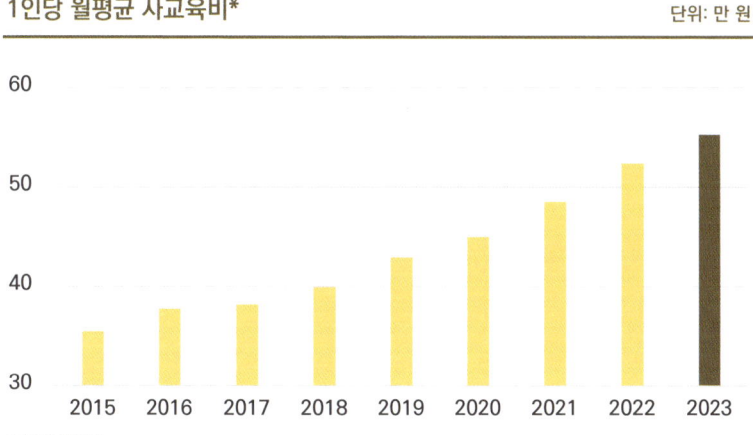

1인당 월평균 사교육비*
단위: 만 원

* 참여 학생 기준.
자료: 통계청·교육부 「초중고사교육비조사」.

사교육에도 빈부격차가 존재하나 그 격차가 더 벌어지지는 않아

　　당연한 말이지만 사교육도 소득수준이 높을수록 더 많은 돈을 쓰는 빈부격차가 나타난다. 2023년 통계에 따르면, 월평균 소득 800만 원 이상인 가구의 1인당 사교육비 지출은 300만 원 미만인 가구의 3.7배에 이르렀다. 이때 월평균 소득 800만 원 이상은 조사대상 가구의 상위 0~21%에, 300만 원 미만은 하위 0~12%에 해당하는 소득구간이다.

여기서 한 가지 흥미로운 것은 이 배율이 2017~2023년 6년 동안 3.7~3.8배로 매우 안정적으로 유지되었다는 사실이다. 만일 고소득층의 사교육비 지출이 상대적으로 더 빠르게 증가한다면 위의 배율이 점차 커져야 한다. 그런데 실제로는 고소득층이나 저소득층이나 사교육비의 증가율에 별반 차이가 없는 것이다. 이러한 현상은 사교육이 고소득층의 전유물이 아님을, 다시 말해 우리나라에서 사교육은 소득수준을 불문하고 모든 가구에 영향을 미치고 있음을 의미한다고 볼 수 있다.

사교육 참여율 통계에서도 이를 확인할 수 있다. 월평균 소득 300만 원 미만인 가구의 사교육 참여율은 2017년 53%에서 2023년 57%로 늘어나 같은 기간 중 85%에서 88%로 올라간 소득 800만 원 이상인 가구보다 상승폭이 근소하게나마 더 컸다. 사교육에 참가하는 학생의 비율은 고소득층에서 더 높았지만, 증가율만 놓고 보면 오히려 저소득층에서 더 크게 나타났다.

서울 지역의 사교육비 지출이 읍면 지역의 2배 넘어

지역별로도 사교육비 지출에 상당한 차이가 나타난다. 이를테면 2023년 서울 지역의 1인당 월평균 사교육비는 62만 8천 원으로 읍면 지역 28만 9천 원의 2배가 넘는다. 다만 사교육비 증가율은 서울보다 읍면 지역에서 더 높게 나타났다. 6년 전과 비교했을 때 서울은 53% 늘어났지만 읍면 지역은 59% 증가하였다. 이러한 모습은 오늘날의 사교육 문제가 서울 등 일부 지역에 국한된 것이 아님을 보여준다.

17개 시도별로 살펴보면, 2023년 기준으로 서울의 1인당 월평균 사교육비가 가장 높았으며 그다음으로 경기, 세종, 대구 순이었다. 이른바 '3대 학원가'라고 불리는 대치동과 목동, 중계동이 모두 위치하고 있는 서울이 단연 1위였지만, 경기와 대구 또한 각각 분당과 평촌, 수성구 등에 형성된 대형 학원가를 중심으로 만만치 않은 사교육 열풍을 보여주고 있다. 특히 근래 들어서는 중산층 이상 가구가 많은 세종에서 사교육시장이 빠르게 커지고 있다. 세종의 1인당 월평균 사교육비는 최근 2년 동안 26%나 늘어나며 전국에서 가장 높은 증가율을 기록했다.

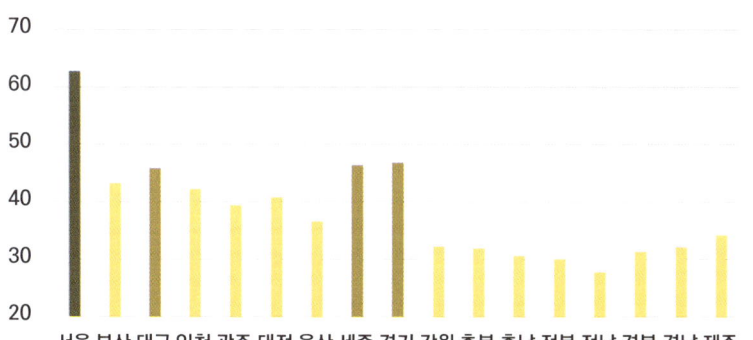

시도별 1인당 월평균 사교육비*(2023년)   단위: 만 원

* 전체 학생 기준.
자료: 통계청·교육부「초중고사교육비조사」.

서울 일부 지역의 1인당 초중고 사교육비 총액은 평균 2.7억 원

사교육에 참여하지 않는 학생을 제외할 경우 2023년 서울의 1인당 사교육비는 월평균 약 63만 원에서 74만 원으로 올라간다. 그런데 강남 지역만 따로 놓고 보면 이 비용은 더 가파르게 상승한다.

강남구에 거주하는 학생의 1인당 월평균 사교육비는 2019년 기준으로도 119만 원에 달했으며 특히 도곡동과 역삼동 지역은 140만 원에 육박했다.[2] 통계청·교육부의 「초중고사교육비조사」에 따르면 2019~2023년 중 서울 지역의 1인당 월평균 사교육비(참여 학생 기준)가 32% 늘었으므로 이 증가율을 그대로 적용할 경우, 2023년 도곡·역삼동 지역의 1인당 사교육비는 월평균 185만 원에 이를 것으로 추산된다.

이 돈을 초중고 12년 동안 고스란히 다 모은다면 얼마나 될까? 이를 일련의 가정하에 수학적으로 간단하게 계산해 보면,[3] 서울 강남구 도곡·역삼동에 거주하는 학생 1명이 12년간 지출하는 사교육비 총액은 현재가치present value로 무려 2억 7천만 원이다. 이는 2024년 11월 현재 제주도에 소재한 전용면적 71m^2(약 21평) 크기의 아파트를 사거나 109m^2(약 33평) 크기의 아파트 전세를 얻을 수 있는 금액이다.[4]

물론 여기에다 정규교육과정 이외의 기간에 들어가는 사교육비, 이를테면 영어유치원과 재수학원 비용까지 더하게 된다면, 대학 입학 전까지 도곡·역삼동의 학생 1명에게 들어가는 총사교육비는 3억 원을 훌쩍 뛰어넘는다. 만일 유치원생 3년, 재수생 1년 등 사교육을 받는 기간이 4년 더 길어지고 이 기간에도 초중고 때만큼 사교육비를 쓴다고 하면, 16년간 지출하는 사교육비 총액의 현재가치는 자그마치 3억 5천만 원이나 된다. 사교육에 쓸 돈을 오롯이 저축해서 아파트 한 채를 장만할 수 있다는 말이 결코 헛된 이야기가 아닌 셈이다.■

사교육을 이끄는 학원, 얼마나 많을까?

사교육비의 75%가 학원비, 학원에 대한 의존도는 점점 높아져

우리나라의 사교육은 영어유치원에서 시작해서 초중고 학원을 거쳐 재수학원으로 끝난다고 말해도 무방할 만큼 그 중심에 학원이 놓여있다. 학원을 영어로 표기한 'hagwon'이 2021년 『옥스퍼드 영어사전Oxford English Dictionary』에 등재되었을 정도로 학원은 전 세계에 널리 알려진 우리나라 사교육의 대명사다. 사교육비 통계상으로도 학원 수강이 높은 비중을 차지하고 있음은 두말할 나위가 없다.

통계청·교육부의 「초중고사교육비조사」에 따르면, 2023년 전체 사교육비 중에서 학원 수강료가 차지하는 비중은 75%에 달했다. 이때 학원에는 1인 강사가 운영하는 교습소도 포함된다. 그다음이 개인·그룹과외 교습비로 18%였다. 그런데 학원에 대한 사교육 의

존도는 날이 갈수록 높아지는 모습이다. 총사교육비 대비 학원 수강료의 비중은 2015년 66%였으나 불과 8년 만에 10%p[1] 가까이 올랐다. 반면 과외 교습비가 차지하는 비중은 빠른 속도로 하락하고 있다.

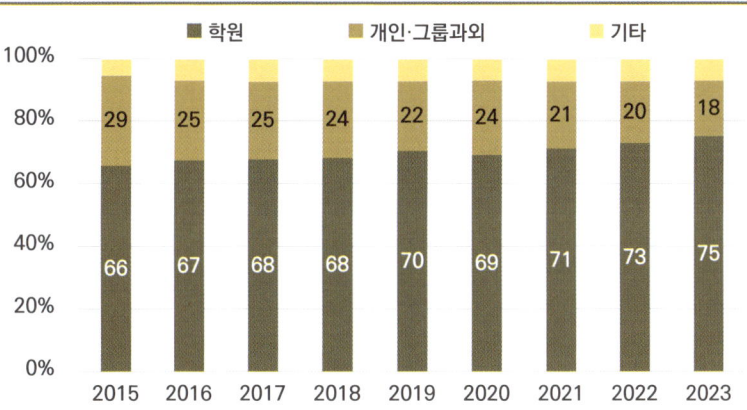

학원이 부동산, 미용실, 커피숍, 편의점보다도 많아

대규모 아파트 단지가 들어선 동네라면 예외 없이 우후죽순 생겨나는 학원들. 아파트 주변 상권을 보면 학원이 없는 건물을 찾아보기 힘들 정도. 전국적으로 교습학원, 교습소, 예체능학원 등의 학원은 과연 얼마나 있을까? 실생활에서 쉽게 접할 수 있는 음식점이나 부동산중개업소, 미용실, 커피숍, 편의점과 비교해 보았을 때 이들 상점의 수가 더 많을까, 아니면 학원의 수가 더 많을까?

결론부터 말하면, 사업자 수 기준으로 2024년 9월 현재 전국의 학원 수는 음식점보다 적지만 부동산, 미용실, 커피숍, 편의점보다 많다. 성인 대상의 학원을 일부 제외하더라도 교습학원 6만 6천 개, 교습소 5만 8천 개, 예체능학원 7만 개 등 총 19만 4천 개의 학원이 있다. 이는 부동산의 1.4배, 미용실의 1.7배, 커피숍의 2배, 편의점의 3.6배에 해당한다. 한식, 중식, 일식, 분식 등 그 종류를 이루 다 헤아릴 수 없는 음식점을 제외한다면, 사실상 사교육업이 주요 생활업종 중에서 가장 많은 사업자를 보유한 셈이다.

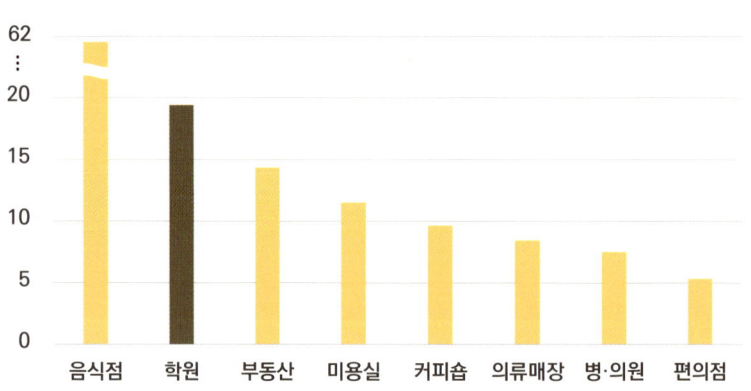

주요 생활업종의 사업자 수(2024년 9월)　　　　　단위: 만 개

자료: 국세청 「100대 생활업종 사업자 현황」을 이용하여 직접 계산.

다른 생활업종과 달리 학원은 고객 대부분이 학생이다. 우리나라 초중고 학생 수가 전체 인구의 10% 정도에 불과한데도 학원 사업자의 수가 다양한 연령층의 소비자를 상대하는 부동산과 미용실, 커피숍, 편의점을 능가한다니 정말 놀라지 않을 수가 없다.

학생 만 명당 학원 수, 서울 강남구가 단연 1위

그렇다면 우리나라에서 학원이 가장 많은 지역은 어디일까? 학령인구(6~17세)를 기준으로 학생 만 명당 학원 수를 시군구별로 살펴보자. 이때 학원 수는 각 시도 교육청에 등록된 정보를 기준으로 교습소를 포함하고 성인 대상 학원 등을 제외한 수치다.

학령인구가 1만 명 이상인 전국 152개 시군구[2] 가운데 2024년 11월 현재 학생 만 명당 학원 수가 가장 많은 곳은 단연 서울특별시 강남구다. 그 뒤를 대구광역시 수성구, 서울특별시 양천구, 울산광역시 남구, 부산광역시 수영구 등이 따르고 있다. 이들 지역은 모두 유명한 학원가 동네를 품고 있다. 예컨대 서울 강남구는 대치동, 대구 수성구는 범어4동과 만촌3동, 서울 양천구는 목동, 울산 남구는 옥동, 부산 수영구는 남천동이 대표적이다.

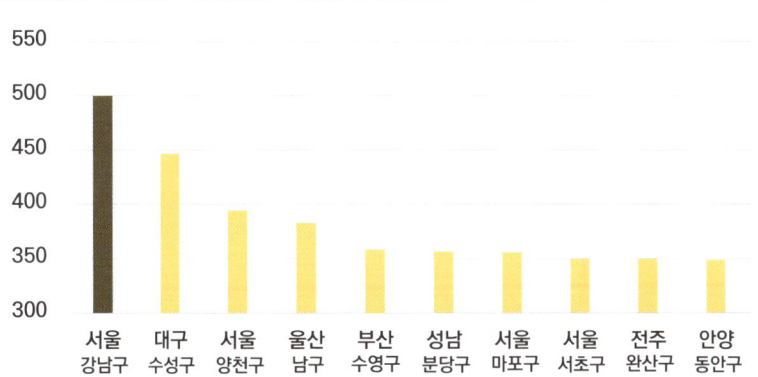

학원 수 상위 10개 시군구*(2024년 11월)   단위: 개소(학령인구 만 명당)

* 2023년 말 기준 학령인구 1만 명 이상인 152개 시군구를 대상으로 하였으며, 학령인구는 6~17세 주민등록인구로 계산.
자료: 교육부 「학원교습소정보」와 행정안전부 「주민등록인구현황」을 이용하여 직접 계산.

더욱이 큰 규모의 학원가가 조성된 동네일수록 대형 학원이 들어선 경우가 많기 때문에 지역 간의 사교육 환경은 학원 수에서 나타나는 것보다 더 큰 차이를 보일 가능성이 크다. 단적인 예로 2023년 서울 강남구의 학원 수는 송파구의 2.2배였는데, 강사 수는 이의 네 곱절에 달하는 8.8배였다.[3] 이는 그만큼 강남구에 대형 학원이 더 많이 분포하고 있다는 뜻이다.

학원가가 발달한 동네는 부동산 가격도 높아

사교육 환경이 우수한 곳은 부동산시장도 뜨겁다. 학원가가 발달한 지역의 주택 가격은 예외 없이 해당 도시의 평균보다 높았다. 2024년 11월 현재 서울 강남구와 서초구, 마포구, 양천구 지역의

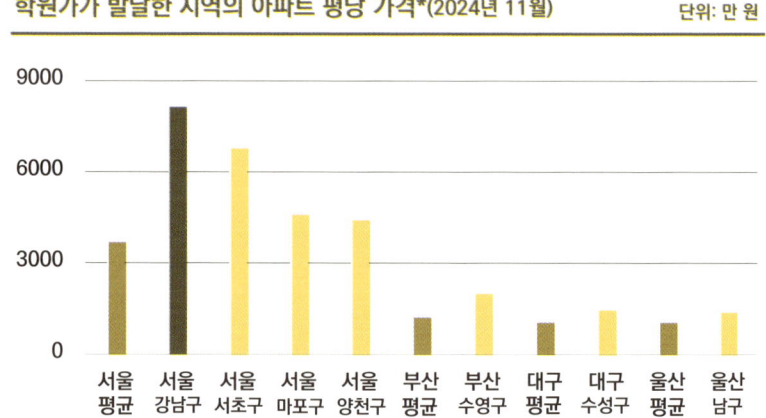

학원가가 발달한 지역의 아파트 평당 가격*(2024년 11월) 단위: 만 원

* 3.3m²(1평)당 중위단위매매가격 기준.
자료: 한국부동산원 「전국주택가격동향조사」.

3.3m²(1평)당 아파트 매매가격은 서울시 평균의 각각 2.2배, 1.8배, 1.3배 및 1.2배 수준이다. 부산 수영구와 대구 수성구, 울산 남구의 아파트 가격도 해당 도시의 평균보다 적게는 33%, 많게는 65% 더 높게 형성되고 있다.

물론 학원가가 발달한 동네는 교통 인프라, 편의시설 등 다른 정주 여건도 우수한 것이 일반적이므로 사교육 환경이 부동산 가격을 결정하는 가장 중요한 요인이라고 단언하기는 어렵다. 그럼에도 불구하고 이들 지역의 주택 가격은 입시제도의 변화에 민감하게 반응하는 모습을 보여왔다. 2019년 10월 말 정부가 대입전형에서 정시 비중을 확대한다고 발표하자, 서울 강남구 대치동과 양천구 목동의 아파트 가격이 들썩이는 현상이 나타났다. 사교육을 많이 받은 학생일수록 대학수학능력시험(이하 '수능' 또는 '수능시험'이라 한다) 중심의 정시전형에 더 유리하다는 인식이 널리 퍼져있었기 때문이다. 한편 사교육을 많이 받는 것이 실제로 수능점수를 올리는 데 도움이 되는지는 제2부에서 자세히 살펴보기로 하자.■

사교육의 메카, 서울 강남구 대치동

강남구를 명문 8학군에서 사교육 중심지로 바꾼 대치동

사실 서울 강남구가 우리나라에서 교육환경이 가장 우수한, 이른바 '교육특구'라는 점에는 굳이 학원 통계를 들여다보지 않더라도 누구나 동의할 것이다.

서울 강남구에는 무엇보다 '8학군'의 명성에 걸맞게 높은 명문대 진학률을 자랑하는 고등학교가 다수 존재한다. 2023학년도 정시모집을 기준으로 서울대학교 신입생의 13%, 전국 의과대학 신입생의 19%가 강남구에 있는 고등학교를 졸업했다.[1] 2023년 강남구 소재 고등학교의 졸업생 수가 전국의 1.4%에 불과하니까 이들 고등학교 학생의 명문대 진학률은 전국 평균의 10배가 넘는 셈이다.[2]

물론 강남 8학군이 처음 도입되고 재학생의 학원 수강 및 과외

교습이 금지³되었던 1980년대에는 이보다 더했다. '8학군'이라는 명칭은 서울을 9개 학군으로 나눠 학생을 집에서 가까운 학교로 배정하는 '완전학군제'로부터 나왔는데, 오늘날의 강남구와 서초구가 바로 8학군에 해당했다. 완전학군제에 따라 고등학교에 진학한 학생들이 처음 대학에 입학했던 1984년에는 강남구의 고등학교 전부가 서울대 합격자 출신고교 순위(예술고 등은 제외)에서 전국 100위 안에 들어갔으며, 그중 상위 2개 학교(영동고·경기고)는 전국 1~2위를 차지하였다.⁴ 이는 강남구 고등학교의 약 70%만 전국 100위권에 포함되고 전국 5위 이내가 전무한 2023년과는 판이한 모습이다.⁵

강남구 고등학교에서 명문대 합격생 배출을 독식하던 현상은 1990년대 과학고·외국어고와 같은 특수목적고등학교(이하 '특목고'라고 한다)로의 진학 열풍, 2000년대 이후 자율형 사립고등학교(이하 '자사고'라고 한다)의 등장 등으로 시간이 지날수록 점차 완화되었다. 이는 강남구에 살고 있지만 다른 지역에 있는 특목고, 자사고 등을 졸업한 후 명문대에 진학하는 사례가 많이 늘어난 데서 비롯된다. 따라서 명문대 진학률이 과거에 비해 낮아졌음에도 불구하고 오늘날에도 강남구가 교육특구로서의 위상을 공고히 유지할 수 있는 것은 명문고 기반의 공교육 환경이 아니라 다른 지역을 압도하는 사교육 환경에 있다고 봐야 할 것이다.

2000년대에 들어서 우리나라 사교육시장은 큰 변화를 겪게 된다. 1990년대 중반까지 서울의 서소문과 노량진 등지에서 위세를 떨치던 재수 전문 학원들은 대입 복수 지원으로 재수생이 줄어든 데다 설상가상으로 수능이라는 새로운 제도에 빨리 적응하지 못하면서 그

입지가 크게 좁아졌다. 그 대신 수능 문제풀이 중심의 대형 학원이 새롭게 등장하여 사교육시장을 장악하기 시작했는데, 이러한 대형 학원들이 주로 들어선 곳이 바로 강남구 대치동이었다.

  대치동은 이미 1990년대 초반부터 사교육 금지 조치의 해제, 젊은 중산층의 대거 유입, 높은 지리적 접근성, 강남구 내에서 상대적으로 낮은 임대료 등을 바탕으로 학원가가 꽤 발달한 지역이었다.[6] 이러한 상황에서 시시각각 변하는 입시제도, 심지어 사교육비를 경감시키려는 정책마저도 사교육에 대한 수요를 계속 키웠고, 이는 학원의 영역을 더욱 넓힘으로써 오늘날의 대치동이 대형 학원부터 군소 학원, 교습소에 이르기까지 다양한 형태의 학원이 공존하는 사교육의 메카로 자리매김하는 결과로 이어졌다.

서울 강남구 학원의 절반이 대치동에 있어

  그렇다면 대치동에는 얼마나 많은 학원이 있는 것일까? 2024년 11월 현재 서울 강남구에 소재한 학원(교습소 포함, 성인 대상 학원 등 일부 제외)은 약 3,400개인데, 이 중 절반에 가까운 1,600여 개가 대치동에 있다. 대치동의 크기는 축구장 530개 정도의 넓이로 강남구 전체 면적의 10%에 약간 못 미친다. 쉽게 말해 대치동에 가면 축구장만 한 크기의 땅마다 학원이 3개씩 들어서 있다는 뜻이다.

  대치동의 학원 수는 강남구에서 두 번째로 학원이 많은 동네인 신사동의 3.5배에 달한다. 물론 신사동의 면적이 대치동의 절반에도 채 미치지 못하지만, 이를 고려하더라도 대치동의 학원 밀도는 신사동보다 60%나 더 높다.[7] 신사동 역시 인접한 압구정동 아파트 단지의 막강한 재력과 높은 교육열을 바탕으로 1980~1990년대 강남 8학군을 이끌었던 곳이었음에도 오늘날의 대치동과 겨루기에는 사교육 환경이 많이 뒤처지는 상황이다.

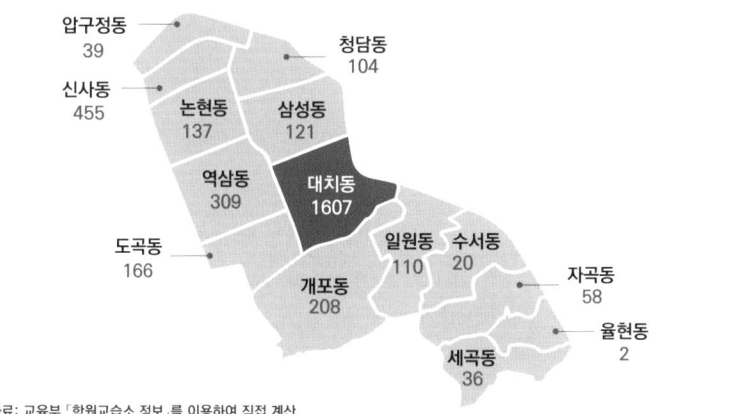

서울 강남구의 동별 학원 수(2024년 11월) 단위: 개소

압구정동 39
청담동 104
신사동 455
논현동 137
삼성동 121
역삼동 309
대치동 1607
도곡동 166
개포동 208
일원동 110
수서동 20
세곡동 36
자곡동 58
율현동 2

자료: 교육부 「학원교습소 정보」를 이용하여 직접 계산.

입시 컨설팅, 의대반 등 사교육 트렌드를 이끄는 대치동 학원가

대치동 학원가는 양적인 측면뿐만 아니라 질적인 측면에서도 다른 지역의 추종을 불허한다. 대치동에 없는 사교육은 다른 지역에도 없다고 봐도 무방할 정도로 대치동 학원가는 다양한 수요층을 겨냥한 각양각색의 입시 프로그램을 갖고 있다.

몇 년 전 방영된 TV드라마 〈SKY 캐슬〉에 등장했던 대입 코디네이터는 다소 과장된 측면이 없지 않으나 대치동에서 활약하는 입시 컨설턴트를 모델로 하였는데, 이러한 직업이 있는지조차도 몰랐던 시청자들에게 상당한 충격을 안겨주었다. 입시 컨설턴트는 주로 대입 수시전형에 지원하는 학생의 교과 또는 비교과 활동에 대해 조언하거나 때로 이를 직접 관리해주는 사람을 일컫는다. 흔히 '학종'이라고 부르는 학생부종합전형이 수시전형의 대표적인 예인데, 바로 여기서 입시 컨설턴트의 진가가 드러난다.

학생부종합전형은 학교생활기록부, 자기소개서, 추천서 등 다양한 평가요소를 토대로 학생을 선발한다. 더군다나 이 중에서 가장 중요한 학교생활기록부는 교과성적뿐 아니라 수상경력, 창의적 체험활동(자율활동·동아리활동·봉사활동·진로활동), 독서활동 등 광범위한 내용을 담고 있다. 이 때문에 논술과 같이 어느 한 가지만 특출나면 되는 다른 수시전형, 수능만 잘 보면 되는 정시전형에 비해 입시 준비에 더 많은 노력과 시간이 든다. 따라서 학교생활기록부에 기재할 내용이나 자기소개서 등에 대해 고액의 비용을 내고 컨설턴트의 도움을 받은 학생이 학생부종합전형 합격에 유리할 가능성이 크다.

2015학년도 대입부터 학생부종합전형 비율이 큰 폭으로 올라가면서 입시 컨설팅 학원도 빠른 속도로 늘어났다. 2015년 67개에 불과했던 입시 컨설팅 학원은 2019년 258개로 4년 만에 4배 가까이 늘어났다.[8] 물론 이 중심에 대치동 학원가가 있음은 두말할 필요가 없다. 근래 들어 코로나19의 영향, 대입 수시 비율 축소 등으로 다소 줄기는 했지만, 2024년 11월 현재 입시 컨설팅 학원은 전국에 총 193

개가 있다.⁹ 이 중에서 1/3이 넘는 67개가 서울 강남구에 있고 그중의 3/4 이상인 52개가 대치동에 소재한다. 다시 말해 전국에 있는 입시 컨설팅 학원 네 곳 중 하나는 대치동에 있는 셈이다. 학원 수로 전국의 1% 남짓에 불과한 대치동이 사실상 우리나라 사교육시장을 쥐었다 폈다 하는 사실을 고려한다면, 입시 컨설팅 분야에서 대치동이 갖는 영향력은 실로 어마어마하다고 볼 수 있다.

대치동 학원가는 비단 입시제도의 변화에만 발 빠르게 움직이는 것이 아니다. 의대에 대한 인기가 날이 갈수록 높아지자 의대 진학에 특화된 교습과정을 만들어내기 시작했다. 급기야 몇 년 전부터는 초등학생을 위한 '의대반' 학원까지 대치동에 나타났다. 여기에 다니는 초등학생들은 중학교와 고등학교 과정을 미리 공부하며 의대 입시를 일찍부터 준비한다. 이렇게 대치동 학원가에 의대반 열풍이 불자 이번에는 전국 각지에서 의대반 학원이 속속들이 등장하였다. 심지어 읍면 지역의 학원에서도 초등학생 의대반이 생겼을 정도다.

사실 대치동의 학원가는 오래전부터 외지의 학생들이 원정 수강하러 올 만큼 전국의 사교육 수요에 민첩하게 대응하면서 때로는 사교육의 당위성을 내세우며 그 수요를 스스로 창출해 왔다. 그 덕분에 주말에는 강남구가 아닌 지역에서 온 학생이 부모 차를 타고 등·하원하고, 방학 때는 전국 각지에서 올라온 학생이 부모와 함께 장기 투숙하며 대치동 학원에 다니는 모습이 매년 반복된다. 입시의 안정성이 대치동 학원가의 흥망성쇠를 결정한다는 우스갯소리처럼 입시경쟁이 사라지지 않는 한, 우리나라 사교육의 시작과 끝은 결국 대치동에서 비롯된다고 해도 과언이 아니다.■

제5장

천정부지로 오르는 사교육 물가

사교육 물가가 다른 물가보다 더 많이 올라

2022년부터 이른바 코로나19 엔데믹endemic 시대에 접어들면서 한동안 잠잠했던 물가가 들썩이기 시작했다. 사교육 물가도 예외가 아니어서 방역조치가 한창 심했던 2020~2021년이 지나자 가파른 상승세를 보였다.

코로나19가 유행하기 전까지 사교육 물가상승률은 **소비자물가지수**CPI: consumer price index[1] 상승률을 크게 웃돌았다. 2015년 1월부터 2020년 2월까지 소비자물가지수가 6.5% 오르는 동안 사교육 물가는 11%나 올랐다. 사교육 물가상승률이 소비자물가지수 상승률의 1.7배에 달했던 것이다. 일반적으로 가격은 해당 상품 또는 서비스의 수요와 공급에 의해 결정되는데, 사교육시장은 대체로 수요자인 학생 또는 학부모보다 공급자인 강사나 학원 운영자가 가격 결정에 있어 우위에 놓여있다고 볼 수 있다. 돈이 조금 더 들어가더라도 잘 가르치는 강사에게 자녀를 배우게 하고 싶은 것이 부모들의 공통된 생각이기 때문이다. 이렇게 되면 인기가 많은 학원일수록 수강료를 인상하더라도 수강생 수가 별로 감소하지 않을 것이므로 학원비를 더 많이 받으려고 할 것이다. 결국 사교육에 대한 높은 수요가 사교육 물가를 끌어올리고 있는 셈이다.

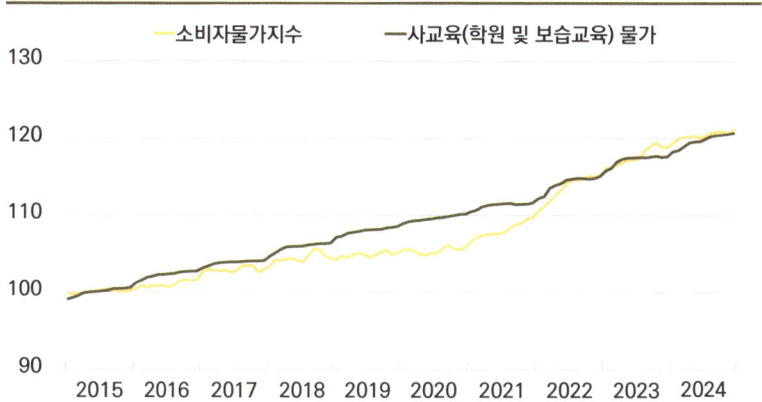

소비자물가지수와 사교육비 물가 (2015년=100)

자료: 통계청 「소비자물가조사」를 이용하여 직접 계산.

다만 엔데믹 전환 이후 식료품과 외식 물가 등이 가파르게 오르면서 한동안 소비자물가지수 상승률이 사교육 물가상승률을 앞질렀다. 그러나 2024년 이후로는 다시 사교육 물가가 더 빠른 속도로 상승하고 있다. 2024년 중 소비자물가지수가 1.9% 오르는 사이 사교육 물가는 2.6%나 올랐다.

서울 지역 고등학생 학원비가 사교육 인플레이션을 견인

사교육 물가가 많이 올랐다 해서 모든 학원의 수강료가 비슷하게 오르는 것은 아니다. 앞서 말한 대로 학생이 많이 몰려드는 학원일수록 수강료를 더 많이 올릴 것이다. 예컨대 대입을 목전에 앞둔 고등학생이 아무래도 초등학생, 중학생보다 학원에 더 의존하게 되므로 고등학생 학원비가 가장 많이 뛰었을 가능성이 높다. 그중에서도 유명 학원이 많이 몰려있는 서울 지역의 고등학생 학원비가 더 가파르게 올랐을 것이다.

실제로 2015년 이후 수강대상별 학원비 누적 상승률을 계산해 보았더니 고등학생 학원비가 가장 많이 올랐다.[2] 지역별로 보면 서울의 고등학생 학원비 상승률이 28%로 가장 높았는데, 이는 전국 평균 상승률(21%)을 상당히 웃도는 수준이다.[3]

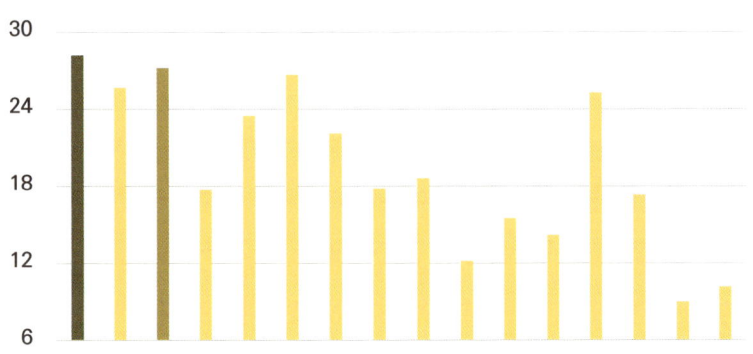

시도별 고등학생 학원비 누적 상승률(2015년~2024년)   단위: %

자료: 통계청 「소비자물가조사」를 이용하여 직접 계산.

사교육시장에서의 위상과 영향력을 고려한다면 서울의 고등학생 학원비가 사교육 인플레이션을 견인한다고 볼 수 있다. 한편 수성구 학원가로 유명한 대구도 고등학생 학원비 상승률이 서울에 버금갈 정도로 높았다. 이처럼 사교육시장이 발달한 지역에서 학원비 상승이 두드러진다는 사실은 사교육 인플레이션의 원인이 과도한 사교육 수요에 있음을 다시 한번 보여준다고 하겠다.

서울 강남·서초 지역의 학원비, 과목당 월 300만 원을 넘기도

그렇다면 사교육 인플레이션의 근원지인 서울의 학원비는 어느 정도 수준일까? 학원마다 교습과정이 다르므로 평균적인 수강료를 계산하는 것은 여간 어려운 일이 아니다. 과목 간의 편차가 클 뿐 아니라 유사한 과정, 예컨대 똑같이 고3 수험생을 대상으로 하는 수학학원이라고 하더라도 교습시간과 방식, 교재 포함 또는 모의고사 실시 여부에 따라서 학원비가 천차만별이기 때문이다.

이러한 점을 고려하여 교습비 이외의 경비를 제외한 후 시간당 수강료를 계산해 보기로 하자. 2024년 초 기준으로 서울에 있는 보습·입시학원들의 시간당 수강료 중간값^{median}은 11,309원이었다. 이를 월 단위로 환산하기 위해 월간 교습시간을 주 7.5시간씩 4주간 총 30시간이라고 가정하면, 월 수강료는 약 34만 원이 된다. 다만 같은 서울 안에서도 지역 간 차이가 상당히 컸다. 25개 자치구별로 시간당 수강료의 중간값을 살펴보았더니 강남·서초구의 학원이 다른 지역보다 40~50% 정도 더 비싼 것으로 나타났다. 이들 지역에 소재한 일부 학원의 경우에는 시간당 수강료가 10만 원을 훌쩍 넘으며 월 수강료가 무려 300만 원대에 달하기도 했다. 매달 한 과목에 들어가는 학원비가 2023년 중 우리나라 전체 가구의 월평균 소비지출액(279만 원)[4]보다도 큰 것이다.

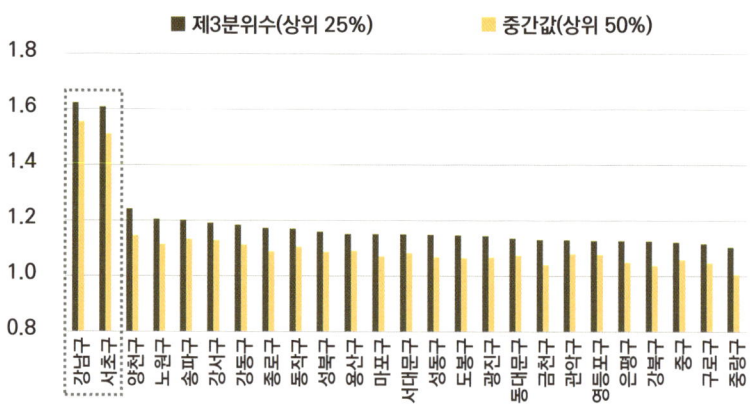

학원비 끝판왕은 수천만 원에 육박하는 영어권 입시 컨설팅 학원

수많은 종류의 학원들 중에서 학원비가 가장 비싼 곳은 과연 어디일까? 서울의 고등학생 학원비가 사교육 인플레이션을 주도하고 서울 강남구와 서초구에 소재한 입시·보습학원의 시간당 수강료가 가장 높다고 하였으니까 이들 지역의 대입 재수생 종합반이 유력한 후보가 될지도 모르겠다. 사실 서울 강남·서초구의 재수학원 연간 수강료가 대학교 1년 등록금을 뛰어넘은 지는 이미 오래되었다. 전국적으로 잘 알려진 재수생 전문 학원들을 보면, 대체로 학원비가 모의고사, 교재, 급식 등의 비용을 포함하여 월 200만 원대이며 기숙학원은 이보다 높은 월 300만 원대에 이른다.

입시·보습학원은 아니지만 영어유치원, 정확한 표현으로 유아 대상 영어학원의 학원비도 재수생 종합반에 버금간다. 서울 강남·서초구에 있는 유명 영어유치원들은 학원비가 200만 원대에 달하는 곳이 부지기수이며 비싼 곳은 300만 원을 웃도는 데도 있다.

그런데 진정한 '학원비 끝판왕'은 입시 컨설팅 학원이다. 그중에서도 미국 대학이나 국제학교로의 진학 지도와 함께 미국대학입학자격시험SAT, 국제학교 학업성취도시험Measures of Academic Progress[5] 등의 입시 대비를 병행하는 영어권 학교 입시학원이 독보적이다. 이들 학원의 공식적인 시간당 수강료는 교육청에서 정한 상한액인 30만 원 이하이지만, 여기에 교습시간을 곱한 실제 학원비는 수천만 원에 달하는 경우도 비일비재하다. 사실 우리나라의 SAT 학원은 미국에서 한국으로 되레 원정수강 올 만큼 그 명성이 자자하다. 문제 유출이 의심될 정도로 매년 국내에서 SAT 고득점자가 양산되고 있는데, 실제로 문제 유출 사고가 몇 년이 멀다 하고 반복되고 있다.

흔히 물가가 계속 오르는 현상을 가리켜 천정부지天井不知라고 한다. 사교육 물가, 그중에서도 입시 컨설팅 학원비야말로 말마따나 그 천정이 어디인지 모를 정도로 오르고 있는 것이 아닐까 싶다. ■

늘어나는 사교육, 떨어지는 학업성취도

사교육비 증가 = 사교육 물가상승 + 사교육 참여율·시간 확대

　사교육비가 증가하는 요인은 크게 가격요인(사교육 물가가 상승하는 것)과 물량요인(전체 학생의 사교육 참여율이 올라가면서 동시에 사교육 참여시간이 늘어나는 것)으로 나눌 수 있다. 앞서 사교육 물가가 꾸준히 상승하고 있음을 확인한 바 있다. 그렇다면 사교육비가 늘어나는 동안 초중고 학생들의 사교육 참여율과 참여시간은 어땠을까?

　코로나19 확산에 따른 방역조치로 학원 수강이 원활하지 않았던 2020년을 제외하면, 초중고 학생들의 사교육 참여율은 대체로 증가하고 있다. 2016년 68%에 불과했던 사교육 참여율은 7년 만에 11%p나 오르며 2023년 79%를 기록했다. 제1장(사교육시장, 도대체 얼마나 클까?)에서 언급한 것처럼 이는 사상 최고치에 해당한다.

초중고 학생의 사교육 참여율

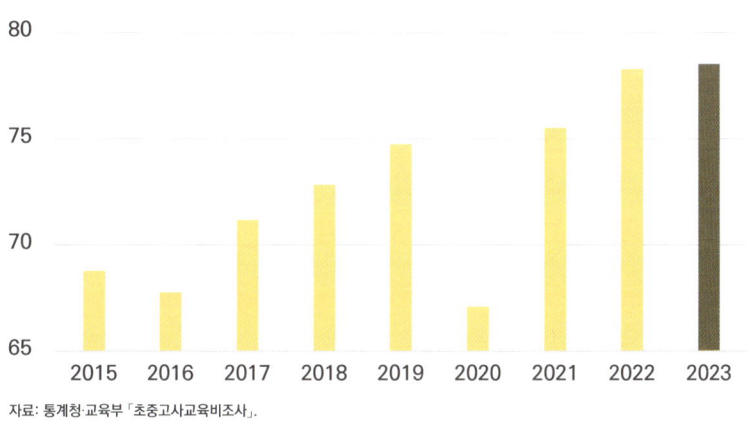

단위: %

자료: 통계청·교육부「초중고사교육비조사」.

사교육을 받고 있는 학생들의 평균 사교육 참여시간도 꾸준히 늘어나고 있다. 특히 고등학생은 2019년 이후 단 한 차례도 감소하지 않고 매년 평균 10분 이상씩 증가하고 있다.

주당 평균 사교육 참여시간*

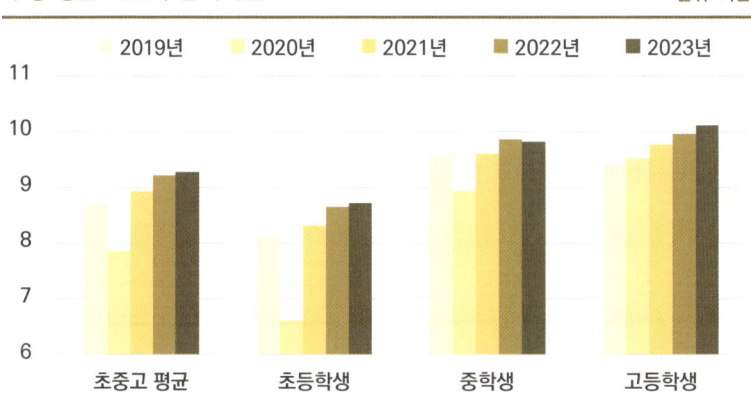

단위: 시간

* 참여 학생 기준
자료: 통계청·교육부「초중고사교육비조사」.

초중고 사교육비 총액이 2019년 21조 원에서 2023년 27조 원으로 29% 커지는 동안 사교육 물가는 12%, 사교육 참여율은 4%p, 평균 사교육 참여시간은 6% 올랐다. 즉, 가격요인과 물량요인 모두 최근의 사교육비 증가에 영향을 미쳤으며 그중에서 가격요인의 영향이 조금 더 컸다.[1] 다만 이들 요인으로 설명되지 않는 사교육비 증가분이 있는데, 이는 학생들이 상대적으로 낮은 비용의 사교육에서 높은 비용의 사교육으로 이동하는 데에서 비롯된 것으로 추측된다. 이를테면 동네 학원에 다니다가 대치동의 유명 학원으로 옮기거나 수강정원 100명 이상의 대형 단과 학원에서 10명 이내 소수정예 학원으로 갈아타게 되면, 사교육 물가수준과 참여율, 참여시간에 변함이 없더라도 사교육비가 늘어나는 효과가 발생한다.

사교육 참여 증가에도 학업성취도는 오히려 하락하고 있어

그렇다면 사교육 참여가 늘어난 만큼 우리나라 학생들의 학업성취도 또한 높아지고 있을까?

한국교육과정평가원은 매년 중학교 3학년과 고등학교 2학년 학생을 대상으로 「국가수준 학업성취도 평가」를 실시하고 있다. 국어, 수학, 영어 등 교과별로 학생들의 학업성취 수준을 평가하여 그 결과를 기초학력 미달, 기초, 보통, 우수 등 총 4단계로 구분하고 있다. 이 결과에 따르면, 2017년 이후 국어, 수학, 영어 교과에서 보통 수준 이상의 학력을 보인 학생의 비율은 하락하고 있는 반면 기초학력에 미달한 학생의 비율은 상승하고 있다. 물론 최근에는 코로나19의 영향도 일부 있었던 것으로 보이나 학생들의 학업성취가 추세적으로 떨어지고 있다는 점은 분명하다.

중학교 3학년 국어 과목에서의 보통 학력 이상 비율은 2017년 85%에서 2023년 61%로 불과 6년 만에 24%p나 떨어졌다. 이 기간에 수학은 19%p(68% → 49%), 영어는 10%p(73% → 63%) 떨어지는 등 교과를 불문하고 보통 학력 이상 비율이 10~20%p씩 하락했다. 바꾸어 말해 학교 수업을 잘 따라가는 학생이 2017년에는 10명 중 7~8명이었다면 2023년에는 5~6명에 불과한 셈이다. 이러한 현상은 고등학교 2학년에서도 거의 똑같이 나타났다. 2023년 국어·수학·영어의 보통 학력 이상 비율은 2017년에 비해 적게는 11%p, 많게는 23%p까지 떨어져 중학교 3학년과 마찬가지로 10~20%p가량 낮아졌다.

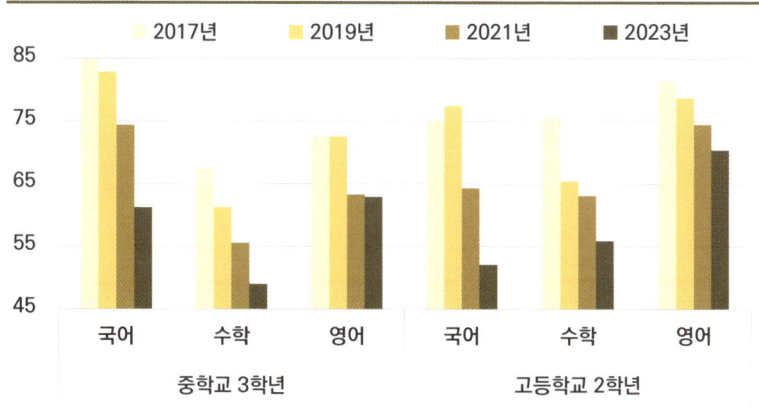

자료: 교육부 「국가수준 학업성취도 평가 결과」.

사실 이보다 더 큰 문제는 기초학력 미달 비율이 급격히 높아지고 있다는 점이다. 이는 학교 수업을 따라가지 못하는 학생들이 많아지고 있다는 뜻인데, 학년 또는 교과와 상관없이 이 비율이 2017년 이후 빠르게 상승하고 있다. 예컨대 중학교 3학년 국어 과목의 기초학력 미달 비율을 보면, 2017년 2% 중반에서 2023년 9% 초반으로 6년 만에 4배가량 껑충 뛰었다. 수학 및 영어도 그 증가폭에만 차이가 있을 뿐, 기초학력 미달 학생들이 크게 늘었다는 점에서는 똑같다. 고등학교 2학년 학생들도 마찬가지다. 특히 '수포자'(수학을 포기한 학생)가 많은 수학이 심각하다. 2017년 수학 과목의 기초학력 미달 비율은 10%에 약간 못 미쳤지만, 2023년에는 무려 17%까지 올라갔다. 즉, 여섯 명 가운데 한 명은 수포자인 셈이다. 그런데 더욱 충격적인 것은 이 기간에 고등학생의 1인당 수학 사교육비가 60% 가까이 증가했다는 사실이다.

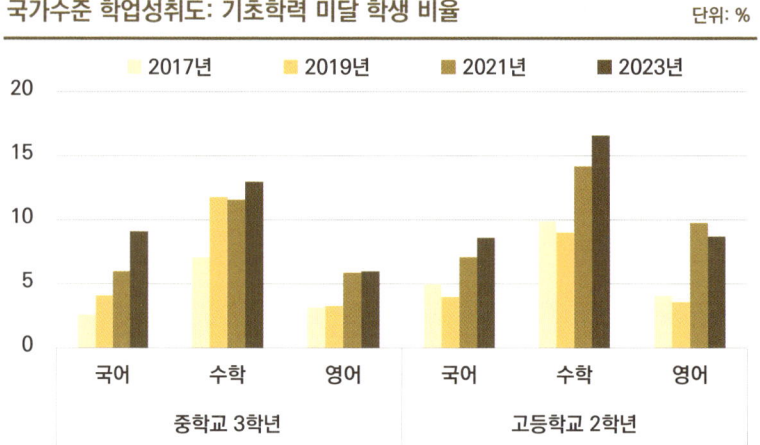

국가수준 학업성취도: 기초학력 미달 학생 비율 (단위: %)

자료: 교육부 「국가수준 학업성취도 평가 결과」.

이처럼 국가 전체적으로 막대한 규모의 사교육비가 지출되고 있음에도 우리나라 학생들의 학업성취도는 오히려 해가 갈수록 하락하고 있다. 사교육의 대표적인 순기능이 정규교육에서 미진한 부분을 보충함으로써 학업성취도를 높인다는 점인데, 과연 우리나라는 이러한 순기능이 작동하는지 강한 의구심이 들 수밖에 없다.■

입시제도에 따라 춤추는 사교육시장

사교육에도 떨어지는 학업성취도, 입시 사교육이 판친다는 증거

만일 사교육이 공교육의 부족한 측면에서 채워주는 역할을 한다면 사교육 증가에도 학업성취도가 오히려 하락하는, 역설적인 현상이 나타나기가 쉽지 않다. 고추장으로 간을 한 떡볶이가 생각보다 매운맛이 약해 고춧가루를 뿌렸는데, 매운맛이 처음보다도 덜하다면 쉽사리 납득이 가겠는가? 맛을 느끼는 미각과 고춧가루 중에서 어느 하나가 잘못된 게 틀림없다. 이를 바꾸어 말하면, 사교육이 늘어남에도 불구하고 학업성취도가 떨어진다는 것은 평가방법이나 사교육에 문제가 있다는 뜻이다. 그런데 「국가수준 학업성취도 평가」를 시행하는 한국교육과정평가원이나 「국제학업성취도평가^{PISA}」를 주관하는 OECD의 전문성에 문제를 제기할 수 있을까? 이들 기관의 시험에는 문제가 거의, 아니 전혀 없다고 봐도 무방하다. 그렇다면 범인은 바로 잘못된 사교육이다. 매운맛을 내기는커녕 되레 중화시키는 '가짜 고춧가루' 같은 사교육이 문제인 것이다.

매운맛 없이 빛깔만 유난스럽게 새빨간 고춧가루. 공교육을 보충하여 학력을 높인다는 순기능은 사라지고 오직 시험점수를 높이는 데만 혈안이 된 오늘날의 사교육이 바로 이런 모습이 아닐까?

실제로 우리나라 사교육시장은 입시제도에 따라 춤춘다는 비유가 어색하지 않을 만큼 입시정책이 변할 때마다 큰 변화를 겪었다. 교육부가 대입제도 개편방안을 내놓으면 어김없이 대치동 학원가의 입시설명회는 문전성시를 이룬다. 2023년 한 해를 뜨겁게 달구었던 소위 '킬러 문항'은 입시제도와 직접적인 연관이 없는, 수능 일부 문항의 변별력에 관한 문제였음에도 이로 인해 전국의 사교육시장이 들썩였다. 대치동 등지의 일부 발 빠른 학원들은 킬러 문항보다 덜 어려운 속칭 '준킬러 문항'을 대비하는 반을 만들기까지 했다. 수학의 기본기가 잘 다져지면 자연스레 어려운 수학문제도 척척 풀 텐데, 냅다 어려운 문제만 풀라고 하면 문제 푸는 요령만 습득할 뿐인데도 말이다. 이러한 행태가 자동차운전학원에서 운전의 기본기는 건너뛰고 시험에 합격할 수 있는 요령만 가르쳐주는 것과 과연 무엇이 다르랴. 킬러 문항 사태는 결국 진짜 실력은 안중에도 없고 오직 시험점수나 대학 합격에만 집착하는 오늘날 입시 사교육의 모습을 집약적으로 보여주는 사례가 아닐까 싶다. 일부 문항의 변별력에도 이렇게 반응할 정도이니 아래에서 살펴볼, 입시제도의 변화에 따라 사교육시장의 판세가 뒤바뀌는 현상이 그리 놀랍지도 않다.

수능 영어의 절대평가화로 상위권의 국어·수학 사교육이 급증

우리나라는 이른바 '국·영·수'에 대한 사교육 비중이 높은 편인데 그중에서도 영어 사교육시장 규모가 가장 크다. 2023년 초중고 사교육비의 과목별 비중을 보면, 영어(29%), 수학(28%), 국어(9%)의 순으로 높았다. 코로나19의 영향으로 대면교육이 위축된 2020년을 제외할 경우 사교육시장 규모는 늘 영어가 수학을 앞질렀다.

그런데 수능 영어의 절대평가가 도입되었던 2017년에는 두 사교육시장의 크기가 엇비슷했다. 2014년 말 정부는 사교육비 경감을 위해 2018년도 수능(2017년 11월 실시)부터 영어 영역의 등급을 원점수에 따라 부여하는 절대평가 제도를 시행하기로 한다. 상위 4%까지만 받을 수 있었던 영어 1등급을 새 체제하에서는 90점 이상을 맞으면 누구든지 받을 수 있게 된 것이다. 그러자 초중고 영어 사교육시장이 위축되기 시작했다. 이 추세는 한동안 지속되다가 2018년부터 다시 증가세로 돌아서는데, 이는 막상 뚜껑을 열어보니 영어 1등급 비율이 높지 않았기 때문으로 보인다. 절대평가를 도입하면 많은 학생이 최고 등급을 받을 것이라는 예상과 달리 2018년도 수능에서 영어 1등급 비율은 10%에 불과했다. 이마저도 이듬해 반토막이 되자 영어 사교육시장 규모는 곧바로 과거 수준으로 회귀했다.

입시제도의 변화에 따라 사교육 트렌드가 바뀌는 현상은 상위권 학생에게서 더욱 두드러진다. 이를테면 수능 영어의 절대평가 전환은 성적이 우수한 학생일수록 영어 학습을 줄이는 대신 상대적으로 변별력이 높아진 국어와 수학에 더 집중토록 만들 가능성이 높다. 실제로 성적이 상위 10% 이내에 드는 학생들의 과목별 사교육비 추이를 살펴보면, 2015년 이후 영어는 완만한 증가세를 보인 데 반해 국어와 수학은 큰 폭으로 늘어났음을 한눈에 확인할 수 있다. 2015~2023년 중 영어 사교육비가 0.5배가량 늘어나는 동안 국어와 수학 사교육비는 각각 5배와 1.3배나 증가하였다.

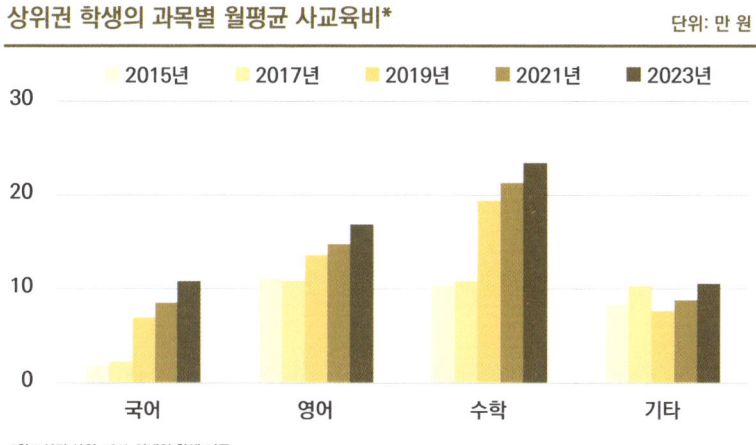

수능 영어 절대평가의 나비효과, 영어유치원의 급증

수능 영어의 절대평가가 사교육시장에 불러온 또 다른 변화는 바로 영어유치원, 정확하게 표현하면 유아 대상 영어학원의 급증이다. 현행 「유아교육법」에 따르면, 유치원이 아닐 경우 유치원 또는 이와 유사한 명칭을 사용하지 못한다. 유아 대상 영어학원은 사립유치원으로 인가받은 것이 아니기 때문에 '영어유치원'이라는 명칭을 쓰면 과태료 처분이나 시설폐쇄 명령을 받을 수 있다. 그럼에도 불구하고 소위 영어유치원들은 영어뿐 아니라 체육, 미술, 수학, 과학, 한글 등을 가르치면서 유치원처럼 운영하는 경우가 다반사다. 2023년 교육부가 유아를 대상으로 하루 4시간 이상 교습하는 영어학원을 전수조사한 결과, 전국의 유아 대상 영어학원의 8%가 영어유치원인 것처럼 광고하거나 이와 유사한 명칭을 사용하고 있으며 일부 학원에서는 소방교육과 성교육 수업, 현장체험학습을 실시하는 등 사실상 유치원과 다름없이 운영한 것으로 나타났다.[1]

수능 영어의 절대평가 제도가 발표된 이후 유아 대상 영어학원 수는 가히 폭발적으로 증가하였다. 2014년 327개소에 불과했던 전국의 반일제 이상 유아 대상 영어학원은 2017년 474개소, 2020년 724개소, 2023년 843개소로 해가 갈수록 큰 폭으로 늘어났다. 이 숫자가 더욱 놀라운 것은 이 기간에 사립유치원은 빠르게 줄어들었다는 사실이다. 사립유치원의 수는 2017년 4,282개소에서 2023년 3,308개소[2]로 23% 감소하였는데, 같은 기간 동안 유아 대상 영어학원은 78%나 증가하였다. 출산율 하락으로 취학아동 수가 매년 꾸준히 줄어들고 있음에도 사립유치원 대신 영어학원에 가는 유아들이 오히려 늘고 있는 현상이 참으로 아이러니가 아닐 수 없다.

그렇다면 수능 영어의 절대평가가 어떻게 유아 대상 영어학원의 인기로 이어진 것일까? 이는 앞서 살펴본 상위권 학생의 사교육 트렌드가 바뀐 것과 거의 같은 이유다. 즉, 수능시험에서 수학과 국어의 중요성이 높아지면서 아이의 영어교육을 조기에 끝내려는 학부모의 심리가 크게 작용한 것이다. 그러니까 영어는 어릴 때 학습할수록 그 효과가 더 크므로 초등학교 저학년 때까지 영어교육에 집중하여 일정 수준 이상의 영어 실력을 갖춘 후 입시에서 중요한 수학·국어 중심의 사교육으로 전환하겠다는 의도인 셈이다. 그래서 한글도 제대로 익히지 못한 유아에게 알파벳과 함께 글자와 발음 간의 관계를 배우는 파닉스phonics를 가르치는 것이 유행처럼 굳어져 버렸다. 이렇게 해서 '영유'('영어유치원'의 준말) 열풍이 불게 된 것이다.

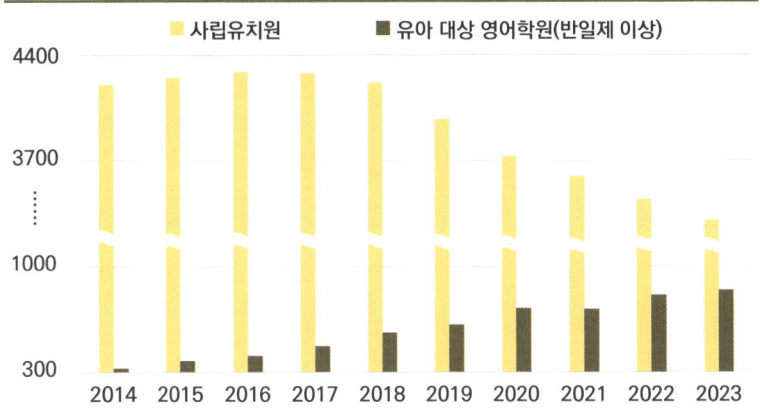

2023년 말 기준으로 우리나라 반일제 이상 유아 대상 영어학원의 30% 이상이 서울에 위치하고 있다. 반면 서울의 사립유치원 수는 전국의 15%에도 채 미치지 못한다. 입시제도의 변화가 3~5세 유아들의 사교육시장, 더 나아가 유아 교육시장 전반에까지 영향을 미친다는 사실이 정말 놀랍지 않을 수 없다.■

과도한 입시경쟁에 내몰리는 아이들

늘어나는 사교육비, 올라가는 청소년 자살률

　우리나라 사교육시장의 문제점은 사교육비 폭증과 학업성취도 하락에만 있는 것이 아니다. 이보다 훨씬 더 심각한 문제는 학생들이 과도한 입시경쟁으로 정신건강을 해치고 심지어 스스로 목숨을 끊는 경우가 드물지 않다는 점이다. 1인당 사교육비가 꾸준히 늘어나고 있는 것처럼 자살로 생을 마감하는 학생들도 계속 증가하고 있다. 1인당 월평균 사교육비와 자살에 의한 청소년 사망률을 비교해 보면, 마치 같은 그림에서 좌표축만 바꾸어 놓은 듯 흡사한 모습을 보인다. 증가율만 놓고 보면 청소년 자살률이 더 가파르게 상승하고 있다. 2015~2023년에 초중고 1인당 사교육비가 78% 늘어나는 동안 10~19세 청소년의 자살률은 89%나 증가하였다.

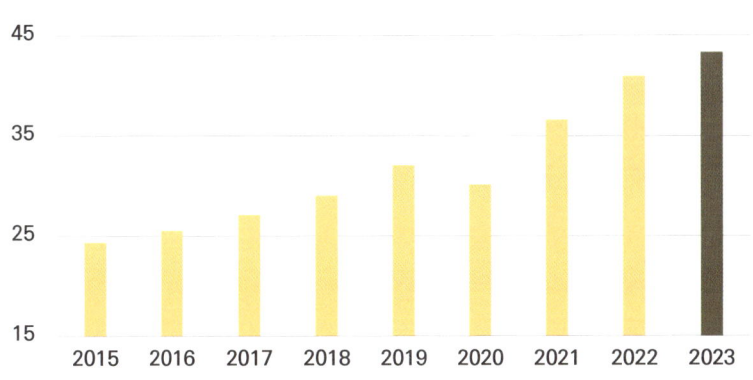

1인당 월평균 사교육비* 단위: 만 원

* 전체 학생 기준.
자료: 통계청·교육부 「초중고사교육비조사」.

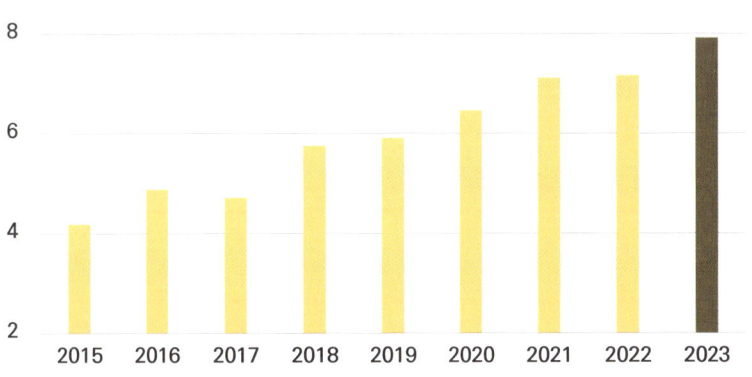

자살에 의한 청소년 사망률* 단위: 명(10만 명당)

* 10~19세 기준.
자료: 통계청 「사망원인통계」와 「인구동향조사」를 이용하여 직접 계산.

물론 청소년 자살의 원인이 입시에 대한 과중한 부담감에만 있는 것은 아니다. 하지만 자살 충동을 느낀 학생에게 그 이유를 물어보았더니 성적과 진학 때문이라고 응답한 비율이 가장 높았다.[1]

우리나라의 청소년 자살률, OECD 국가들 가운데 최고 수준

우리나라는 노령 인구의 자살이 많아 수년째 OECD 국가들 중에서 가장 높은 자살률(인구 10만 명당 자살자 수)을 기록하고 있다. 그렇다면 청소년 자살률은 어떨까? 2020년 기준으로 우리나라 10~19세 청소년의 자살률은 OECD 평균의 1.4배로 38개 회원국[2] 가운데 5위에 해당했다. 다만 앞서 살펴본 것처럼 우리나라의 청소년 자살률이 계속 오르고 있기 때문에 다른 나라에 변화가 없다면 2023년 기준으로는 일본을 제치고 4위에 올랐을 것으로 보인다. 더욱이 한국과 일본을 제외할 경우, 청소년 자살률이 높은 국가들은 모두 일반인의 총기 소유가 자유로워 총기에 의한 자살이 가능하다.[3] 이를 고려한다면, 실질적으로는 우리나라의 청소년 자살률이 OECD 국가들 가운데 가장 높은 수준이라고 해도 지나친 말이 아니다.

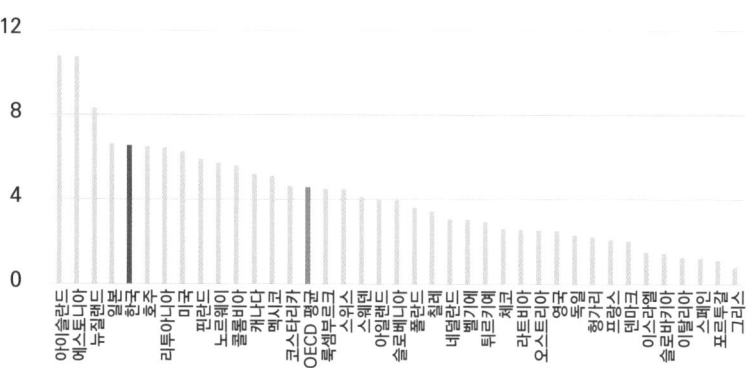

OECD 국가별 청소년 자살률*(2020년)　　　　　　　단위: 명(10만 명당)

* 10~19세 기준. 튀르키예와 포르투갈은 2019년 통계임.
자료: WHO Mortality Database, United Nations(2024), NSSF(2024) 및 Health New Zealand을 이용하여 직접 계산.

과도한 스트레스를 받는 학생들이 많아... 자살 시도도 늘어

학업 문제 등으로 스스로 목숨을 끊는 10~19세 청소년은 하루에 거의 한 명꼴이다. 하지만 자살은 매우 극단적인 경우로 인구 대비 비율을 보면 0.01%에도 못 미친다(그래서 자살률의 분모는 10만 명이다). 따라서 입시경쟁 등으로 과도한 심적 부담을 느끼는 청소년이 얼마나 많은지는 이들의 정신건강 상태를 통해 살펴볼 필요가 있다.

현재 우리나라 중고등학생의 정신건강은 심각한 수준이다. 스트레스를 '대단히 많이' 또는 '많이' 받고 있다는 학생이 열 명 중 네 명 가까이 됐다. 심지어 최근 1년간 자살을 시도한 적이 있는 학생의 비율도 3%가 넘었다. 이 비율이 근래 들어 가파르게 오르고 있다는 점도 큰 문제다. 중고등학생의 자살 시도율은 코로나19 확산 초기인 2020년에 큰 폭 떨어졌으나 이후 빠른 속도로 상승하고 있다.

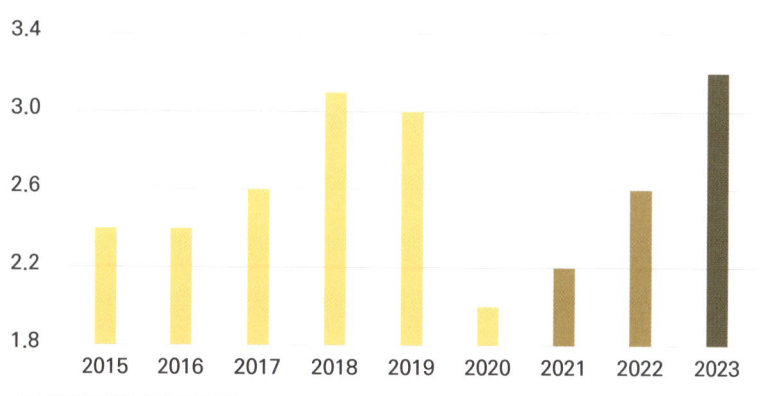

중고등학생의 자살 시도율 (단위: %)

자료: 질병관리청 「청소년건강행태조사」.

물론 청소년이 스트레스를 받는 이유는 다양하게 존재할 수 있다. 공부뿐 아니라 외모, 친구 관계, 이성 문제, 집안의 경제적 어려움 등도 스트레스를 유발하는 원인이 된다. 그런데 학년이 높아질수록, 즉 대학 진학에 가까워질수록 과도한 스트레스를 느끼는 비율이 점점 높아진다는 점에서 학업부담을 가장 중요한 유발요인으로 꼽을 수 있을 것 같다.

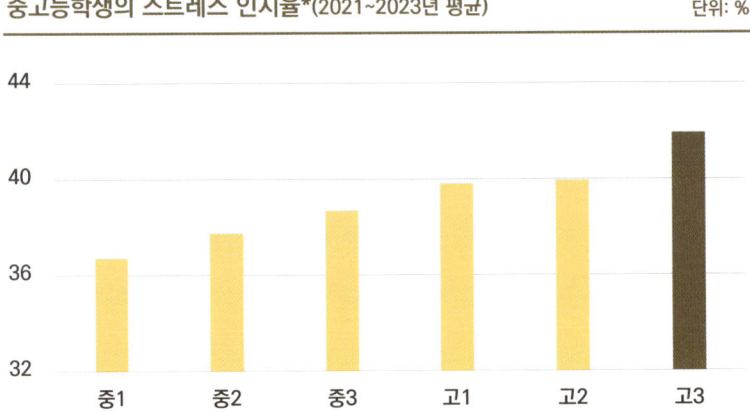

중고등학생의 스트레스 인지율*(2021~2023년 평균) 단위: %

* 평상시 스트레스를 '대단히 많이' 또는 '많이' 느끼는 학생의 비율.
자료: 질병관리청 「청소년건강행태조사」를 이용하여 직접 계산.

치열한 입시경쟁이 우리나라 청소년에게 얼마나 큰 스트레스를 주는가를 보여주는 또 다른 통계가 있다. 중고등학생에 해당하는 13~18세 청소년에게 '가장 고민하는 문제가 무엇인가'라는 질문을 던졌더니 성적, 적성 등 공부와 관련된 문제를 1순위로 꼽은 비율이 49%로 거의 절반에 달했다. 3순위까지의 응답을 모두 포함하면 무려 76%의 학생들이 공부로 고민하고 있었다.

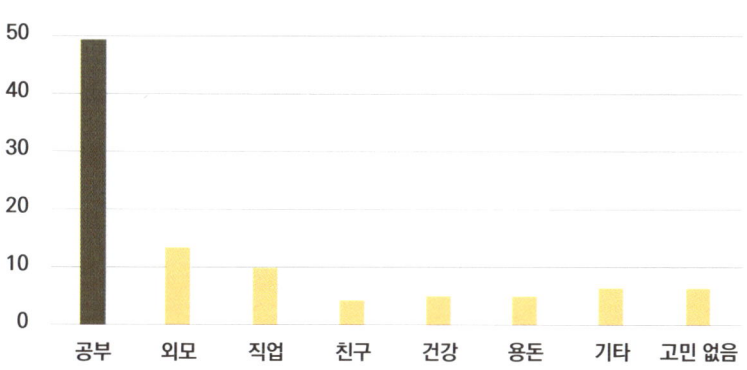

청소년이 가장 고민하는 문제에 대한 응답 비율*(2024년) 　　　단위: %

* 13~18세 인구의 1순위 응답 기준.
자료: 통계청 「사회조사」.

　　한창 공부할 시기의 학생들이 공부로 고민하는 것은 어쩌면 당연하게 느껴질지도 모른다. 하지만 공부를 잘해야만 사회적으로 성공할 수 있는 것은 아니다. 그럼에도 네 명 중 세 명꼴로 학업 문제로 고민한다는 것은 그만큼 우리 사회가 아이들을 과도한 입시경쟁으로 내몰고 있다는 증거다. 사교육이 입시경쟁을 부추기는 것인지, 아니면 과열된 경쟁이 사교육을 부추기는 것인지 모르겠지만 현재의 사교육과 입시경쟁이 모두 심각한 수준이라는 점만은 분명하다.■

교육의 수익률을 높여라

제2부

교육의 불편한 진실

제9장   공부는 유전일까? 환경일까?

제10장   남자는 수학을, 여자는 언어를 더 잘할까?

제11장   대학에 꼭 가야 할까?

제12장   명문대를 나오면 돈을 더 많이 벌까?

제13장   공부를 잘하면 의대에 가야 할까?

제14장   대학 진학의 최종 목표는 취업일까?

제15장   IQ가 지능의 전부일까?

제16장   영어는 일찍 배울수록 더 잘할까?

제17장   사교육을 많이 받으면 수능점수가 올라갈까?

제18장   재수를 하면 더 좋은 대학에 갈까?

제2부

교육의 불편한 진실

지금까지 우리는 '교육'이라는 종목에
'묻지마 투자'를 하고 있었던 것이 아닐까?

제9장
공부는
유전일까? 환경일까?

지능을 결정하는 것은 유전적 요인이 더 중요할 수도

흔히 교육과 관련하여 사람들이 가장 궁금해하는 점은 아마도 '공부머리'라는 것이 정말로 존재하느냐가 아닐까 싶다. 즉, 공부를 잘하는 데 있어서 후천적인 요소인 환경이나 노력보다 선천적인 요소인 유전이 더 중요하지 않을까 하는 것이다. 실제로 주위를 둘러보면, 학벌이 좋은 부모를 둔 아이들이 대체로 공부를 잘하는 듯 보이기도 한다. 하지만 다른 한편으로는 '개천에서 용 나듯' 전혀 공부를 잘 할 것 같지 않은 가정환경에서 수재가 나오는 경우도 드물지 않게 찾아볼 수 있다. 반대로 부모가 모두 명문대를 나왔음에도 그 자식들은 아예 공부와 담을 쌓는 사례도 부지기수다. 설령 명문대 출신 부모 밑에서 남들이 부러워할 만한 대학에 진학했다고 하더라도 그것이 부모의 공부머리를 물려받아서인지, 아니면 부모가 자녀교육을 잘 시켰기 때문인지를 구분하기가 쉽지 않다. 자녀를 명문대에 보낸 학부모의 수기를 읽어보면, 오히려 부모의 역할이 더 중요한 것처럼 느껴지기도 한다. 그렇지 않고서야 어떻게 아파트 한 채를 거뜬히 살 돈을 마치 '밑 빠진 독에 물 붓듯' 자녀의 사교육에 투자하는 사람들이 이렇게 많을 수 있단 말인가?

제아무리 머리가 좋아도 공부를 전혀 하지 않는다면 시험, 이를테면 수능에서 좋은 성적을 거둘 수가 없다. 이 점만은 분명하다. 그런데 수능시험이 아니라 지능검사라면? 흔히 'IQ'라고 불리는 지능지수intelligence quotient에서도 마찬가지일까? 지능을 결정하는 데는 유전이 더 중요할까, 아니면 환경이 더 중요할까?

지능이 **타고난 것**nature인가 아니면 **기르는 것**nurture인가의 문제는 학계에서도 오랜 논쟁의 대상이었다. 1869년 유전학자인 프랜시스 골턴Francis Galton(진화론으로 유명한 찰스 다윈Charles Darwin의 사촌이기도 하다)이 출간한 『유전적 천재Hereditary Genius』에서부터 사실상 그 논쟁이 시작되었다고 할 수 있다. 그는 명문가에서 계속 유능한 인물이 배출된다는 사실을 근거로 지능은 유전되는 것이라고 보았다. 프랜시스 골턴의 이 같은 주장은 인류를 유전학적으로 개량할 수 있다는 우생학으로 변질되어 훗날 독일 나치Nazi의 인종주의, 유대인 학살에까지 영향을 미치게 된다. 그러나 제2차 세계대전이 끝난 뒤로는 나치에 대한 반감, 후천적인 교육을 강조한 행동주의의 확산 등으로 지능은 환경과 개인의 노력에 의해 상당히 발달할 수 있다는 주장이 널리 퍼지게 된다.

최근의 연구를 보면, 지능을 결정하는 데 있어 유전적 요인이 환경적 요인보다 중요하다는 주장이 조금 더 우세한 것 같다. 세계적인 교육심리학자이자 행동유전학자인 로버트 플로민Robert Plomin 교수는 그동안의 연구결과를 종합해 볼 때 지능의 50%가 유전에 의해 좌우된다고 본다.[1] 이에 대한 근거로 그가 언급한 1만 1천 쌍의 쌍둥이를 분석한 연구에 따르면, 유전이 지능을 설명하는 비율은 9세에 41%, 12세에 55%, 17세에는 66%로 나이가 들수록 점점 높아졌다.[2] 성인의 지능은 75~80%가 유전에 의해 설명된다는 연구결과도 존재한다.[3] 이러한 연구는 주로 일란성 쌍둥이와 이란성 쌍둥이를 대상으로 하여 쌍둥이 간 지능의 차이를 비교하는 방법을 사용한다. 유전자가 동일한 일란성 쌍둥이에서 나타나는 지능 격차가 유전자가 상이한 이란성 쌍둥이에서보다 작게 나타나는데, 이는 유전이 지능에 큰 영향을 주고 있다는 증거로 해석될 수 있다.

하지만 같은 유전자를 갖고 태어나서 비슷한 환경에서 자란 일란성 쌍둥이 간에 지능의 차이가 존재한다는 사실은 다시 말해 후천적인 요인이 지능에 미치는 영향도 결코 작지 않음을 시사한다. 평균 100, 표준편차 15로 변환한 IQ를 기준으로(이 경우 대략 70%에 해당하는 사람의 IQ가 85~115에 분포함을 의미한다) 일란성 쌍둥이의 IQ 격차는 평균 6점 정도였다.[4] 이는 무작위로 뽑은 두 사람의 IQ 격차(평균 17점)의 약 1/3에 불과한 수준이지만, 다른 한편으로는 유전자와 가정환경이 거의 같은 것 치고는 IQ 차이가 꽤 크다고도 볼 수 있다. 이 같은 차이는 일란성 쌍둥이들이 서로 공유하지 않는 환경적 요인에서 비롯된다. 이를테면 같은 학교를 다니더라도 학급이 달라 서로 다른 친구와 선생님을 만나게 된다든지, 질병이나 사고로 어느 한 명만 입원하게 된다든지 등과 같은 경우다. 취미나 관심사, 성격, 성향, 가치관 등의 주관적인 특성에서 나타나는 크고 작은 차이들도 모두 여기에 해당한다.

최근의 한 연구에 따르면, 2세 때 헤어져 각각 우리나라와 미국에서 성장한 일란성 쌍둥이 자매의 IQ를 성인이 된 후에 측정했더니 16점만큼 차이가 난 사례가 있었다.[5] 이들의 성격이나 정신건강 상태, 자존감 등이 비슷하게 나타났음에도 IQ 격차는 놀랍게도 아무런 관련이 없는 두 명의 사람을 뽑았을 때 나타나는 차이만큼 컸다. 이러한 차이는 두 쌍둥이가 성장한 환경이 워낙에 달랐던 데에서 비롯되기는 했지만, 이를 바꾸어 말하면 경우에 따라서는 지능을 결정함에 있어 환경이 유전을 압도할 수 있음을 의미한다.

결국 공부머리는 선천적으로 타고날 수도 있지만 후천적으로 기를 수도 있다. 그보다 더 중요한 것은 선천적으로 좋은 머리도 후천적 요인에 의해 나빠질 수 있고, 반대로 나쁜 머리를 타고났어도 교육을 통해 얼마든지 좋아질 수 있다는 점이다. 인간의 지능은 수명과 별반 다르지 않다. 장수 집안에서 태어났어도 건강관리를 소홀히 하여 단명한 사람이 있는 반면, 암수술을 겪고도 생활습관을 개선하여 평균 수명보다 오래 산 사람도 있다. 누구도 장수 유전자만 믿고 자신이 오래 살 것이라고 확신하지는 않는다. 다시 말해 지능을 결정하는 데 있어 유전이 중요하다고 해서 별로 달라질 게 없다는 뜻이다. 비록 좋은 유전자를 갖고 태어났더라도 건강관리를 하듯 꾸준히 자기계발을 해야 한다는 사실만은 변하지 않는다.

학업성취도는 노력과 환경의 영향이 큰 편

일반적으로 지능이 높을수록 학업성적도 더 좋다고 알려져 있다. 최근의 한 연구에 따르면, 지능이 학업성취도에 미치는 영향은 약 37%라고 한다.[6] 물론 학업성취도를 무엇으로 측정하느냐에 따라 이 비율이 다소 변할 수 있겠지만, 머리 좋은 사람이 대체로 공부를 잘한다는 것은 부정하기 힘든 사실임에 틀림없다.

2004년 미국의 대학입학자격시험SAT 점수와 지능 간의 관계에 관한 상당히 놀라운 연구결과가 발표되었다. 지능과 SAT 점수 간의 **상관계수**correlation coefficient를 측정했더니 그 값이 무려 0.8을 넘었다(상관계수는 -1부터 1까지의 값을 갖는데, 1에 가까울수록 두 변수 간에 더 강한 양의 상관관계가 있다).[7] 더 나아가 이 연구는 SAT가 사실상 지능검사와 다름없다며 간단한 계산식을 통해 SAT 점수를 IQ로 변환할 수 있다고 주장하였다. 2008년에는 SAT와 함께 미국 대입자격고사의 양대 산맥이라고 불리는 ACT(American College Testing) 점수와 지능 간의 관계에 대한 논문이 발표되었는데, 여기에서도 둘 간의 높은 상관관계가 입증되었다.[8]

이쯤 되면 우리나라 수능시험도 결국 지능이 좋아야 잘 보는 게 아닐까 하는 의문이 들지도 모르겠다. 사실 다른 조건들, 이를테면 학습태도나 교육환경이 모두 같다면 머리가 좋은 학생이 시험에서 더 높은 점수를 얻는 것은 당연하다. 그런데 여기서 중요한 것은 학생마다 학습태도와 교육환경이 천차만별이라는 점이다. IQ가 높은 학생이라고 해서 반드시 우수한 환경에서 열심히 공부한다는 법은 없다.

상위 30%의 IQ를 가진 학생이 하루에 30분도 채 공부하지 않는다면, 매일 10시간 이상 공부하는 하위 30%의 IQ를 가진 학생보다 시험에서 높은 점수를 받기는 어려울 것이다. 다시 말해 지능과 시험점수 간의 강한 상관관계는 전체 집단에서 '평균적으로' 그렇다는 것이지, 학습시간 등에서 현격한 차이를 보이는 두 학생의 시험점수를 '개별적으로' 비교할 때는 큰 의미가 없다.

또한 미국의 연구결과를 우리나라에 그대로 적용하기 어렵다는 사실도 유념해야 한다. 예컨대 미국의 SAT는 수능과 달리 고등학교 교과과정에서 배우는 지식을 요구하지 않는다. SAT는 크게 읽기·쓰기 영역Reading and Writing Test과 수학 영역Math Test으로 구분되는데, 수학의 경우 우리나라 중학교 3학년 정도의 수학지식만 있다면 대부분 풀 수 있는 문제들로 구성된다. 반면 수능의 수학문제는 지수·로그 함수, 행렬, 수열, 미적분 등 고등학교에서 배우는 내용을 모른다면 풀 수가 없다. SAT의 수학 영역이 수리적 사고력 측정에 초점을 맞춘 데 비해 수능의 수학 영역은 고등학교 교과과정에 대한 이해도 평가에 더 주안점이 있다고 볼 수 있다. 따라서 우리나라 수능과 지능 간의 상관관계는 미국 SAT·ACT의 경우보다 상당히 낮게 나타날 가능성이 크다.

더욱이 미국 대학은 입학자격고사인 SAT·ACT의 점수만으로 학생을 선발하지 않는다. 이 점수는 말 그대로 대학에 입학할 자격이 있는지를 판단하는 하나의 지표에 불과하다. 이러한 점에서 정시 일반전형의 당락에 절대적 영향을 미치는 우리나라 수능과는 시험의 성격이 사뭇 다르다. 실제로 SAT·ACT 만점을 받고서도 이른바 아이비리그$^{Ivy league9}$라고 불리는 미국 명문대에 불합격한 사례를 흔하게 찾아볼 수 있다. 이는 높은 시험점수가 그 학생의 잠재력을 보여줄지는 몰라도 그것만으로 대학에서 우수한 학업성취도를 보여줄 것이라고 기대하기 어렵기 때문이다. 실제로 최근의 한 연구에 따르면, 고등학교 내신성적이 ACT 점수보다 대학 졸업률에 더 큰 영향을 미치는 것으로 나타났다.[10] 이는 다소 의외의 결과처럼 보이는데, 왜냐하면 내신은 학교 간의 수준 차이를 무시하고 모두 같은 척도로 산출되기 때문이다(이를테면 과학고 상위 30%와 일반고 상위 30%를 동등하게 본다).[11] 더욱 놀라운 것은 ACT 고득점 학생들만 분석하였더니 ACT 점수가 높을수록 대학 졸업률이 오히려 더 떨어지는 모습을 보였다는 점이다. ACT 점수 대신 SAT 점수를 사용한 연구에서도 비슷한 결과를 내놓았다. 대학교 1학년 성적(평점평균)을 예측하는 데 있어 SAT 점수보다 고등학교 내신이 더 의미가 있었다.[12]

위의 연구결과들은 높은 학업성취도를 달성함에 있어서 지능보다 노력이나 환경이 더 중요할 수 있음을 의미한다. 학교 간 차이를 반영하지 않는 내신은 사실상 학교수업에 얼마나 충실했느냐가 관건이므로 SAT · ACT 점수에 비해 지능과의 상관관계가 훨씬 낮을 수밖에 없다. 게다가 상위권 학생들의 대입자격고사 점수와 대학 졸업률이 반비례하였다는 사실은 '머리만 믿고 공부를 게을리 하면' 결코 좋은 학업성적을 받을 수 없음을 여실히 보여준다.

미국의 경우와 다소 차이는 있지만, 우리나라에서도 입학전형별로 대학생의 학업성취도를 분석한 사례가 있다. 2012~2016년 중 내신 중심의 지역균형선발전형과 수능 중심의 정시 일반전형으로 각각

입학한 서울대 재학생의 평균학점을 비교한 것인데, 그 결과가 미국의 경우와 크게 다르지 않았다. 도시·농촌 간, 수도권·비수도권 간 학생들의 실력 차이가 상당하기 때문에 지역균형선발전형[13]으로 입학한 학생들의 평점이 더 낮을 것이라는 예상과 달리, 이들의 학업성적이 오히려 더 우수했다. 1학년 1학기부터 4학년 2학기까지 모든 학기에 걸쳐 지역균형 입학생의 성적이 정시 입학생보다 좋았다. 뿐만 아니라 학년이 높아질수록 그 격차가 점점 벌어지는 경향을 보였다. 수능은 정규 교과과정의 내용을 바탕으로 출제되므로 수능점수와 대학 학업성취도 간의 상관관계가 높을 법도 한데, 실제로는 우리나라의 경우도 미국과 별로 다르지 않았던 것이다.

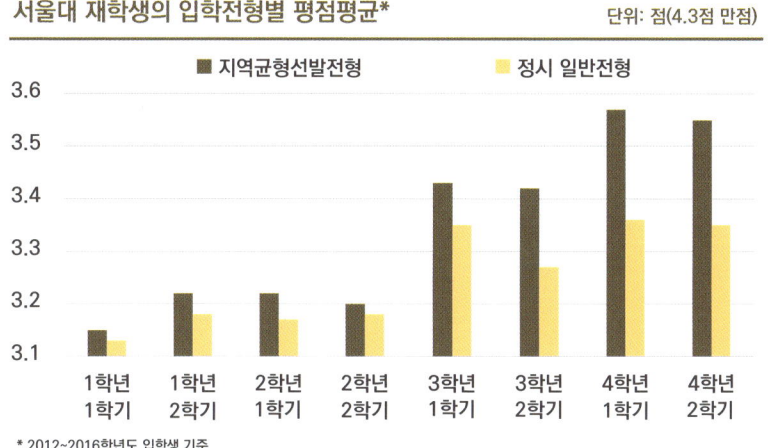

* 2012~2016학년도 입학생 기준.
자료: 김병욱 국회의원실 보도자료(2016. 10. 11.)

지역균형선발전형이 처음 도입된 2005학년도 입학생을 대상으로 한 연구에서는 지역균형선발과 정시 간 성적 차이가 더욱 크게 나타났다.[14] 이는 당시 수능의 정규 교과과정 반영도가 낮아서 수능점수와 대학 학업성취도 간의 상관관계가 더 작게 나타난 것으로 볼 수 있다(2005학년도 수능은 2012~2016학년도에 비해 EBS 교재와의 연계 출제가 느슨했기 때문에 교과과정 내용을 반영하는 정도가 약했다). 최근에 2019학년도 서울대 입학생을 분석한 연구에서도 지역균형선발 학생들의 대학 학업성적이 훨씬 더 우수한 것은 마찬가지였다.[15]

결국 수능은 출제경향으로 보건대 지능과의 연관성이 높지 않지만, 설령 그렇다고 하더라도 높은 수능점수가 우수한 대학 학업성취로 이어지는 것은 아니다. 앞에서 본 서울대 사례가 바로 지능이 학업성취도에 미치는 영향이 크지 않음을 보여주는 증거인 셈이다.

지금까지의 연구결과를 종합해 볼 때 학업성취도는 지능에 의해 결정되는 면이 없지 않지만, 그보다 중요한 것은 얼마나 공부를 열심히 하느냐이다. 타고난 머리를 지닌 어떤 학생의 성적이 뛰어나다면 그것은 분명히 그에 맞는 노력과 환경이 뒷받침되고 있기 때문이다. 마치 천재는 1%의 영감과 99%의 노력으로 만들어진다는 말처럼.

중요한 것은 노력의 양보다 질

앞서 유전은 지능의 50%를, 지능은 학업성취도의 37%를 설명한다고 했으므로 유전이 학업성취도에 미치는 영향은 산술적으로 20%에도 채 미치지 못한다. 물론 이렇게 단순하게 계산하는 것이 수학적으로 엄밀한 방법은 아니지만, 공부를 잘하는 데 있어서 유전적 요인의 영향력이 생각보다 크지 않다는 점은 분명해 보인다.[16] 그러나 공부머리보다 책상의자에 오래 앉아있을 수 있는 무거운 엉덩이가 더 중요하다고 해서 무한정 학습시간만 늘리는 것 또한 능사는 아니다. 아니, 더 정확하게 말하면 얼마나 오랫동안 공부했느냐가 아니라 얼마나 효과적으로 공부했느냐가 중요하다.

흔히들 노력의 가치를 높게 평가할 때 **1만 시간의 법칙**The 10,000-hour rule이라는 표현을 쓴다. 한 분야의 전문가가 되려면 1만 시간의 연습이 필요하다는 뜻인데, 스웨덴 출신의 심리학자 안데르스 에릭손K. Anders Ericsson 연구팀이 1993년 발표한 논문에서 유래한 말이다.[17] 그들은 독일의 어느 명문 음대에서 바이올린을 전공하는 학생과 유명 오케스트라에서 바이올린을 연주하는 단원을 대상으로 20세까지 총 몇 시간을 연습했는지를 조사하였다. 그 결과, 실력이 탁월한 학생과 오케스트라 단원의 연습시간은 1만 시간을 조금 상회하였는데, 이는 실력이 우수한 학생(약 7,500시간)이나 평범한 학생(약 3,500시간)의 대략 1.5~3배에 달하는 시간이었다.[18] 이를 근거로 연구팀은 많은 양의 연습이 무엇보다 중요하다고 주장하였다.

그런데 이 결과를 '누구나 1만 시간의 노력을 들이면 성공할 수 있다'는 식으로 해석해서는 곤란하다. 에릭손 연구팀이 말한 연습이란 실력 향상을 목표로 정교하게 고안된, 이른바 **의식적인 연습**deliberate practice을 일컫는다. 그러니까 무턱대고 많은 시간을 투입하는 것이 아니라 효과적인 훈련기법과 피드백을 전달할 수 있는 지도자, 적합한 훈련환경 등을 갖춘 상태에서 연습해야 한다. 예컨대 실력 있는 바이올린 연주자가 되려면 1만 시간, 즉 일주일에 20시간씩 10년간 취미 삼아 연습해서는 안 되고, 예술중·예술고·음대 진학을 목표로 전문적인 레슨을 받으며 그만큼의 시간을 연습에 써야 한다는 것이다. 결국 연습의 양보다 질이 우선한다.

공부도 마찬가지다. 시험을 치르기 위한 최소한의 학습시간을 채웠다면(예컨대 출제범위에 해당하는 교과서를 1회 정독했다면), 그 시간 동안 얼마나 효과적으로 공부했느냐가 중요하다. 공부를 열심히 한다는 것이 더 오랫동안 책상에 앉아있고 더 긴 시간을 학원에서 보내며 더 많은 문제집을 풀어야 함을 결코 의미하지 않는다.

노력과 환경만으로 올라갈 수 있는 한계도 분명히 존재해

에릭손 연구팀의 논문은 학계에 큰 반향을 일으켰지만 동시에 많은 비판을 받기도 했다. 무엇보다 천부적인 재능의 역할을 과소평가했다는 것이 그 이유였다. 바이올린 연주에 전혀 소질이 없는데 훌륭한 개인교사로부터 레슨을 받고 꾸준히 연습만 하면 과연 유명한 오케스트라 단원이 될 수 있을까? 음대에 입학하는 것까지는 가능할지 몰라도 베를린 필하모닉Berliner Philharmoniker이나 빈 필하모닉 Wiener Philharmoniker과 같은 세계적인 오케스트라에 들어가는 것은 거의 불가능에 가깝다.

2014년, 에릭손 연구팀이 주장한 '의식적인 연습'의 효과가 다른 요인을 압도할 만큼 크지 않다는 새로운 연구결과가 발표되어 학계로부터 큰 주목을 받았다. 이 연구에 따르면, 연습량이 각 분야의 성과를 설명하는 비율은 게임 26%, 음악 21%, 스포츠 18%, 교육 4%, 직무 1% 미만에 불과했다.[19] 교육과 직무의 성과에서 그 영향력이 현저히 작게 나타난 것은 실제로 이들 분야에서 연습의 효과가 약했을 수도 있지만 연습량을 정확하게 측정하기 어려웠기 때문으로도 보인다. 어쨌든 이 연구는 연습 못지않게 다른 요인들, 특히 선천적인 요인이 우수한 성과를 내는 데 중요할 수 있음을 강조하였다는 점에서 그 의의가 크다.

요컨대 노력과 환경만으로 각 분야의 최정상에 오르기는 현실적으로 어렵다. 개인의 피땀 어린 노력과 체계적인 훈련, 부모의 지원 등을 통해 성과를 올릴 수 있는 것은 분명하지만, 그 성과의 상승폭은 개인의 재능에 어느 정도 비례할 수밖에 없다. 이 말인즉슨 공부의 예를 든다면, 비슷한 환경에서 같은 노력을 투입할 때는 머리 좋은 학생이 유리할 수밖에 없다는 뜻이다. 공부머리 없는 학생이 학업에서 성공하기 위해서는 결국 다른 학생보다 우수한 환경에서 양질의 노력을 더 기울여야 한다. 노력과 환경의 중요성은 아무리 강조해도 지나치지 않다. 하지만 그것만으로 경쟁에서 이길 수 없다는 사실 또한 유념해야 한다. 만일 아무리 공부해도 안 되는 머리를 가졌다면? 안타깝게 들리겠지만(사실 전혀 안타까운 이야기가 아니다) 그때는 공부가 아닌 다른 적성을 찾아야 한다. 아직도 '지능(또는 공부)은 유전일까? 환경일까?'라는 주제로 학계에서는 격렬한 논쟁이 이어지고 있다. 그러나 다음의 사실 하나만큼은 이견이 없는 듯하다. 그것은 유전과 환경, 그 어느 하나도 결코 무시할 수 없다는 점이다. ■

제10장

남자는 수학을,
여자는 언어를 더 잘할까?

여학생은 인문사회계열, 남학생은 자연공학계열 진학이 많아

'2015 개정 교육과정'에 따라 2002년생부터 고등학교의 문·이과 구분이 사라졌다. 그렇지만 실질적으로는 선택과목에 따라 여전히 과거처럼 고등학생의 적성을 문·이과로 나눌 수 있다. 이를테면 수학 교과의 선택과목으로 「확률과 통계」를 선택하면 문과로, 「미적분」이나 「기하」를 선택하면 이과로 분류하는 식이다.

이렇게 나눌 때 남학생은 이과를, 여학생은 문과를 더 많이 선택하는 것이 일반적이다. 실제로 4년제 대학의 남녀 재학생 수를 비교해 보면 문과에 해당하는 인문·사회계열은 여학생 수가, 이과에 해당하는 자연·공학·의약계열은 남학생 수가 더 많다. 최근 몇 년간 추이를 살펴보더라도 남학생은 이과 비중이, 여학생은 문과 비중이 훨씬 더 높다는 사실에는 변함이 없다. 다만 최근의 '문과 기피' 현상으로 인해 남녀 모두 인문·사회계열 비중은 점점 낮아지는 반면 자연·공학·의약계열 비중은 점점 높아지고 있다.

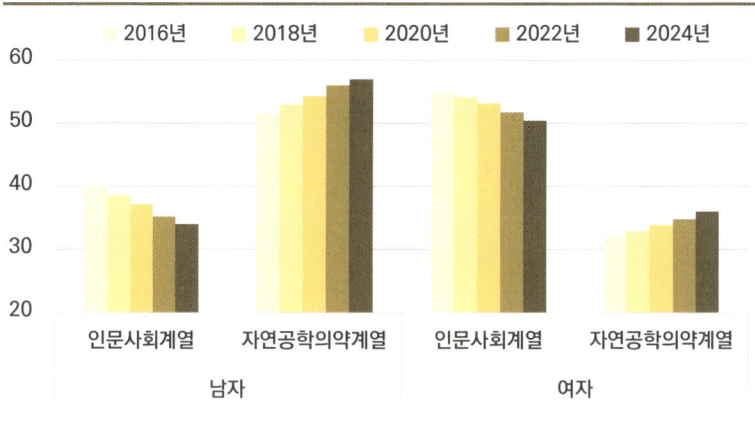

4년제 대학의 계열별 재학생 비율

자료: 한국교육개발원 「교육기본통계」.

그런데 왜 남학생은 이과를, 여학생은 문과를 더 많이 선택하는 것일까? 흔히 알려진 속설처럼 남자는 수학과 과학 영역에, 여자는 국어·영어와 같은 언어 영역에 더 소질이 있기 때문일까?

수능 국어·영어는 여학생이 잘하고 수학은 남녀 비슷하지만...

수능시험을 주관하는 한국교육과정평가원은 매년 12월 수능시험 채점결과를 발표하면서 전년도 점수의 분석결과를 함께 발표한다. 이 자료에 따르면, 2012학년도부터 2024학년도까지 수능 국어와 영어 영역에서 여학생의 평균점수가 남학생보다 낮았던 적은 단 한 번도 없었다. 반면 수학 영역의 점수는 해마다, 유형(주로 '가' 또는 'A'형은 문과 학생이, '나' 또는 'B'형은 이과 학생이 응시한다)[1]에 따라 엎치락뒤치락하는 모습을 보였다. 문·이과가 각기 다른 시험을 치른 2012학년도부터 2021학년도까지 10년 동안 총 20회의 수능 수학 평균점수를 비교해 보면, 남학생이 더 높았던 적이 9회, 여학생이 더 높았던 적이 9회, 남녀가 같았던 적이 2회로 막상막하였다.

그렇다면 수학에서는 우열을 가릴 수 없지만 국어, 영어 등 언어 영역에서는 여학생이 확실히 우위에 있다고 할 수 있을까? 이렇게 말하기도 어려울 것 같다. 왜냐하면 최근 5년간 상위권, 즉 국어 1~2등급(상위 11% 이내) 또는 영어 1등급(원점수 90점 이상)을 받은 비율[2]은

예상과 달리 남학생이 대체로 더 높았기 때문이다. 물론 이러한 현상은 수학 영역에서도 마찬가지였다.

대학수학능력시험 영역별 상위권 비율 (단위: %)

자료: 한국교육과정평가원 「(연도별) 수능 성적 분석 결과 발표」.

왜 이렇게 통계에 따라 남녀 간 점수의 높낮음이 뒤바뀌는 것일까? 정확한 이유를 찾기 위해서는 학생들의 개인별 정보가 포함된 미시자료microdata를 확인해야겠지만, 재수생 또는 결시생 비율과 같은 응시집단의 특성이 남녀 간에 서로 다른 데에서 비롯된 것으로 보인다. 예컨대 재수생의 평균점수가 재학생보다 높으므로 재수생 중 남학생 비율이 높으면, 수능 각 영역에서 남학생이 여학생보다 평균점수가 낮아도 상위권에는 더 많이 분포할 수 있다. 그러므로 응시생의 구성에 영향을 많이 받는 수능점수가 아닌 다른 평가결과를 이용하여 남녀 간의 성적 차이를 논하는 것이 바람직할 듯하다.

남녀 간 학업성취도 차, 평균은 수능과 비슷하나 상위권은 달라

OECD의 「국제학업성취도평가PISA」는 같은 연령을 대상으로 학생들의 다양한 특성이 고르게 반영될 수 있도록 응시집단을 선정한다. 이 결과를 통해 남녀 간의 영역별 학업성취도를 비교해 보자.

「2022년도 국제학업성취도평가」(이하 'PISA 2022'라고 한다) 결과에 따르면, 우리나라 15세 학생의 읽기와 과학 평균점수는 여학생이, 수학 평균점수는 남학생이 더 높았다. 읽기에서는 여학생 533점, 남학생 499점으로 그 격차가 상당히 컸다. 반면 수학과 과학에서의 점수 차는 '통계적으로 유의statistically significant'하지 않았다. 즉, 통계학의 관점에서 본다면 남녀 간 학업성취도 차이가 근소하여 어느 한쪽이 우위에 있다고 말할 수 없다는 뜻이다. 이러한 결과는 과거에도 대체로 비슷했다.

우리나라 국제학업성취도평가(PISA) 결과*

단위: 점

* 15세 학생 기준.
자료: OECD "PISA Data Explorer."

PISA 2022의 결과도 앞서 수능 평균점수에서 살펴본 남녀 간 차이와 크게 다르지 않은 셈이다. 그러나 상위권만 놓고 보면 그 결과가 완전히 달랐다. 수능은 상위권에서 남학생이 차지하는 비중이 전 영역에 걸쳐 높게 나타나는 모습을 보였다. 반면 PISA 2022에서는 상위권으로 갈수록 읽기 영역은 여학생이, 수학과 과학 영역은 남학생이 강세를 띠었다. PISA의 학업성취도는 총 6단계로 구분되는데 이 중에서 가장 높은 '6수준'(L6) 비율을 보면, 읽기는 여학생(3.3%)이 남학생(1.8%)의 1.8배인 반면 수학과 과학은 남학생(10.4%, 3.3%)이 여학생(6.3%, 2.6%)의 각각 1.7배와 1.3배였다. 남녀 간의 차이가 영역별로 극명하게 갈린 셈이다.

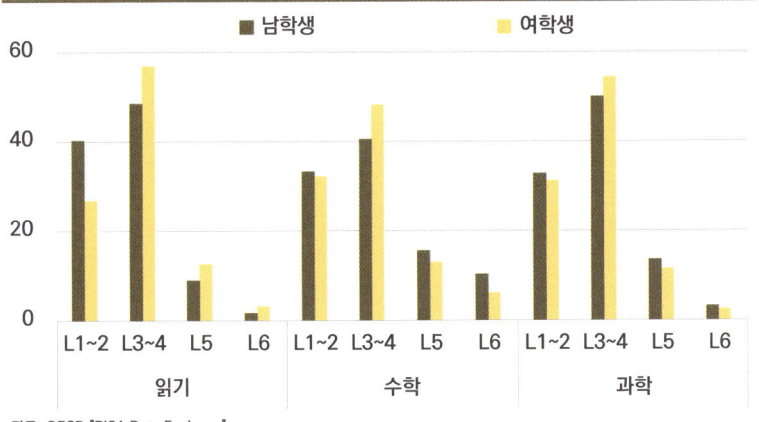

우리나라 학생의 학업성취 수준별 비율(2022년) 단위: %

자료: OECD "PISA Data Explorer."

만일 이러한 남녀 간의 학업성취도 차이가 전 세계적으로 비슷하다면, '남자는 수학과 과학을 잘하고 여자는 언어를 잘한다'라는 속설이 틀렸다고 섣불리 말하기가 힘들 것 같다. 과연 다른 나라에서도 우리나라와 유사한 양상이 나타날까?

읽기 성취도는 모든 국가에서 여학생이 더 뛰어나

PISA 2022의 읽기 영역 평가에 참여한 나라는 OECD 37개 회원국[3]을 포함하여 총 80개국이었다. 놀랍게도 읽기 성취도는 80개국 모두 여학생이 높았다. OECD 국가들의 남녀 평균점수를 비교해 보면 여학생이 488점, 남학생이 464점으로 24점만큼 차이가 났다. 핀란드는 그 격차가 무려 45점이었다.

평균점수뿐 아니라 상위권 비율도 여학생이 더 높은 것으로 나타났다. 가장 높은 성취수준(6수준)을 기록한 학생이 전체에서 차지하

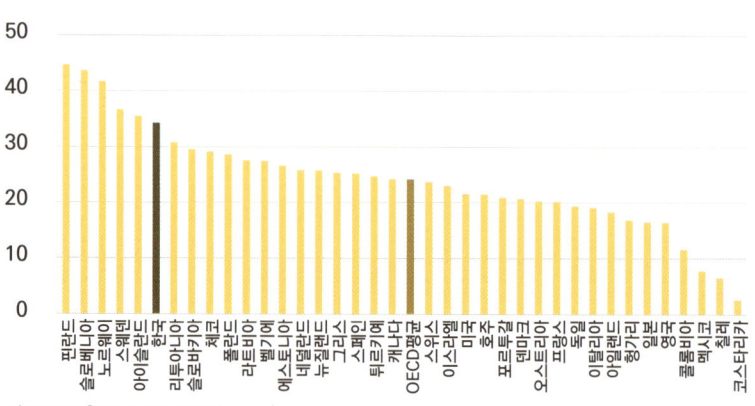

OECD 국가별 여·남학생 간 읽기 성취도 차이(2022년)   단위: 점

자료: OECD "PISA Data Explorer."

는 비율을 보면, OECD 회원국 기준으로 여학생은 평균 1.4%, 남학생은 1.0%였으며 대부분의 나라에서 여학생의 비율이 남학생보다 높았다. 이 역시 핀란드에서 가장 큰 차이가 보였는데, 여학생의 비율(1.8%)이 남학생(0.6%)의 3배에 달했다.

이처럼 읽기 영역에서 여학생의 학업성취도가 상대적으로 뛰어난 이유는 무엇일까?

우선 생각해 볼 수 있는 이유로 생물학적으로 남녀 간의 뇌 구조가 다르다는 점을 들 수 있다. 이를테면 좌뇌와 우뇌를 연결하는 신경다발인 뇌량corpus callosum이 여성에게서 더 크게 나타나는데, 이 때문에 여성은 좌뇌와 우뇌 간 상호작용이 활발하여 언어능력이 우월하다는 것이다. 하지만 이에 대한 반론 또한 만만치 않다.[4] 남녀 간 뇌량의 차이가 미미하다는 연구결과도 있고, 그 차이가 선천적인지 또는 후천적인지 구별이 어렵다는 시각도 있다. 뇌량의 차이가 후천적이라면, 남녀 간의 언어능력에 차이가 나는 데에는 생물학적 요인보다 사회문화적 내지 환경적 요인의 영향이 커진다. 최근의 한 연구에 따르면, 유아기에 여아의 언어 발달이 더 빠르다는 통설조차도 논란의 여지가 있다고 한다.[5] 결국 여학생의 높은 읽기 성취도를 남녀 간의 생물학적 차이로 설명하기에는 무리가 따른다.

「2018년도 국제학업성취도평가」(이하 'PISA 2018'이라 한다)에서 학생들이 독서와 비디오 게임을 얼마나 즐기는지에 대한 설문조사를 진행한 바 있다. 결과는 예상대로였지만, 이것이 남녀 간 읽기 성취도의 차이를 설명할 수 있는 하나의 열쇠가 될 수 있을 듯하다.

먼저 모든 나라에서 여학생이 남학생보다 독서를 더 즐기는 것으로 나타났다. '독서가 가장 좋아하는 취미 중 하나이다'라고 응답한 비율을 보면, 남학생은 24%에 불과했지만 여학생은 44%에 달했다.[6] 반면 '필요한 정보를 얻을 때만 책을 읽는다'라고 응답한 비율은 남학생(60%)이 여학생(39%)보다 훨씬 높았다. 또한 남학생의 75%가 하루 평균 30분 이하 독서한다고 대답했지만 여학생은 그 비율이 43%에 지나지 않았다. 이에 반해 하루 평균 2시간 이상 독서하는 비율은 여학생(8%)이 남학생(3%)의 2배 이상이었다.

비디오 게임에서는 남녀 간에 더욱 현격한 차이를 보였다. 〈리그 오브 레전드League of Legends〉, 〈스타크래프트StarCraft〉와 같은 온라인 컴퓨터게임을 매일 또는 거의 매일 한다고 응답한 남학생은 전체의 53%에 달한 반면, 여학생은 불과 10%밖에 되지 않았다.

이러한 결과가 의미하는 바는 무엇일까? 한 마디로 평소의 습관이 그대로 읽기 성취도에 반영되는 것이다. 책을 많이 읽을수록 문해력이 더 올라가고 게임을 많이 할수록 문해력이 더 떨어진다는 것은 어찌 보면 너무나도 당연한 사실이다. 굳이 다른 복잡한 이유를 찾지 않더라도 '책 안 읽고 게임만 하는' 남학생이 여학생보다 읽기 성취도가 떨어진다는 결과가 충분히 납득할 만하다.

수학 · 과학은 나라마다 다르나 상위권에서는 남학생이 뛰어나

읽기 영역에서 나타난 성별 격차가 수학과 과학 영역에서도 유효할까? 결론부터 말하자면 전혀 그렇지 않다. 그러면 남학생의 학업성취도가 더 높았을까? 그것도 아니다. 나라마다 천차만별이었다. 예컨대 이탈리아, 오스트리아 등은 남학생의 수학·과학 성취도가 더 높았지만 핀란드, 슬로베니아, 노르웨이 등은 여학생이 더 높았다. 우리나라와 그리스처럼 수학 성취도는 남학생이, 과학 성취도는 여학생이 더 높은 경우도 있었다. 다만 남녀 간 수학 성취도와 과학 성취도 차이에는 강한 양(+)의 상관관계가 있었다. 그러니까 여학생의 수학 성취도가 남학생보다 상대적으로 높은 나라일수록 여학생의 과학 성취도 또한 상대적으로 더 높은 경향을 보였다.

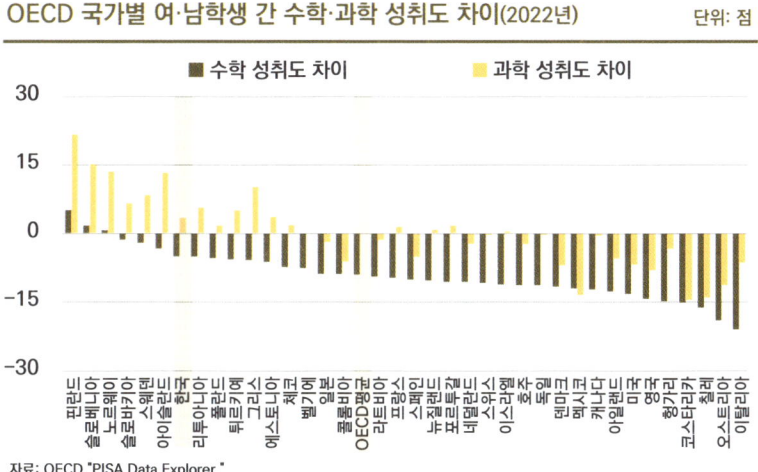

남녀 간의 수학·과학 성취도 차이가 나라마다 매우 다른 양상을 띤다는 것은 다음의 두 가지 의미로 해석할 수 있다. 첫째, 수학 및 과학에서는 성별 간의 우열을 가릴 수 없다. 이는 뇌 구조와 같은 생물학적 요인에 의한 남녀 간의 수학·과학 성취도 차이가 거의 없거나

설령 있더라도 그 영향이 미미한 수준임을 시사한다. 실제로 2019년에 발표된 한 연구에 따르면, 수학교육 영상을 시청하는 3~10세 어린이의 뇌를 자기공명영상MRI: magnetic resonance imaging으로 촬영했더니 성별에 따른 신경 활동의 차이가 발견되지 않았다.[7] 둘째, 따라서 학업성취도의 성별 격차에는 사회문화적 또는 환경적 요인이 중요하게 작용한다. 핀란드와 이탈리아는 같은 유럽의 선진국임에도 남녀 간의 수학 성취도 차이가 극과 극을 달렸다. 이와 같은 극단적인 모습이 서로 다른 사회문화적 배경이나 교육환경에 기인하는 것이 아니라면 이를 달리 설명할 방법이 없다.

    나라마다 사회문화적 내지는 환경적 요인이 어떻게 다르길래 이렇게 큰 차이가 나는 것일까? 무엇보다 교육 분야에서의 남녀평등 수준이 국가별로 다른 점을 들 수 있을 것 같다. 이를테면 여성이 남성과 동등한 교육 기회를 얻을수록 여학생과 남학생 간 학업성취도 차이가 더 커진다. 동일한 교육환경에서는 더 열심히 공부하는 여학생이 보다 우수한 성적을 거둘 수밖에 없다. 실제로 PISA 2022에서 모든 영역에 걸쳐 우리나라보다 여학생과 남학생 간의 학업성취도 차이가 컸던 핀란드와 슬로베니아, 노르웨이, 아이슬란드, 스웨덴은 모두 남녀차별이 적은 국가들이다.[8] 우리나라도 성별에 관계없이 균등한 교육 기회가 보장되고 있어 여학생의 학업성취도가 남학생보다 전반적으로 더 높게 나타난 것으로 보인다.

    그런데 오늘날 이공계 분야에서 두각을 나타내는 사람들을 보면 대부분 남성이다. 예컨대 2000년 이후 노벨 물리학상 또는 화학상을 받은 여성 과학자는 총 다섯 명에 불과하고, '수학의 노벨상'이라 불리는 필즈상Fields Medal을 수상한 여성 수학자는 단 두 명뿐이다. 상위권에서도 남녀 간에 별다른 차이가 없는 것이 맞을까?

PISA 2022의 수학·과학 성취도에서 가장 높은 '6수준'을 기록한 학생들의 비율(이하 '상위권 비율'이라 한다)을 성별로 비교해 보면, 의외로 그 차이가 뚜렷했다. 대부분의 국가에서 남학생의 상위권 비율이 더 높았다. 그러니까 학업성취도가 높은 상위권에서는 남학생이 더 많았다는 뜻이다. 수학의 상위권 비율은 남학생(2.7%, 이하 OECD 평균 기준)이 여학생(1.3%)의 2배 수준이었고, 과학은 남학생(1.4%)이 여학생(0.9%)의 약 1.5배였다. 남녀평등 수준이 높아 여학생의 학업성취도가 남학생보다 전반적으로 높다고 했던 핀란드와 슬로베니아, 노르웨이, 아이슬란드, 스웨덴조차도 마찬가지였다. 정말 수학과 과학은 난도가 올라갈수록 남학생에게 더 유리할까?

상위권에서의 성별 격차는 여학생이 이공계를 덜 선택하기 때문

2018년 이른바 **남녀평등의 역설**gender-equality paradox 논쟁을 불러온 연구가 발표되어 세간의 이목을 끈 적이 있었다. 남녀평등의 역설이란 남녀가 평등한 국가에서 오히려 성차별적인 현상이 나타나는 모순적인 상황을 일컫는다. 대표적인 예로 노동시장의 성차별이 없음에도 불구하고 이공계 분야에 종사하는 여성이 남성에 비해 현저히 적은 현상을 꼽을 수 있다. 이 연구에 따르면, 남녀평등 수준이 높은 핀란드와 노르웨이에서는 이공계 졸업생 중 여학생이 차지하는 비율이 20% 남짓에 불과한 반면 성차별이 심한 알제리와 튀니지는 오히려 이 비율이 40% 내외로 올라갔다.[9]

이러한 역설적인 현상이 나타나게 된 배경으로 다음의 세 가지 원인을 지목할 수 있다. 첫째, 남녀평등 수준이 낮은 나라일수록 여성들이 경제적 안정성을 고려하여 이공계 직업을 더 선호하기 때문이다. 대체로 이러한 국가들은 소득수준이 낮은 경우가 많은데, 이공계 기반의 수출기업에서 상대적으로 더 많은 보수를 주는 경향이 있다.[10] 둘째, 남녀평등 수준이 높은 나라일수록 남녀 간의 과학 성취도 차이가 없거나 오히려 여학생이 더 높음에도 불구하고 여학생들은 과학에 대해 느끼는 흥미와 자신감이 낮아 이공계 전공을 꺼려하기 때문이다. 2014년 여성 최초로 필즈상을 수상한 수학자 마리암 미르자카니Maryam Mirzākhāni도 비슷한 이야기를 한 바 있다. 그동안 여성 수상자가 없었던 이유에 대해 '여성이 수학을 공부하는 문화가 없었기 때문'이라고 설명하였다.[11] 셋째, 남녀평등 수준이 높은 나라일수록 여학생들이 수학·과학보다 읽기에 상대적으로 더 강한 모습을 보이기 때문이다. 그러니까 여학생이 모든 영역에서 남학생보다 나을지라도 진로를 결정할 때는 그중에서 '더 잘하는' 분야를 선택한다는 것이다.

결국 수학과 과학에서 여학생의 상위권 비율이 낮게 나타나는 것은 학업성적이 우수한 여학생들이 이공계 진학 및 취업을 원치 않아 남학생보다 수학·과학 공부를 덜 하기 때문으로 볼 수 있다. 즉, PISA 2018의 결과에서 확인하였듯이 여학생은 수학·과학을 공부하는 대신 독서에 그 시간을 할애하였을 가능성이 높다. 이는 여학생의 이과 진학 비율이 낮은 우리나라도 마찬가지다. 실제로 우리나라 남학생의 수학 성취도가 여학생보다 높은 데에는 남학생이 수학 사교육을 더 많이 받은 것의 영향이 크다는 연구결과가 발표되기도 했다.[12] 최근 들어 최상위권 학생의 '의대 쏠림' 현상이 심화되는 가운데서도 의대에서의 여학생 비중이 계속 오르고 있다는 사실[13] 또한 남학생과 여학생 간의 수학 성취도 차이가 상위권으로 갈수록 더 벌어지는 것이 아님을 반증한다고 볼 수 있다.

지금까지의 논의를 종합해 보면, '남자는 수학과 과학을 잘하고 여자는 언어를 잘한다'라는 속설은 '공부를 열심히 하는 학생이 학업 성적도 우수하다'라는 너무나도 당연한 명제로 바꿔야 할 것 같다. 여학생의 성적이 전반적으로 좋은 것은 여학생이 남학생보다 더 부지런히 공부하기 때문이며, 높은 난도의 수학과 과학에서 남학생의 성취도가 높은 것은 그만큼 남학생들이 수학과 과학에 흥미와 자신감을 갖고 열심히 공부하기 때문이다. 남녀 간의 학업성취도 차이를 보여주는 수많은 자료들은 결국 공부에 있어서 노력, 환경 등의 후천적인 요인이 얼마나 중요한지를 다시 한번 일깨워 주고 있는 셈이다.■

제11장

대학에
꼭 가야 할까?

대학에 가는 비율은 꾸준히 올라… 스무 살 4명 중 3명은 대학생

우리나라 입시의 꽃이 대입시험, 즉 대학입학시험이라는 사실을 부정할 사람은 아마도 거의 없을 것이다. 결코 바람직한 현상이 아니지만 아직도 자녀교육의 종착점을 대입으로 생각하는 학부모들이 많다. 그도 그럴 것이 우리나라는 전 세계에서 대학을 가장 많이 가는 나라 중의 하나이다. 2024년 현재 18~21세 인구 가운데 대학에 다니는 학생들의 비율(이하 '대학 진학률'[1]이라 한다)은 무려 75%에 달한다. 즉, 스무 살 청년 네 명 중 세 명이 대학생인 셈이다. 이 비율은 지난 반세기 동안 상상을 초월할 정도로 가파르게 상승하였다. 1980년 대학 진학률은 겨우 11%에 지나지 않았다. 그러나 이후 대입 정원 확대, 대학 설립요건 완화 등으로 1990년 24%, 2000년 53%, 2010년

69%, 2024년 75%로 껑충 뛰었다. 그 덕분에 우리나라는 OECD 국가들 가운데 25~34세 청년층의 고등교육 이수율(전문대졸 이상 비율)이 수년째 1위를 기록하고 있다.

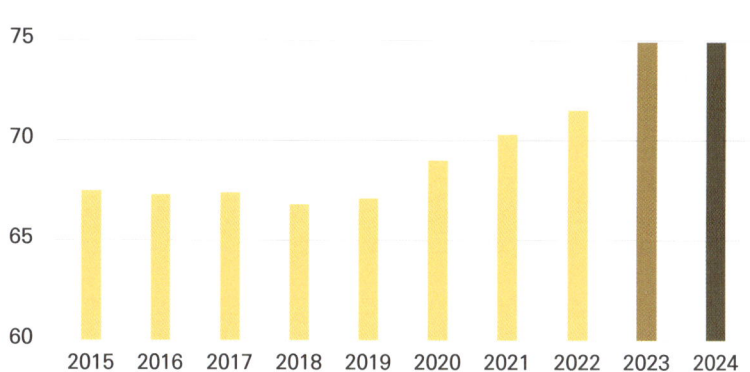

우리나라의 대학 진학률* 단위: %

* 고등교육기관(대학, 전문대학, 교육대학, 각종 학교의 대학과정 등)의 취학 적령(18~21세) 재적학생 수/취학 적령 인구.
자료: 교육부·한국교육개발원(2024).

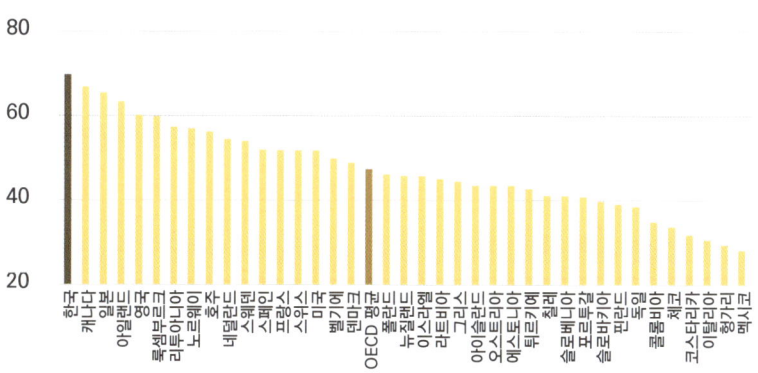

OECD 국가별 청년층의 고등교육 이수율*(2023년) 단위: %

* 25~34세 인구 기준.
자료: OECD(2024b).

도대체 우리나라 학생들은 왜 이렇게 대학에 많이 진학하는 것일까? 혹자는 1990년대 중반부터 대학 설립요건이 대폭 완화되어 대학 수가 급증한 데에서 그 원인을 찾기도 한다. 하지만 더 근본적인 이유는 소득수준 향상과 더불어 학구열이 높아지고 고급인력에 대한 사회적 수요가 커지면서 그만큼 대학에 가려는 학생들이 늘어났기 때문이다. 탕후루 가게가 아무리 많이 생겨도 찾는 사람이 없으면 탕후루가 많이 팔릴 리가 없다. 그런데 남들이 탕후루 가게에 자주 간다고 해서 나도 탕후루를 꼭 먹어야 하는 걸까? 먹는 것은 개인의 자유이지만 모든 사람이 탕후루를 먹어야 할 이유는 없다.

대학을 졸업했다고 생산성이나 월급이 크게 오르지는 않아

그렇다면 우리나라는 대학 진학률이 높은 만큼 사회 전체적으로 일을 잘하는 사람이 많아 생산성이 높은 편일까?

한 단위의 노동으로 얼마나 생산할 수 있는지를 가늠하는 지표로 **노동생산성**labor productivity이라는 개념이 있다. 이를 정확하게 이해하려면 경제학 지식이 필요하므로 여기서는 간단한 예를 들어보기로 한다. 사과를 재배하는 두 개의 농장이 있다고 하자. A농장은 10명의 노동자가 매일 500kg의 사과를, B농장은 5명의 노동자가 매일 300kg의 사과를 수확한다. 이 경우 1인당 수확량은 A농장이 50kg/명, B농장이 60kg/명으로 B농장이 더 많다. 여기서 노동생산성은 1인당 수확량, 즉 같은 수의 사람으로 얼마만큼의 생산량을 거두느냐와 같다. 따라서 위의 예에서는 B농장의 노동생산성이 A농장보다 높다고 볼 수 있다.

　우리나라의 대학 진학률이 높다는 것은 그만큼 고급인력이 많이 배출된다는 뜻이고, 그렇다면 노동생산성 또한 높을 가능성이 크다. 과연 그럴까? 안타깝지만 우리나라의 노동생산성은 OECD 국가들 중에서 대학 진학률이 가장 높다는 사실이 무색할 정도로 하위권을 맴돌고 있다. 2022년 기준으로 OECD 38개 회원국 가운데 34위였다. 물론 노동생산성이 곧 노동의 질이나 효율성을 의미하는 것은 아니지만,[2] 우리나라의 대학 진학률과 노동생산성 순위가 서로 반대로 가고 있다는 사실이 참으로 아이러니가 아닐 수 없다.

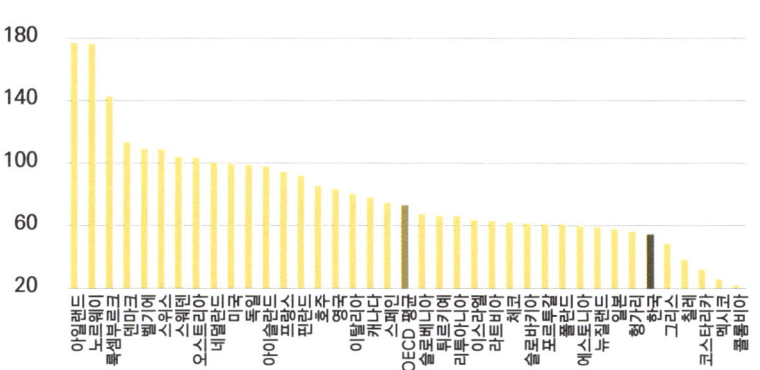

* 노동 1시간당 구매력평가(PPP: purchasing power parity) 기준 국내총생산(GDP: gross domestic product)의 명목금액.
자료: OECD(2024c)를 이용하여 직접 계산.

　그래도 대학에 많이 간다는 것은 대학 졸업장이 있으면 그에 상응하는 금전적 보수가 주어지기 때문이 아닐까? 쉽게 말해 대졸 학력이 고졸 학력보다 더 많은 임금을 보장해 주지 않겠느냐는 뜻이다. 통계상으로 보면 학력이 높아질수록 보수가 더 많아지는 것은 사실이다. 2022년 우리나라 25~34세 인구를 기준으로 4년제 대졸 학력자의 평균임금은 고졸 학력자보다 17% 높았다. 많은 연구에서도 학력 이외의 다른 조건이 동일할 때 대졸 이상의 학력자가 고졸 이하의 학력자보다 더 많은 임금을 받는, 이른바 **대졸 임금 프리미엄**college wage premium이 존재한다고 본다.

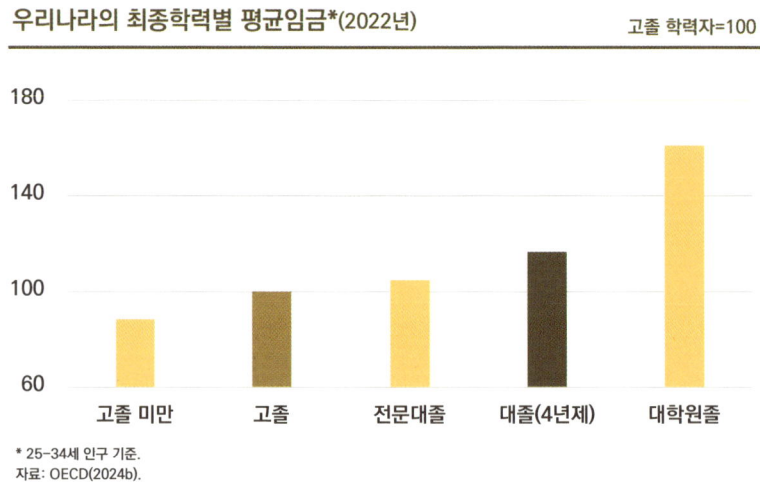

우리나라의 최종학력별 평균임금*(2022년)　　　고졸 학력자=100

* 25-34세 인구 기준.
자료: OECD(2024b).

그런데 이를 가방끈이 길면 임금을 많이 받는다는 식으로 해석해서는 곤란하다. 대학을 나왔다고 해서, 또는 석·박사 학위를 갖고 있다고 해서 무조건 많은 급여를 받을 수 있는 것이 아니기 때문이다. 즉, 대졸 학력자가 상대적으로 더 높은 보수를 받는 것은 어디까지나 '평균적으로 볼 때' 그렇다는 뜻이다. 2014년 우리나라에서 발표된

한 연구에 따르면, 성별과 경력기간이 동일할 때 4년제 대졸 학력자의 하위 20%와 전문대졸 학력자의 하위 50%는 고졸 학력자의 평균에도 미치지 못하는 임금을 받고 있는 것으로 나타났다.[3] 쉽게 말해 대졸 5명 중 1명, 전문대졸 2명 중 1명은 노동시장에서 고졸 평균보다 못한 대우를 받고 있는 셈이다. 더욱이 대졸 또는 전문대졸 학력자가 고졸보다 2~4년 정도 늦게 취업한다는 점을 고려한다면, 학력에 따른 실질적인 임금격차는 더욱 줄어들 수밖에 없다.

물론 대학 교육의 목적이 학생들로 하여금 돈을 많이 벌 수 있도록 만드는 데 있지는 않다. 하지만 현실적으로 대다수의 대학은 소속 학생의 취업에 많은 노력을 쏟고 있다. 그럼에도 불구하고 노동시장에서 대학 교육의 효과가 크게 나타나지 못하는 이유는 무엇일까? 결국 둘 중의 하나다. 대학이 학생의 역량을 제대로 키우지 못하거나 대학에 갈 필요 없는 학생이 대학에서 시간을 낭비하고 있거나. 어느 것이 더 중요한지를 선뜻 말하기는 어렵지만 이 점 하나만은 확실하다. 그것은 우리나라의 높은 대학 진학률이 불필요한 학력 인플레이션, 즉 교육거품에 가깝다는 사실이다.

대졸 이상의 학력이 필요한 일자리는 전체의 43%에 불과

우리나라의 교육거품이 어느 정도인지를 확인하기 위해 각 직업에서 요구하는 학력과 그 직업에서 실제로 일하는 사람들의 학력 간 괴리가 얼마나 크게 나타나는지 살펴보기로 하자.

2021년 한국고용정보원에서 1만 6천여 명을 대상으로 조사한 결과에 따르면, 4년제 대졸 이상의 학력을 요구하는 일자리는 전체의 43%에 지나지 않았다. 반면 응답자의 61%가 대졸 이상이었다. 즉, 대졸 이상 학력자의 18%는 자신보다 낮은 학력을 필요로 하는 직업에서 일하고 있었다. 최근 OECD가 발표한 자료에서는 우리나라 노동시장의 학력 과잉 비율(2023년)이 이보다 훨씬 큰 31%이었는데, 이는 조사대상 31개국 가운데 다섯 번째로 높은 수준이었다.[4]

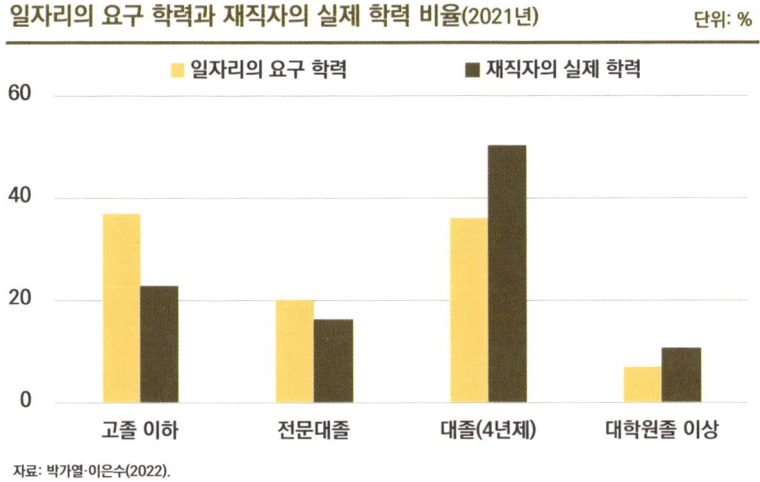

자료: 박가열·이은수(2022).

4년제 사립대학 졸업의 기회비용은 최소 1억 3천만 원

문제는 여기에서만 그치지 않는다. 대학 교육의 효과는 크지 않은 반면 그에 들어가는 비용은 실로 엄청나다. 대학 등록금은 물론이

거니와 대학을 다니지 않고 취직했을 때 얻었을 수입도 모두 대학 진학의 기회비용opportunity cost에 해당한다.

2024학년도 우리나라 4년제 사립대학의 평균 등록금은 연간 763만 원[5]으로 향후 등록금 인상이 없더라도 4년간 3천만 원이 넘는다. 여기에 교재비, 실습비, 학생회비 등의 각종 부대비용, 그리고 대학 입학을 위한 막대한 사교육비를 더할 경우 대학 진학의 비용은 등록금의 몇 배로 올라가겠지만, 이러한 비용은 제외하기로 한다. 이제 대학에 진학하는 대신 취업을 선택할 때 얻게 되는 수입을 계산해 보자. 2024년 기준으로 최저임금은 시간당 9,860원이며 주 40시간 근무 시에는 월 206만원, 연 2,473만 원이다. 최저임금이 매년 1.5%씩 오른다고 가정하면 4년간 임금은 1억 원을 상회한다. 물론 대학생도 방학 중에 아르바이트를 통해 어느 정도 소득을 올릴 수 있겠지만, 이러한 수입은 통상 대입 사교육에 쓰는 비용보다 작으므로 고려하지 않기로 한다. 따라서 2024년 입학생이 4년제 사립대학을 졸업하는 데 드는 기회비용은 대학 등록금과 최저임금만 고려해도 최소 1억 3천만 원에 달한다.

4년 뒤 대학 졸업생이 취직했을 때 같은 나이의 고졸 취업자보다 적게는 몇백만 원, 많게는 천만 원 이상 연봉을 더 많이 받을 가능성이 크다. 하지만 대학 대신 취업을 선택한 고등학교 동창은 이미 1억 3천만 원을 모은 상태다. 과연 대학 졸업장이 이만큼의 목돈을 포기하고 얻을 만한 가치가 있는 것일까? 남들이 대학에 간다고 해서 무작정 따라할 것이 아니라 보다 냉철한 시각에서 대학 진학의 필요성에 대해 고민해 봐야 할 것이다.

대학 대신 프로구단을 선택하는 운동선수의 사례를 참고할 필요

미국 프로야구 메이저리그Major League에 높은 대우를 받고 진출한 박찬호, 추신수, 류현진, 김하성, 이정후 선수들에게는 한 가지 공통점이 있다. 바로 대학을 졸업하지 않고 프로구단으로 직행했다는 사실이다. 대학을 중퇴하고 미국으로 건너간 박찬호 선수를 제외하면, 모두 고등학교를 마치고 바로 프로에 뛰어들었다.

이들은 왜 대학 대신 프로야구팀을 선택했을까? 이유는 간단하다. 대학에 가서 실력을 더 키우기보다 프로에서 실력을 바로 발휘하면서 기량을 높이는 것이 그들에게 유리했기 때문이다. 예컨대 이정후 선수는 프로 입단 후 4년간 총 7억 6천만 원의 연봉을 받았는데, 이는 대학에 갔다면 포기해야 할 보수이다. 2024년 메이저리그에 진출한 것 역시 대학을 마치고 한국 프로야구 선수로 뛰었다면 불가능한 일이다. 한국야구위원회 규정상 국내에서 7년간 뛰어야 해외 진출이 가능하므로 만일 대학을 졸업했다면 아무리 빨라도 2028년에야 미국에 갈 수 있었을 것이다.

사실 1990년대까지만 해도 프로야구 선수들은 대졸 출신이 훨씬 더 많았다. 포지션별로 가장 우수한 활약을 펼친 선수에게 주는 골든글러브Golden Glove 수상자만 보더라도 이를 쉽게 확인할 수 있다. 1980~90년대 골든글러브 수상자(국내 선수 기준)의 80% 이상이 대졸 출신이었다. 하지만 1990년대 중후반부터 고졸 유망주들이 프로야구로 직행하는 경우가 늘면서 고졸 출신이 골든글러브를 수상하는 사례가 큰 폭으로 늘어났다. 이에 따라 고졸 출신 수상자 비율은

2010년대 82%, 2020년대 93%로 껑충 뛰었다. 불과 20여 년 만에 대학 진학에 대한 인식이 완전히 바뀐 셈이다.

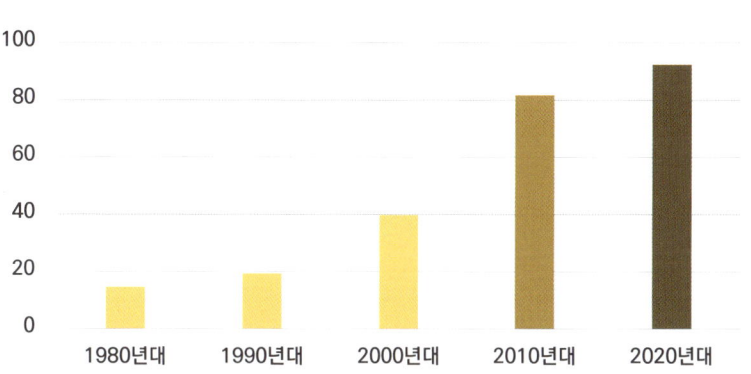

프로야구 골든글러브 수상자 중 고졸 출신 선수 비율*

단위: %

* 국내 선수 기준(외국인 및 재외동포 선수 제외).
자료: 한국야구위원회(www.kbo.or.kr) 등을 이용하여 직접 계산.

사실 학력은 운동선수로서의 역량과 관련성이 낮다. 특히 우리나라처럼 운동선수가 체육특기자 제도를 통해 대학에 입학하는 환경 하에서는 더더욱 그렇다. 지도자의 길을 걷기 위한 목적이 아니라면, 그들에게 대학 졸업장은 허울 좋은 간판에 지나지 않을지도 모른다.

다른 직업도 마찬가지다. 대졸 이상의 학력을 요구하는 직종이 아니면, 대학에서 지식이나 기술을 습득하는 것보다 그 시간을 현장에서 보내는 편이 훨씬 낫다. 비단 돈을 더 빨리 벌 수 있기 때문만은 아니다. 경력을 더 쌓을 수 있다는 장점 또한 무시할 수 없다. 스무 살 전후가 인생에서 가장 혈기 왕성한 시기인 점을 잊지 말자. '돈 주고도 살 수 없는' 청춘을 결코 헛되이 보내서는 안 된다. ■

제12장

명문대를 나오면
돈을 더 많이 벌까?

쉽게 변하지 않는 대학 서열, 그리고 평생 따라다니는 학벌

모든 사람이 대학에 갈 필요는 없다. 그런데 이 말을 대학 교육의 필요성을 부정하는 것으로 오해하지는 말자. 적어도 사회가 필요로 하는 만큼 대학 졸업생은 꾸준히 배출되어야 한다. 마찬가지로 석사, 박사와 같은 고학력자를 요구하는 직업이 늘어나면, 그만큼 대학원 졸업생이 많아져야 한다. 핵심은 수요와 공급의 균형이다. 그러니까 우리나라 대학 교육의 문제 중 하나는 대졸 이상의 학력자가 노동시장에 수요를 초과하여 공급되고 있다는 점이다.

기업에서 신규 채용하고자 하는 대졸 학력자는 1만 명인데 구직하는 대학 졸업생이 2만 명이라면 어떤 일이 벌어질까? 먼저 대학 졸업생 중 1만 명은 원하는 일자리를 얻지 못할 것이다. 그런데 나머지 1만 명도 모두 똑같이 취업에 성공하는 것은 아니다. 상대적으로 더 뛰어난 역량을 가진 구직자가 더 좋은 직장에 채용될 것이다. 그렇다면 기업은 각 지원자의 역량을 어떻게 단기간 내에 파악할 수 있을까? 가장 간단한 방법이 바로 학벌·학점·영어성적과 같은 '스펙'을 보는 것이다. 좋은 일자리는 한정되어 있는데 그 자리를 원하는 사람이 많다면, 구직자들은 더 좋은 스펙을 쌓기 위해 노력할 수밖에 없을 것이다.

물론 '스펙'이 좋다고 해서 업무수행능력이 뛰어나다는 보장은 없다. 그러한 면에서 과도한 스펙 쌓기는 분명히 지양해야 한다. 게다가 몇 년 전부터 학벌, 학점 등을 보지 않는 이른바 '블라인드 채용'이 공공부문을 중심으로 많이 도입되었다. 그렇지만 현실에서는 여전히 스펙 쌓기 경쟁이 유효한 듯하다. 가장 중요한 스펙 중 하나인 학벌이 취업에 별다른 도움이 안 된다면 대입 경쟁 또한 누그러져야 하는데, 서울 소재 대학, 즉 '인서울'에 입학하는 것은 시간이 갈수록 더 치열해지고 있기 때문이다. 서울 소재 대학의 수시모집 평균 경쟁률을 보면 2021학년도 14.7대 1, 2022학년도 16.0대 1, 2023학년도 16.9대 1, 2024학년도 17.8대 1, 2025학년도 18.7대 1로 매년 상승하고 있다.[1]

우리나라의 대입 경쟁은 '인서울'로 쏠린다는 데에만 문제가 있는 것이 아니다. 상위권 대학들의 첫 글자를 딴 '서연고 서성한 중경외시'라는 말이 공공연히 떠돌듯이 서울 소재 대학 안에서도 서열이 존재한다는 점이 더 큰 문제다. 이 때문에 조금이라도 더 좋은 대학에 가기 위한 경쟁이 끊임없이 벌어질 수밖에 없다. 학교 순위는 전공에 따라 달라질 뿐 아니라 전공이 다양할수록 전체 등위가 더 높아지는 경향이 있으므로 이를 무시하고 모든 대학을 천편일률적으로 줄 세우는 것은 결코 바람직하지 않다. 다만 이를 바꾸어 말하면 전공별 대학 순위는 어느 정도 의미가 있다고 볼 수도 있다.

사실 대학 줄 세우기가 우리나라에서만 나타나는 현상은 아니다. 세계의 여러 대학평가기관은 매년 전 세계 대학들의 종합 및 전공별 순위를 발표한다. 예컨대 서울대 물리학은 영국 쿼콰렐리시몬즈Quacquarelli Symonds(약칭 QS) 기준 35위(2024년), 영국 타임스고등교육Times Higher Education(약칭 THE) 기준 69위(2024년), 미국 U.S.뉴스&월드리포트U.S. News & World Report(약칭 U.S. News 또는 US뉴스) 기준 80위(2024~2025년), 중국 상하이랭킹ShanghaiRanking 기준 76~100위(2024년)를 기록하고 있다.[2] 이 중에서 US뉴스의 대학원 전공별 순위는 우리나라 학생들이 미국 박사과정에 지원할 때 누구나 참고할 정도로 막강한 영향력을 지니고 있다.

그러나 세계 대학평가기관의 순위가 연구실적, 교육여건, 평판 등 여러 평가요소를 토대로 매겨지는 데 반해, 우리나라에 암묵적으로 존재하는 대학 서열은 오직 입학생의 성적만을 기준으로 한다.[3] 그러다 보니 대학 서열이 좀처럼 바뀌지 않는 기현상이 나타난다. 수능이 처음 시행된 1994학년도부터 2003학년도까지 10년 동안 수능 점수를 토대로 대학 서열을 매겼더니 상위 30%에 해당하는 학교에는 거의 변화가 없었다.[4] 다양한 전형으로 학생을 선발하는 오늘날에는 과거와 같이 점수로만 대학의 등위를 따지기 어려워졌지만, 오히려 이 때문에 부지불식간에 기존의 대학 서열이 고착화되는 모습을 보인다. 실제로 경제학과와 경영학과를 기준으로 대성학원에서 만든 1991학년도와 2024학년도 점수별 지원 가능 대학·학과 배치표를 비교해 보면, 33년이라는 세월이 무색할 정도로 상위 10여 개 대학의 순서가 흡사함을 확인할 수 있다.[5] 1972년생이 입학할 때와 그 자식뻘인 2005년생이 입학할 때의 대학 서열이 서로 비슷하다니 정말 놀라지 않을 수가 없다.

대학 서열이 공고하다는 것은 그만큼 우리나라 사회에 학벌이 미치는 영향력이 큼을 방증한다. 고위공직자나 기업 임원이 새로 임명됐다는 소식을 전하는 언론보도를 보면, 예외 없이 출신 대학이 등장한다. 성명, 연령, 얼굴 사진 다음으로 접하게 되는 것이 바로 학력이 아닐까 싶다. 정부 부처의 장·차관이나 회사의 대표이사 정도면 나이가 줄잡아 예순 전후는 될 텐데, 40여 년 전에 입학한 대학을 중요한 정보로 소개하는 것이 오늘날의 현실이다.

도대체 학벌이 얼마나 중요하길래 재수, 삼수도 개의치 않고 좋은 대학에 입학하려고 하며 출신 대학의 꼬리표가 평생을 따라다니는 것일까? 좋은 대학을 나오면 사회에서 성공할 가능성이 높아지기 때문일까? 이를테면 명문대 출신이 돈을 더 많이 버는 것일까?

상위권 대학의 졸업생이 하위권 대학보다 최대 51% 더 벌어

2023년 우리나라 경제학 분야의 가장 큰 학회인 한국경제학회에서 발간하는 학술지에 주목할 만한 연구결과가 실렸다. 국내 4년제 대학 143개교의 졸업생을 학교별 입시성적에 따라 5개 그룹으로 구분하여 대학 서열에 따른 임금격차를 전 생애에 걸쳐 분석한 것이다.[6] 그랬더니 예상대로 대부분의 연령에서 대학 서열이 높을수록 해당 대학 졸업생의 임금이 더 늘어나는 것으로 나타났다.

먼저 사회 초년생인 25~29세의 임금을 비교해 본 결과, 상위 그룹(1~16위 대학)은 하위 그룹(95~143위 대학)보다 평균 25% 더 많이 벌었다. 그런데 이 격차는 나이가 들수록 더 벌어져 40~44세에 이르면 51%까지 확대되었다. 대학 서열에 따른 임금격차는 상위 그룹과 중상위 그룹(17~32위 대학), 중위 그룹(33~65위 대학) 간에도 꽤 나는 편이었다. 이들 그룹 간 임금격차는 35~39세에 가장 컸는데, 상위 그룹의 임금이 다른 두 그룹에 비해 16~22% 더 높았다. 특히 중상위 그룹에 지명도가 높은 '인서울' 대학이 여럿 포함되었다는 점에서 대학 서열의 영향력은 상당히 크다고 볼 수 있다.

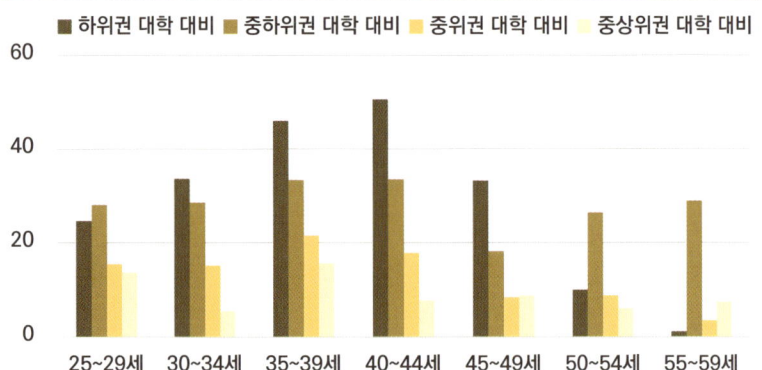

상위권 대학 졸업의 임금 프리미엄*(1998~2017년) 단위: %

* 입시성적에 따라 4년제 대학을 상위(1~16위), 중상위(17~32위), 중위(33~65위), 중하위(66~94위), 하위(95~143위)로 구분.
자료: 이지영·고영선(2023)을 이용하여 직접 계산.

물론 생각하기에 따라서는 20~50% 정도의 임금격차가 별로 크게 느껴지지 않을지도 모른다. 50%만큼 차이가 난다고 해도 연봉 4천만 원과 6천만 원 정도의 차이니까. 하지만 이러한 격차가 수십 년 동안 지속됨을 염두에 두어야 한다. 간단한 방법을 통해 상위 그룹과 중위 그룹의 취업 후 30년(25~54세)간 누적 근로소득이 얼마나 차이가 나는지를 계산해 보자.[7] 중위 그룹이 대졸 평균임금을 받는다고 가정할 때, 상위와 중위 그룹 간 누적 근로소득 차이는 2023년 현재가치present value로 약 2억 5천만 원에 달했다. 같은 방법으로 상위와 하위 그룹 간 누적 근로소득을 계산해 보았더니 그 차이가 무려 4억 8천만 원이 넘었다. 40대 중후반부터는 퇴직, 실직 등의 영향으로 학벌에 따른 임금격차가 줄어듦에도 불구하고 누적 임금에서는 아파트 한 채 가격만큼 차이가 났다.

그렇다면 상위 그룹에 속하는 대학의 졸업생이 왜 돈을 더 잘 버는 것일까? 그 이유는 크게 세 가지로 생각해볼 수 있다. 첫째, 서열이 높은 대학일수록 학생들의 능력을 더 많이 향상시키기 때문이다. 이를테면 우수한 학교일수록 학생들이 보다 양질의 교육을 받게 되므로 사회에 나가서도 더 높은 성과를 거둔다는 것이다. 둘째, 명문대 출신이라는 점이 긍정적 신호로 작용한다는 **졸업장 효과**sheepskin effect[8] 때문이다. 예컨대 우리나라와 같이 대학 서열과 입학성적 간 비례관계가 존재하는 경우 명문대에 들어갔다는 사실 자체가 개인의 능력이 뛰어남을 보여주는 증거라는 것이다. 셋째, 좋은 학교일수록 동료 효과와 인맥 효과가 상대적으로 더 크기 때문이다. 여기서 동료 효과는 높은 연봉을 받는 선후배나 동기로부터 자극을 받아 임금이 높은 일자리를 구하는 것을, 인맥 효과는 학연의 도움을 받아 취업이나 승진에 유리한 위치에 놓이는 것을 일컫는다.

위의 세 가지 이유 중에서 어느 것이 더 중요한지를 명확하게 밝히기는 쉽지 않다. 앞에서 소개한 연구에서도 마찬가지였다. 다만 우리나라의 대학 서열이 여러 기관의 대학평가 결과와 상관없이 과거의 입학생 성적만을 기준으로 고착화되는 모습을 보인다는 점에서 첫 번째 이유는 별로 중요하지 않을 듯싶다. 만일 대학 간의 교육성과 경쟁이 치열하다면 상대적으로 높은 성과를 보인 학교로 우수한 학생들이 몰리면서 대학 서열이 엎치락뒤치락하는 양상을 보여야 할 텐데, 현실은 전혀 그렇지 않기 때문이다.

행복은 성적순이 아니잖아요? 안타깝지만 그래요

지금까지의 여러 연구결과를 보면, 명문대 졸업생이 '평균적으로' 더 많은 임금을 받는다는 것은 분명한 사실이다. 하지만 좋은 대학을 나와 돈을 더 잘 번다고 해서 행복한 삶을 산다고 할 수는 없지 않을까? 다시 말해 학벌이 나빠도 삶에 대한 만족도는 높을 수 있지 않을까? 마치 1989년 개봉한 영화 〈행복은 성적순이 아니잖아요〉의 제목처럼 말이다.

2016년 학벌이 행복에 미치는 효과를 분석한 흥미로운 연구가 발표되었다.[9] 학벌을 상위권 대졸, 중상위권 대졸, 중위권 대졸, 기타 4년제 대졸, 전문대졸, 고졸 등으로 구분하여 학벌이 삶의 전반적인 만족도에 미치는 영향을 분석하였는데, 놀랍게도 학벌이 좋을수록 대체로 행복감을 더 느끼는 것으로 나타났다. 물론 앞에서 살펴본 바와 같이 가방끈이 길고 출신 대학의 서열이 높을수록 더 많은 임금을 받기 때문에 이러한 학벌의 경제적 효과가 삶의 만족도에도 긍정적인 영향을 미쳤을 수도 있다. 그런데 월평균 소득과 같은 경제적 요인을 통제한 후에도, 즉 경제적 상황이 같더라도 명문대를 나온 경우에 더 행복한 것으로 나타났다.

더욱 놀라운 것은 학벌에 따른 행복감의 상승폭인데, 같은 조건에서 상위권 대학 졸업생은 전문대 졸업생보다 '생활에 대해 전반적으로 (매우) 만족한다'라고 응답할 확률이 20%p 이상 높았다. 현재 건강하다고 느끼는 사람이 그렇지 않은 사람에 비해 삶에 만족할 가능성이 불과 10%p밖에 높지 않다는 점에서 명문대 졸업이 행복에 미치는 영향은 실로 지대한 편이었다.

1986년 1월, 서울의 한 중학교 3학년 학생이 "행복은 성적순이 아니잖아? 난 그 성적순위라는 올가미에 들어가 그 속에서 허우적거리며 살아가는 삶에 경멸을 느낀다"라는 유서를 남기고 스스로 목숨을 끊었다.[10] 이 유서의 내용이 바로 영화 〈행복은 성적순이 아니잖아요〉의 모티프가 됐다. 그런데 위의 연구결과만 보면 안타깝지만 행복은 성적순, 특히 대입 성적순이 맞는 듯하다. 좋은 대학을 나왔으면 어깨에 힘이 들어가고 그렇지 않으면 주눅이 드는 게 오늘날 우리 사회의 슬픈 자화상이다. 하지만 학벌이 실제 막강한 힘을 갖고 있다고 하더라도 과연 고3 때 치르는 딱 한 번의 시험으로 인생의 행복이 결정되는 것이 합리적이라고 볼 수 있을까?

능력이 뒷받침되지 않는 학벌은 도움이 안 돼

운이 좋게도 수능을 평소 실력보다 훨씬 잘 봐서 명문대에 들어갔다면 '로또' 맞았다고 봐도 될까? 학벌이 좋으면 돈도 많이 벌고 행복도 더 느낀다고 했으니까 꼭 틀린 말은 아닌 듯싶다. 하지만 명문대에 들어갔다고 해서 만사형통할 것이라는 생각은 금물이다. 사회는 그렇게 녹록지 않다.

1981년 서울대 법대에서 정원 미달 사태가 벌어져 합격권에서 거리가 한참 먼 지원자가 합격한 사례가 있었다. 1970년대 대학입시는 정부 주관의 대학입학예비고사(흔히 '예비고사'라 부른다)와 대학별 본고사로 이원화되어 있었다. 그런데 1981학년도부터 갑자기 정부가 본고사를 금지하면서 대학은 예비고사와 내신으로만 학생을 선발하게 되었다. 여기에 더해 대학의 '졸업정원제'가 도입되어 서울대 입학정원이 단숨에 3,315명에서 6,530명으로 두 배 가까이 늘었다.[11] 더욱이 당시 대입은 대학에 지원한 후 예비고사를 보는 '선지원 후시험' 방식이었기 때문에 막판까지 경쟁률을 지켜보다 접수 마감 직전에 원서를 넣는 수험생들 간의 눈치작전이 극심했다. 그 덕분에 서울대에서도 정원의 20%가량이 미달되어 예비고사 점수가 300점(340점 만점)은 족히 넘어야 합격할 수 있는 서울대 법대에 184점을 받은 지원자가 합격하는 초유의 사태가 발생한 것이다. 면접시험에서 '관악산에 노루가 뛰논다'를 영작하라고 했더니 '관악 마운틴 노루 점핑'이라고 답했다는 전설의 개그도 이때 등장한 이야기다.

과연 이 학생은 법조인이 되었을까? 1990년 보도된 기사에 따르면, 안타깝게도 성적 미달로 학사경고가 누적되어 학교에서 제적당한 후 여러 차례 재입학을 신청했지만 서울대에서 이를 거부했다고 한다.[12]

운이 좋아 명문대에 들어갔더라도 그에 맞는 실력이 갖추지 못하면 학벌은 별 소용이 없다. 물론 위의 주인공은 결국 대학을 마치지 못해 학벌의 도움을 받을 수 없었지만, 설령 무사히 졸업했다고 해도 서울대 법대 졸업생에 걸맞은 직업을 찾기는 힘들었을 것이다. 대학 성적, 즉 학점이 형편없이 낮았을 가능성이 크기 때문이다.

실제로 한 연구에 따르면, 수능점수에 비해 좋은 대학에 진학한 학생은 졸업한 후 같은 대학 동기에 비해 상대적으로 적은 임금을 받는 것으로 나타났다.[13] 그러니까 실력이 부족함에도 운이 좋아 명문대에 들어간 사람은 졸업 후 노동시장에서 명문대 출신다운 대우를 받지 못한다는 것이다.

결국 학벌은 그에 맞는 능력이 뒷받침될 때 의미가 있다. 시쳇말로 표현하자면, '뽀록'으로 수능시험을 잘 본 덕분에 좋은 대학에 들어간 사람은 언젠가는 그 실력이 '뽀록난다'는 말이다.

학벌 효과 없는 사법시험의 합격자 중 60%는 SKY 출신

학벌과 능력 간의 관계를 보여주는 재미있는 통계가 있다. 바로 지금은 사라진 사법시험의 대학별 합격자 통계이다. 사법시험은 학력에 상관없이 누구나 응시할 수 있었고 다른 채용시험과 달리 상위권 대학의 학생들이 대거 보았기 때문에 대학별 합격자 수를 보면 과연 학벌이 그만큼의 능력을 증명하는지를 대략 가늠할 수 있다. 특히 최종합격자를 천 명가량 뽑았던 2002~2009년 사법시험은 수능 총점으로 대학에 들어간 수능 1세대인 94~01학번(1994~2001학년도 대학 입학생)이 주로 응시했는데, 수능 등급제가 없었던 이때가 수능 점수에 따른 대학 줄 세우기의 정점을 찍었던 시기이기도 했다.

2002~2009년 사법시험에서 가장 많은 합격자를 배출한 대학은 단연 서울대였다. 서울대에서만 전체의 1/3에 가까운 합격자가 나왔다. 서울대에다 법학과가 유명했던 고려대를 더하면, 두 학교 출신이 전체 합격자의 절반가량을 차지하였다. 이른바 'SKY' 출신 합격자는 60%, 여기에 법학과의 인기가 비교적 높았던 성균관대와 한양대, 이화여대를 포함할 경우 전체 합격자의 78%가 이들 6개 대학 출신이었다.

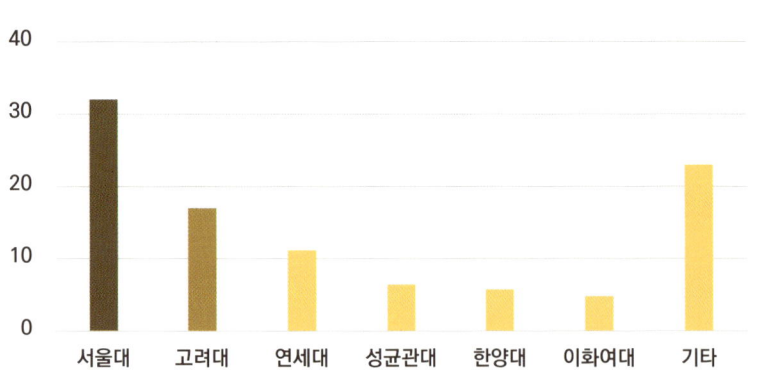

* 응시원서 기재 기준.
자료: 법무부 「(연도별) 사법시험 최종합격자 통계」를 이용하여 직접 계산.

물론 상위권 대학에서 응시생이 많으니까 합격자도 더 많이 배출된 게 아니냐고 반문할지도 모르겠다. 서울대를 비롯한 명문대 출신 응시생이 많았던 것은 사실이다. 당시 서울대학교 중앙도서관의 열람실은 사시생('사법시험 응시생'의 준말)을 비롯한 고시생의 천국이었다(물론 이는 서울대 학생이 아니더라도 자유롭게 출입할 수 있었던 데에도 그 원인이 있다).

하지만 2000년대 초반 사법시험 응시자는 무려 2만 5천 명에 달했다. 역대 가장 많은 학생이 치른 2000학년도 수능의 응시인원이 약 87만 명이었으니 장수생이 많은 고시^{考試}의 특성을 고려하더라도 당시 대학가에 불어닥친 사법시험 열풍은 실로 엄청났다. 지금은 많이 쇠락한 신림동 고시촌(현 관악구 대학동)이 전국 각지에서 몰려든 고시생들로 전성기를 누리던 때도, 전국의 웬만한 대학이 학생들의 고시 합격을 지원하기 위해 '고시반'을 운영하던 때도 바로 이 시기이다.

학벌 효과가 나타날 수 없는 사법시험에서 명문대 출신 합격자의 비중이 높다는 사실이 의미하는 바는 무엇일까? 명문대일수록 교육여건이 더 좋다는 뜻일까? 아니다. 서울대는 고시반을 운영하지도 않았는데도 2002~2009년 사법시험에서 해마다 법대 정원보다도 많은 평균 300명 이상의 합격자를 배출했다. 서울대 법대 교수들이 사법시험 출제경향에 맞게 잘 가르쳤기 때문은 더더욱 아니다. 그럴 일도 만무하지만 사법시험은 학교 수업만 열심히 들으면 합격할 수 있는 부류의 시험이 아니다. 이는 결국 서열이 높은 대학의 학생일수록 '평균적으로' 봤을 때 실력이 더 뛰어나기 때문이라고밖에 볼 수 없다.

공공기관 블라인드 채용 후에도 SKY 출신 비율은 변함없어

　2010년대 중후반 공공기관의 블라인드 채용이 도입된 후, 이른바 'A매치' 금융공기업[14]에 들어간 신입사원들의 출신 대학 정보가 공개된 적이 있었다. 여기서 A매치는 원래 FIFA월드컵 예선 등과 같은 축구 국가대표팀 간의 경기를 일컫는데, 취업준비생들에게 인기가 높은 금융공기업들이 마치 축구의 'A매치 데이A-match day'처럼 같은 날 필기시험을 치른다고 해서 유래한 말이다. A매치 금융공기업 중에서도 특히 한국은행, 금융감독원, 한국수출입은행, 한국산업은행 등 4개 기관이 가장 들어가기가 어렵다고 알려져 있는데, 이 중에서 한국은행을 제외한 3개 기관의 'SKY' 출신 신입직원 비율이 외부에 알려진 것이다.

　그 내용은 상당히 놀라웠다. 블라인드 채용 제도의 도입으로 학벌을 전혀 고려하지 않았음에도 불구하고 SKY 출신 합격자 비율은 제도 시행 이전과 비교했을 때 전혀 떨어지지 않았다. 세 기관 중 두 곳은 오히려 SKY 출신 비율이 소폭이나마 올랐다.[15]

　서류전형을 통해 학벌을 고려하든, 블라인드 채용으로 이를 고려하지 않든 SKY 출신 합격자 비율에 차이가 없었으니 그동안 비명문대를 차별한 공공기관이 잘못한 것일까? 오히려 그 반대다. 블라인드 채용을 시행하면 금융공기업들은 더 많은 지원자에게 필기전형 응시기회를 줄 수밖에 없고, 이는 신입직원 선발에 더 많은 시간과 노력을 투입해야 함을 의미한다. 결과적으로 비슷한 수준의 직원을 뽑는 데 불필요하게 행정력만 낭비한 셈이다.

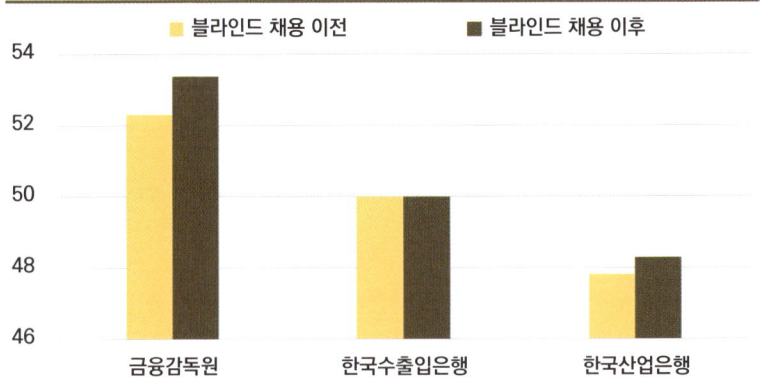

* 일반전형 합격자 기준.
자료: 최운열 국회의원실 보도자료(2019. 6. 27.)을 이용하여 직접 계산.

    학벌을 단순히 수능시험 한 번으로 얻게 된 대학 간판으로 치부하기는 어렵다. 대학 진학은 짧게 보면 고등학교 3년간, 길게 보면 초중고 12년 동안 학습한 것에 대한 최종결과이다. 이 때문에 단 한 번의 시험으로 진학할 대학이 결정되는 현행 입시제도가 바람직하지 않을지라도 입학생 성적 중심의 대학 서열이 갖는 의미를 무시하기가 힘들다. 높은 수능성적은 그만큼 정규교육과정 동안 열심히 공부했다는 증거이거나 남들보다 머리가 좋다는 신호이기 때문이다.

다만 대학 줄 세우기에 의존하는 학벌 효과는 분명히 경계해야

    명문대 출신이 상대적으로 높은 임금을 받는 현상은 다른 나라에서도 쉽게 관찰된다. 명문 사립대가 즐비한 미국뿐 아니라 대학 교육이 비교적 평준화되었다고 알려진 독일과 프랑스도 명문대 졸업생이 노동시장에 더 높은 성과를 보인다고 알려져 있다. 대입 경쟁이 전혀 없지 않은 한 상대적으로 더 좋은 대학은 반드시 존재할 수밖에 없고, 그렇다면 이들 학교의 졸업생이 더 뛰어난 인적자원임은 부정할 수 없는 사실이다. 하지만 우리나라만큼 대학 서열이 마치 줄 세운 듯 뚜렷한 나라는 쉽게 찾아보기 힘들다. 왜 그럴까?

먼저 미국과 유럽의 명문대는 우리나라와 달리 학생의 성적에 따라 학교를 일렬로 줄 세우는 것이 불가능하다. 예컨대 US뉴스 기준 미국의 종합대학 순위(2025년)는 프린스턴대Princeton University, 매사추세츠공대Massachusetts Institute of Technology(약칭 MIT), 하버드대Harvard University, 스탠퍼드대Standford University, 예일대Yale University의 순이지만 입학생 성적은 이와 무관하다. 이들 다섯 학교로부터 모두 입학허가admission를 받더라도 학생에 따라 프린스턴대에 가기도, 하버드대에 가기도, 예일대에 가기도, 심지어 전혀 다른 형태의 학교, 이를테면 윌리엄스대학Williams College과 같은 학부 중심 대학liberal arts college[16]에 가기도 한다.

학교마다 강세를 보이는 전공이 서로 다른 점 또한 미국과 유럽에서 획일화된 대학 서열이 나타날 수 없는 중요한 이유다. 프랑스는 평준화 대학 위에 '그랑제꼴grandes écoles'이라는 엘리트 대학이 별도로 존재하는데, 그랑제꼴은 아예 계열별로 학교가 구분되어 있다. 이를테면 자연과학은 파리고등사범학교Écoles Normales Supérieure(약칭 ENS)[17], 상경계열은 파리고등상업학교École des Hautes Études Commerciales de Paris(약칭 HEC Paris), 공학은 파리종합기술학교École Polytechnique(약칭 EP 또는 l'X)와 같은 식이다. 독일은 엘리트 대학이 따로 존재하지 않는 대신 전공별로 학교 순위가 천차만별이다.[18] 예컨대 QS의 전공별 순위(2024년)를 보면 영문학, 경제학, 물리학, 화학공학, 의학에서 독일 내 1위를 차지한 학교가 모두 달랐다.[19] 반면 우리나라는 5개 전공 모두 서울대가 국내 1위를 차지했다.

물론 우리나라에서도 이공계는 '서카포'라는 말이 있듯이 서울대뿐만 아니라 한국과학기술원(약칭 KAIST 또는 카이스트)과 포항공대(약칭 POSTECH 또는 포스텍)를 높게 평가한다. 하지만 카이스트와 포스텍은 입학정원이 종합대학에 비해 턱없이 적다.[20] 그러다 보니 이들 대학의 존재로 '인서울' 중심의 공고한 학교 서열이 흔들릴 리가 없다. 오히려 '서카포연고'라는 표현이 공공연히 쓰이듯 최상위권을 형성하는 대학의 개수만 늘렸을 뿐이다.

유럽에서도 대학 서열이 비교적 뚜렷한 나라가 있다. 바로 '옥스브리지Oxbridge'라고 불리는 양대 명문, 즉 옥스퍼드대University of Oxford와 케임브리지대University of Cambridge가 있는 영국이다. 영국 상급법원 판사의 71%, 총리와 장관 등 내각 구성원의 57%가 옥스브리지 출신이라는 통계도 있다.[21] 흔히 옥스브리지와 함께 이공계 중심의 런던제국대학Imperial College London(약칭 ICL), 사회과학에 특화된 런던정경대학London School of Economics and Political Science(약칭 LSE)이 영국에서 최상위권으로 분류된다. 이들과 함께 런던대학University College London(약칭 UCL)[22], 런던왕립대학King's College London(약칭 KCL)까지를 '골든트라이앵글golden triangle'[23]이라고 부르며 최상위권으로 간주하기도 한다. 그 외에도 연구역량이 우수한 13개 학교를 일컫는 '서튼트러스트 13$^{Sutton\ Trust\ 13}$',[24] 주요 24개 대학으로 이루어진 '러셀그룹$^{Russel\ Group}$'[25] 등 영국에서는 명문대 집단을 나타내는 표현이 매우 다양하게 존재한다. 이처럼 영국은 마치 우리나라를 보듯 대학 서열이 뚜렷한 편이다.

그런데 2022년 영국 교육부Department for Education가 발간한 보고서에 따르면, 출신 대학의 명성 못지않게 대학에서의 성적도 임금에 큰 영향을 미치는 것으로 나타났다.[26] 30세 남성의 임금을 졸업 성적별로 비교해 보았더니, 다른 조건이 같을 때 대학을 1등급(4.5 만점으로 환산할 경우 대략 평점평균 4.0 이상)으로 졸업하면 2-1등급(약 3.5~4.0)보다 7%, 2-2등급(약 3.0~3.5)보다 20%, 3등급 이하(약 3.0 미만)보다 31% 더 받았다.[27] 대학 성적의 영향력은 최상위 4개 대학에서 더욱 두드러졌다. 옥스브리지나 ICL, LSE를 1등급으로 졸업할 경우 3등급 이하보다 무려 69% 더 많은 임금을 받았다.

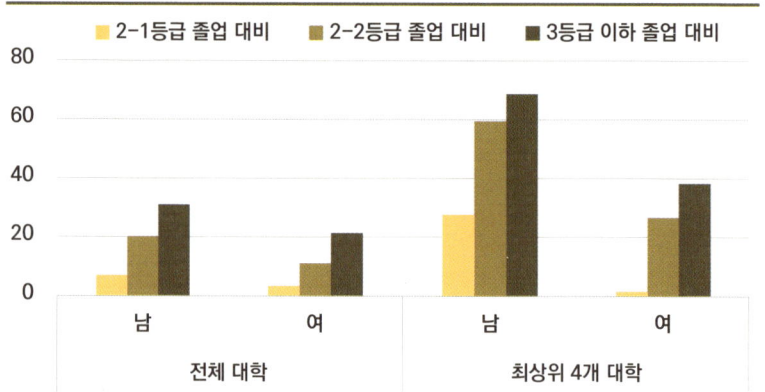

영국 대학 1등급 졸업의 임금 프리미엄*

* 2012~2015년 졸업생의 30세 임금 기준.
자료: Britton et al.(2022)을 이용하여 직접 계산.

이러한 결과는 옥스브리지 졸업생의 평균 초임이 중하위권 대학보다 불과 25%밖에 더 높지 않다는 사실[28]을 고려할 때 상당히 놀라운 결과가 아닐 수 없다. 분석대상이 서로 다른 두 개의 연구결과를 직접 비교하기는 어렵지만, 명문대에 들어가는 것보다 대학에서 좋은 성적을 받는 것이 취업 후 연봉에 더 큰 영향을 미친다고 해석할 여지가 있기 때문이다. 이는 아무리 입학생 성적에 따른 대학 서열이 공고하더라도 학생들 간에 대학 성적이 변별력 있는 차이를 띤다면 학교 간판은 상대적으로 덜 중요할 수 있음을 시사한다.

더욱이 영국은 대학 입학 후 학업을 중간에 포기하는 학생의 비율이 11%(2020~2021학년도 입학생 기준)에 달한다.[29] 대학에서의 성적은 물론이거니와 대학을 성공적으로 졸업했는지도 노동시장에서 의미 있는 정보인 것이다. 대학 교육이 평준화된 대신 대학 진학률이 OECD 평균에 한참 못 미치는 독일의 중도 탈락률은 더욱 높다. 내국인 학생의 약 30%, 외국인 학생의 약 40%가 학사과정을 끝내지 못한다는 연구결과도 있다.[30]

이에 반해 우리나라는 전 세계에서 대학을 가장 많이 가는 나라인데도 중도탈락 학생 비율이 5%(2023학년도 기준)에 불과하다.[31] 이마저도 절반가량이 재수 등을 위해 자퇴하는 경우이고 학사경고, 유급 등 낮은 성적으로 인한 중도 탈락률은 0.1%에도 채 미치지 못한다. 쉽게 말해 원하면 누구나 대학에 입학할 수 있고 또 대학을 졸업할 수 있다. 이러한 상황에서는 대학에서 보인 성과보다 대학에 들어가기 전의 실력, 그러니까 수능점수나 대학 서열이 더 큰 의미를 지닐 수밖에 없다. 게다가 대학생이 고등학생보다 덜 공부한다는 인식 때문에 대학 성적이 갖는 의미가 저평가되는 경향이 있다. 낮은 학점을 단순히 '대학 가서 좀 놀았구나'라는 식으로 치부하는 경우도 드물지 않다.

끝으로 오직 서울 안에 있는 대학, 즉 '인서울' 대학이 서열상 상위권을 독점하는 문제도 지적하지 않을 수가 없다. 앞에서 언급하지 않았던 동아시아 국가들, 예컨대 일본과 중국도 우리나라 못지않게 대학 서열이 뚜렷하게 나타난다. 하지만 일본과 중국의 최상위권 대학은 우리나라처럼 수도권에 몰려있지 않다. 일본 내 종합대학 순위상 상위 5개교인 도쿄대東京大學와 교토대京都大學, 오사카대大阪大學, 도호쿠대東北大學, 나고야대名古屋大學는 대학명에서 알 수 있듯이 모두 다른 도시에 소재하고 있다.[32] 중국도 이와 비슷한데, 칭화대淸華大學와 베이징대北京大學만 수도 베이징에 있을 뿐 상하이교통대上海交通大學, 푸단대復旦大學, 저장대浙江大學 등의 최상위권 대학은 모두 지방의 중심 도시에 있다.[33] 이에 반해 우리나라는 종합대학 상위 5개교는 물론이거니와 10개교 이상이 모두 서울에 집중돼 있다.

대학은 우수한 인적자원을 공급함으로써 인근 지역 기업의 발전을 도모할 수 있고, 이는 다시 각 대학이 지리적 여건을 내세워 다른 대학들과 경쟁할 수 있는 발판이 된다. 주요국의 대도시를 보면 그 나라에서 잘 나가는 대학을 하나쯤은 보유하는 게 일반적이다. 하지만 우리나라는 어느 순간부터 부산, 대구, 광주 등에 있는 지방거점국립대(이를 줄여 흔히 '지거국'이라 부른다)[34]조차도 명문대 반열에 오르지 못하고 있다. 지방 대학과 도시가 동반 성장하지 못하다 보니 '수도권 과밀화 → 인서울 대입 경쟁 심화 → 수도권 과밀화'의 악순환이 반복되고 있다. 게다가 지리적 여건상 아무런 차이가 없는 인서울 대학들이 상위권을 독점하고 있는 까닭에 대학 간 순위 바뀜이 좀처럼 일어나기가 쉽지 않다.

명문대 임금 프리미엄은 어디까지나 평균적인 현상일 뿐

　사회 전체적으로 볼 때 '대학 줄 세우기' 식의 서열화는 결코 옳지 않다. 하지만 상위권 대학 출신이 상대적으로 더 많은 임금을 받는 '명문대 임금 프리미엄'이 전 세계의 보편적인 현상이라면, 개인의 입장에서는 어떻게 해서든 명문대에 가야 하는 것일까?

　앞에서 언급한 사법시험 통계를 다시 보자. 대학 입학 전 실력으로만 치면 서울대 내지 'SKY' 출신이 사법시험 합격을 독점해야 하는데, 실제로 합격자의 약 40%는 이들 대학 출신이 아니었다. 이는 학벌 효과가 어디까지나 '평균적으로' 그러함을 의미한다. 비명문대 출신이 명문대보다 노동시장에서 더 높은 대우를 받는 경우도 부지기수다. 대학 졸업 후의 실력은 분명 졸업 전과 다르기 때문이다. 대학에서 배우는 지식의 양과 질은 초중고와 비교가 되지 않을뿐더러 대학 4년은 공부 외에도 다방면에서 사회 경험을 쌓는 시기다.

　결국 우리나라의 공고한 학벌 효과는 출신 대학을 제외하면 개인 간의 실력 차를 변별할 수 있는 정보가 부족한 데에서 비롯된다. 학벌이 능력을 보여주는 중요한 지표임에도 불구하고 이를 부정적으로 바라볼 수밖에 없는 이유도 바로 이 때문이 아닐까 싶다.■

공부를 잘하면
의대에 가야 할까?

명문대보다 더 좋은 대학, 의대

    2023년 교육계의 뜨거운 감자가 수능의 '킬러 문항'이었다면, 2024년은 이론의 여지 없이 '의과대학 정원 확대' 논란이었다. 의사 증원의 필요성과 그 규모는 이 책에서 다룰 주제가 아니므로 별도로 논의하지 않겠지만, 의대 쏠림 현상에 대해서는 짚고 넘어가지 않을 수가 없다.

    언젠가부터 명문대보다 의대 진학이 최상위권 학생들의 대입 목표가 되었다. '공부 잘하면 서울대 간다'라는 말은 이미 옛말이 된 지 오래다. 십수 년 전부터 대략 서울대 의대, 수도권 의대, 지방 의대, 서울대(의대 제외) 순으로 사실상 대학 서열이 새롭게 형성되었기 때문이다. 2024학년도 대성학원의 수능점수별 지원 가능 대학·학과 배치표상 최상위 2개 그룹은 서울대 치의학과(치의학대학원 학·석사 통합과정)[1]를 빼면 모두 의대가 차지했다. 지방 의대도 모두 상위 4개 그룹 안에 들어갔다. 이는 서울대 물리·천문학부나 건축학과, 화학부 등보다 더 높은 그룹에 속한다는 뜻이다.

2024학년도 우리나라 4년제 대학의 정원은 약 30만 9천 명이었다.[2] 이 중에서 의대 정원은 3천 명을 조금 웃돌았으니 비율로 따지면 전체의 1% 정도 된다. 이렇게 전체 대학 정원의 1%에 불과한 의대가 99%의 다른 전공들을 압도하고 있는 것이 오늘날 우리나라 대학입시의 현실이다.

최근 몇 년 동안 해마다 45만 명 안팎의 수험생이 수능에 응시했다.[3] 만일 수능점수 순으로 의대에 진학한다고 하면, 어림잡아 수능 상위 1% 안에는 들어가야 의대에 갈 수 있다. 과거에 서울대 갈 학생들이 요즘은 의대에 가고 있다고 보면 된다. 의대 인기가 얼마나 높냐면, 2024년 2월 보건복지부가 '의과대학 입학정원 확대 방안'을 발표하자 대치동에서는 직장인을 위한 의대 입시반까지 등장할 정도였다. 초등학생 때부터 의대를 준비시키는 것도 모자라서 이제는 이미 사회생활을 하는 사람들까지 도로 입시전쟁으로 끌어들이고 있다.

2024년 4월 교육부가 비수도권 대학을 중심으로 의대 입학정원을 늘리자, 이번에는 학부모들 사이에서 자녀의 의대 진학을 위해 지방으로 이사 가려는 움직임까지 나타났다. 이렇게 볼 때 의대 정원 확대는 수도권 과밀화 현상마저도 완화할 수 있는 '획기적인' 정책이라고 불러야 할 것 같다. 작금의 현실을 보고 정말 씁쓸한 웃음을 짓지 않을 수가 없다.

의대 쏠림 현상은 의사의 높은 보수와 안정성에서 비롯돼

그렇다면 도대체 의대의 인기가 왜 이렇게 높은 것일까? 이는 무엇보다 의사가 경제적인 측면에서 볼 때 보수가 많고 안정적인 직업이기 때문이다. 물론 의사가 생명을 다루는 명예로운 직업이라는 점, 판·검사나 변호사처럼 '사'자 돌림[4]이라는 점도 중요한 이유가 될 수 있을 것이다. 하지만 자본주의 사회에서 직업을 선택할 때 금전적 보상만큼 강력한 유인은 거의 없다.

OECD가 각국 의사들의 연평균 임금을 그 나라의 전일제 근로자 평균임금과 비교한 자료에 따르면, 2021년 기준으로 우리나라 전문의 중 개원의(병·의원을 직접 운영하는 의사)는 전일제 근로자의 6.8배만큼, 전문의 중 봉직의(병·의원에서 월급을 받는 의사)는 4.4배만큼 버는 것으로 나타났다. 이는 OECD 국가들 가운데 최고 수준이었다.

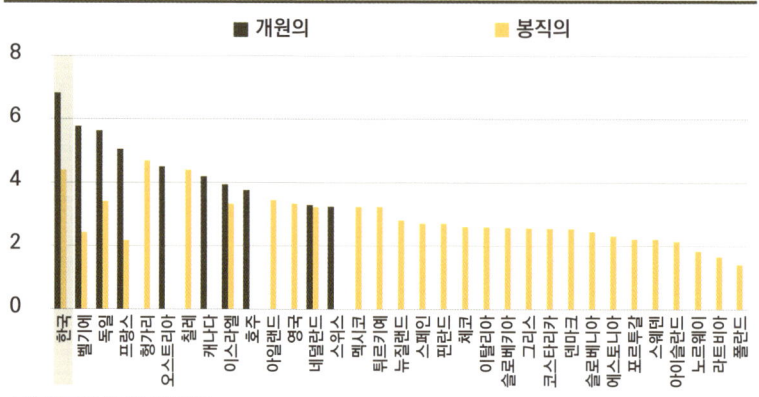

개원의는 통계가 존재하는 10개국 가운데 1위였고 봉직의는 총 29개국 중에서 헝가리에 이어 2위를 기록하였다.

국내에서 조사한 자료도 OECD 통계와 크게 다르지 않았다. 한국고용정보원은 우리나라 500개 이상의 직업을 대상으로 임금, 학력, 만족도, 일자리 전망 등에 관한 상세한 정보를 정기적으로 조사하고 있다. 여기서는 내과, 외과, 안과 등 진료과목에 따라 의사를 총 14개의 직업으로 세분화하였는데, 2021년 기준으로 평균소득 상위 2%에 해당하는 10개 직업 가운데 8개가 의사 직종이었다. 평균소득이 가장 낮은 의사 직종도 상위 4% 안에 들었다.

과연 의사의 소득이 얼마나 되길래 이렇게 상위권을 독차지하는 것일까? 보건복지부에서 3년마다 실시하는 「보건의료인력실태조사」 결과를 보면, 2020년 기준으로 전문의 중 개원의는 연평균 3억 원, 전문의 중 봉직의는 1억 9천만 원 남짓 버는 것으로 나타났다.

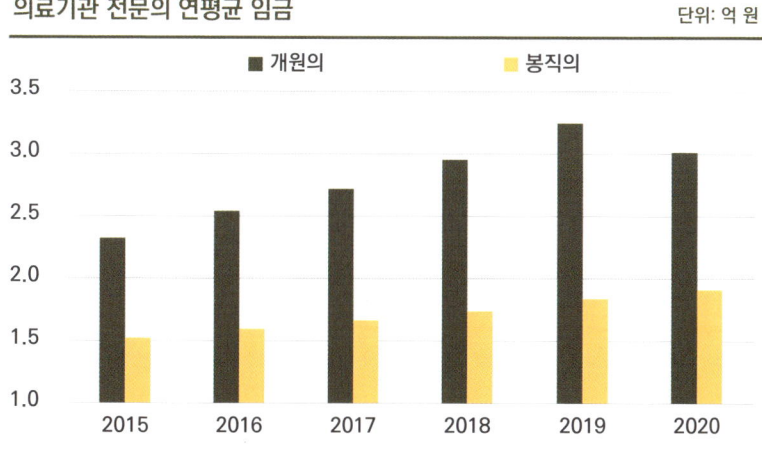

의료기관 전문의 연평균 임금 (단위: 억 원)

자료: 보건복지부 「보건의료인력실태조사」.

진료과목별로 보면 안과 3억 9천만 원, 정형외과 3억 8천만 원, 신경외과 3억 3천만 원, 피부과 2억 8천만 원 순이었는데, 그중 병상을 보유한 의원에서 근무하는 안과 전문의는 연평균 임금이 5억 4천만 원에 달했다.[5] 이는 2020년 대기업 근로자 임금(연평균 6,345만 원)[6]의 8배가 넘는다.

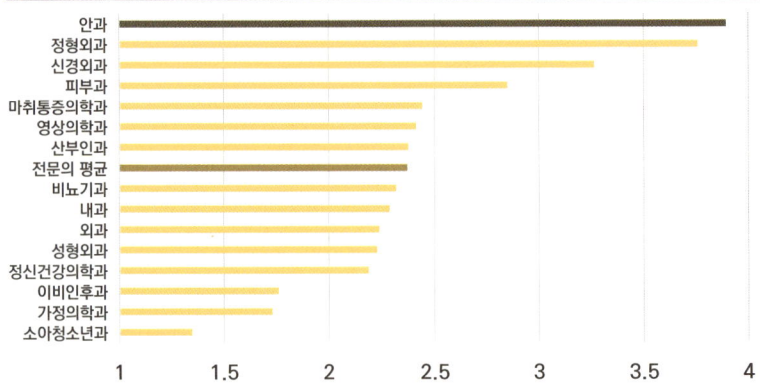

진료과별 전문의 연평균 임금*(2020년) 　　　　　　　단위: 억 원

* 전문의 수 상위 15개과의 전문과목별 임금 기준.
자료: 보건복지부 「보건의료인력실태조사」.

물론 모든 의사가 고소득을 올리는 것은 아니다. 2020년 소아청소년과 전문의의 연평균 임금은 약 1억 3천만 원으로 전체 전문의 평균임금의 57%에 불과했다.[7] 더군다나 전문의가 일반 환자를 진료하기까지는 남자를 기준으로 대학 입학 후 최소 12~14년이 걸린다. 의대 6년, 전공의(인턴intern 및 레지던트resident) 3~5년, 병역의무(공중보건의 또는 군의관) 3년만 해도 12~14년인데, 재학 도중 유급하거나 본과 4학년 때 치르는 의사 국가시험(흔히 '국시'라 한다)에 떨어지면

1년씩 더 늘어나게 된다. 통상 전공의 수련기간이 5년(인턴 1년, 레지던트 4년)이니까 남자 의사는 33~34세 정도가 돼야 전문의로서 제 역할을 할 수 있는 셈이다. 그렇다고 해서 바로 높은 소득이 보장되는 것도 아니다. 전문의 자격증을 딴 후 종합병원의 전임의(펠로우 fellow)로 근무하게 되면 박봉에 시달리는 경우가 많다. 전문의가 되자마자 개원한다는 것은 꿈같은 이야기다. 개원하는 데 드는 자금도 문제지만 의사 경력이 짧은 상태에서 충분한 환자를 끌어모으기가 쉽지 않다.

의사가 전문의 자격을 획득할 때쯤 되면 또래 친구는 이미 입사 10년 차 직장인이다. 친구가 일하는 동안 실컷 놀았다면 억울하지라도 않을 텐데, 유급되지 않기 위해서 그리고 국시에 떨어지지 않기 위해서 남들보다 몇 배는 더 열심히 공부하여 의사가 되었더니 법정근로시간의 2배에 달하는 주당 평균 78시간(2022년 기준)[8] 일하는 전공의의 삶이 시작된다. 이렇듯 전문의가 되는 과정이 녹록지 않다는 점에서 단순히 평균임금만 보고 의사가 돈을 많이 번다고 단정하기는 곤란할 듯하다.

그런데도 왜 다들 의대 진학을 희망할까? 직업을 선택할 때는 소득수준 못지않게 안정성도 중요하기 때문이다. 사실 이 세상에 의사보다 더 많은 연봉을 받을 수 있는 직업은 상당히 많다. 하지만 많은 돈을 오랜 기간에 걸쳐 꾸준히 벌 수 있는 직업은 매우 드물다. 2024년 우리나라 프로야구 선수의 평균 연봉은 1억 5천만 원이 넘는다.[9] 전체 513명 중에서 연봉이 20억 원이 넘는 선수도 4명이나 된다. 그러나 프로야구 선수는 체력적 한계 등으로 인해 대부분

30대에 은퇴한다. 초임 연봉이 2억 원에 달한다는 대형 로펌law firm 변호사들도 승진하지 못하면 중소형 로펌 등으로 이직하거나 개업해야 한다. 반대로 공무원은 원한다면 정년까지 직장에 다닐 수 있지만 봉급은 대기업에 비해 턱없이 적다. 이처럼 대체로 보수가 높은 직업일수록 직업의 안정성은 상대적으로 낮아지는 경향이 있는데, 그 예외가 바로 의사라고 볼 수 있다.

실제로 연령대별로 쉬지 않고 활동 중인 의사 비율(2020년 기준)을 보면 60대까지도 의사의 90% 이상이 일하고 있다. 심지어 70대 이상에서도 64%(남자는 69%)가 활동 중이다. 이는 기업체 근로자와 공무원의 정년이 대부분 60세인 까닭에 60대부터 고용률(취업자 수를 생산활동이 가능한 인구로 나눈 비율)이 급격히 떨어지는 우리나라 노동시장의 일반적인 모습과 너무나도 대조적이다. 전체 노동시장(2020년 기준)에서 30대의 고용률을 100이라고 하면 60대는 74, 70대는 36까지 고용률

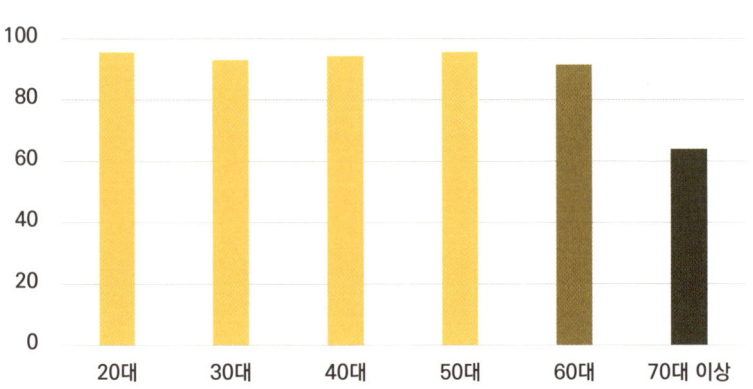

연령대별 활동 중인 의사 비율(2020년) 단위: %

자료: 보건복지부 「보건의료인력실태조사」를 이용하여 직접 계산.

이 하락한다.[10] 반면 의사의 경우에는 30대의 고용률을 100이라고 할 때 60대와 70대에도 각각 98과 69의 매우 높은 고용률을 기록하고 있다.

결국 의사는 전문의 자격을 획득하기 전인 30대 초중반까지 상대적으로 경제적 보상이 작다는 사실을 제외하면 보수나 안정성 측면에서 다른 직업을 사실상 압도한다고 봐야 한다. 물론 의사 스스로 자신의 직업에 얼마나 만족하는지는 별개의 문제이지만, 분명한 것은 경제적 유인만 놓고 본다면 의사만 한 직업을 찾기 쉽지 않다는 점이다.

하지만 자신의 직업을 자식에게 추천하지 않는 의사가 더 많아

다들 의대에 못 들어가서 안달이라고 해서 의사의 직업 만족도가 높을 것이라는 보장은 없다. 의사들은 자신의 직업에 어떻게 생각할까? 보통 이럴 때는 다음과 같은 두 가지 질문을 통해 그 답을 찾을 수 있다. 하나는 '다시 태어나도 의사라는 직업을 선택할 것인가?'이고, 다른 하나는 '자식에게 의사라는 직업을 추천하고 싶은가?'이다. 만일 다시 태어나도 의사를 선택하고 자식에게도 의사를 추천하고 싶다면, 그만큼 의사의 직업 만족도가 높다고 평가할 수 있을 것이다.

그런데 2021년 대한의사협회 내 연구소에서 발간한 보고서에 따르면, 의사들이 자신의 직업에 대해 만족하는 정도는 생각보다 높지 않았다. 의사의 1/3 이상은 다시 태어나면 의사를 선택하지 않을 것이라고 했고, 심지어 절반 이상은 자식에게 자신의 직업을 추천하지 않겠다고 응답했다.

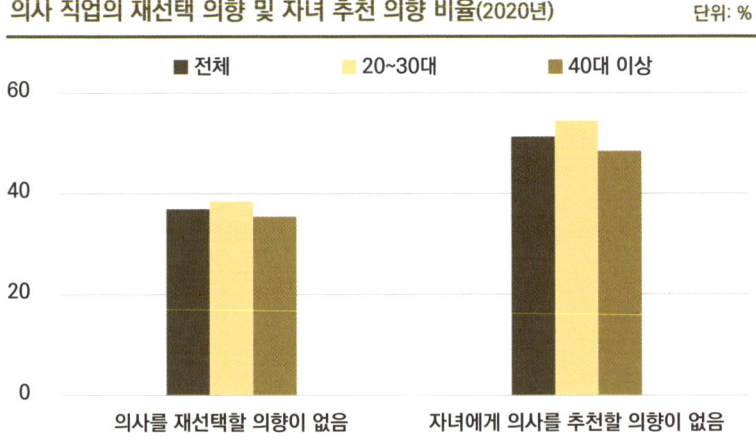

의사 직업의 재선택 의향 및 자녀 추천 의향 비율(2020년) 단위: %

자료: 이정찬·박정훈·김계현(2021)을 이용하여 직접 계산.

의사의 업무 스트레스 또한 상당했다. 스트레스의 강도를 1(스트레스가 거의 없음)부터 5(스트레스가 극심함)까지 5단계로 구분하여 업무 스트레스를 측정한 결과, 스트레스가 심하다(4 또는 5)고 응답한 비율이 48%로 절반에 가까웠다.[11] 스트레스가 극심하다고 답한 비율도 12%에 달했다.

원래 남의 떡이 더 커 보이기 마련이므로 자신의 직업에 만족하기란 쉽지 않을지도 모른다. 하지만 의사만큼 전직이 어려운 직업도 찾기 어렵다. 다시 말해 만족도가 낮더라도, 스트레스를 많이 받더라도 다른 직업으로 쉽게 갈아타지 못한다는 뜻이다. 의사는 다른 직업과 달리 대학에 입학하기 전부터 자신의 진로를 미리 정해야 한다. 의사라는 직업을 얻기 위해 대학을 남들보다 2년 더 다녀야 하고 졸업 후에는 오랜 수련기간도 거쳐야 한다. 이렇듯 의사가 되기까지 엄청난 시간과 노력이 들어가기 때문에 이를 포기하고 다른 직업을 선택하기가 쉽지 않다. 그런데 이처럼 되돌리기가 쉽지 않은 진로 결정을 사회 경험이 전혀 없는 고등학생 때 해야 한다는 것이 아이러니가 아닐 수 없다.

해마다 평균 190명 이상의 의대생이 중도 탈락해

매년 서울대 학생의 약 2%(2021~2023학년도 평균)가 중도에 학업을 그만둔다.[12] 학업을 그만둔 이유는 다양하게 있을 수 있지만, 아마도 재수해서 다른 학과 또는 의대에 가기 위한 목적이 가장 클 것이다. 그런데 성적이 나빠서 혹은 전공이 적성에 맞지 않아 중도 탈락하는 학생도 해마다 꾸준히 나온다. 문과 계열 중에서 전공에 대한 인기가 상대적으로 높은 서울대 경제학부와 경영학과도 중도 탈락하는 학생이 매년 평균 25명, 비율로 따지면 1% 가까이 나온다.

의대는 어떨까? 서울대보다 더 좋은 대학이 의대이니까 중도 탈락하는 학생이 거의 없을까? 놀랍게도 2021~2023학년도에 매년 평균 190명 이상의 의대생이 학업을 그만두었다.[13] 중도 탈락률을 계산해 보았더니 1%가 넘었다. 심지어 지방에 있는 의대 중 일부는 이 비율이 5%를 넘기도 했다.

물론 의대생도 상위권 의대를 가기 위해 자퇴하는 경우가 적지 않다. 실제로 의대를 종합병원의 규모와 소재지에 따라 '빅5$^{Big\,Five}$ 의대'[14]와 '인서울 의대(빅5 의대 제외)', '지방 의대'로 구분할 때 후자로 갈수록 중도 탈락률이 더 높아졌다. 하지만 예과(2년) 의대생뿐만 아니라 본과(4년) 의대생이 중도 탈락하는 경우도 적지 않았다. 의대 본과에서 매년 20여 명(2021~2023학년도 평균)의 학생이 중도에 학업을 포기했는데, 이들이 다른 의대에 가기 위해서 기존에 다니던 의대를 그만두었다고 보기는 어렵다. 아마도 학업성적이 부진했거나 의학이 적성에 맞지 않아서 중도 탈락하지 않았을까 싶다.

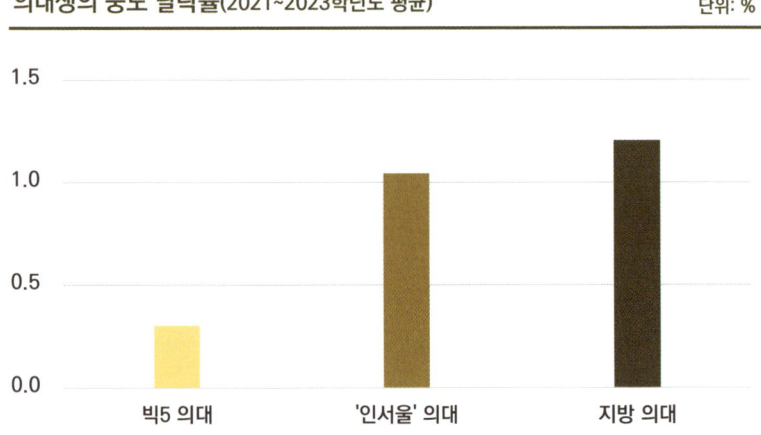

의대생의 중도 탈락률(2021~2023학년도 평균) 단위: %

자료: 한국대학교육협의회 대학공시정보센터「중도탈락 학생 현황」을 이용하여 직접 계산.

의대는 다른 학과들과 그 성격이 사뭇 다르다. 포르말린 냄새를 맡으며 시신을 해체하여 관찰하는 해부실습과 같은 수업을 들어야 한다는 사실을 둘째치더라도 총수업시간이 어마어마하게 긴 데다 공부할 때 암기해야 할 내용도 시쳇말로 '토 나올 정도로' 많다. 그런데 더 최악인 것은 한 과목만 F학점을 받아도 다음 학년으로 올라가지 못하고 유급된다는 사실이다.

실제로 의대생을 대상으로 설문조사를 실시한 결과에 따르면 공부량, 시험과 유급에 대한 두려움, 경쟁적인 의대 분위기 등으로 어려움을 겪는 의대생이 많았으며, 특히 이를 심각하다고 인식하는 학생이 전체의 60%가 넘었다.[15] 의대생과 일반 대학생을 대상으로 삶의 질을 서로 비교하였더니 의대생이 상대적으로 낮게 나타났다는 연구결과도 있다.[16]

이렇게 볼 때 의학만큼 적성에 대해 충분히 고민해야 하는 전공은 없다. 그런데도 어느 순간부터 공부를 잘하면 으레 의대에 가야 한다는 인식이 수험생과 학부모 사이에서 팽배해진 것 같다. 돈을 잘 번다는 이유 하나만으로 적성에 맞지 않은 공부와 직업을 선택하는 것만큼 어리석은 일은 없다.■

제14장

대학 진학의 최종 목표는 취업일까?

대학 졸업생의 취업률은 60%대, 이과 계열이 더 높아

 의대의 높은 인기를 설명할 때 한 가지 언급하지 않은 점이 있다. 그것은 바로 의대생의 취업률이 다른 대학생과 비교할 수 없을 정도로 높다는 사실이다. 의대생이 의사 국시('국가시험'의 준말)에 합격했다면 취업하지 못하는 경우가 없다고 봐도 된다. 실제로 최근 몇 년 동안 국시 합격률과 의대생 취업률은 모두 90%대 중반으로 그 차이가 거의 없었다.[1] 의대에서 취업하지 못할까 봐 걱정하는 것은 마치 바다에서 물이 부족할까 봐 염려하는 것과 다를 바가 없다.
 의대뿐 아니라 한의대와 약대도 취업률이 90%가 넘는다. 그렇다면 다른 전공은 어떨까? 4년제 대학 졸업생의 평균 취업률은 수년째 60%대에 머물고 있다.[2] 2020~2022년을 기준으로 전체 121개 전공 중에서 6개만 취업률이 80%를 넘었다. 그중 5개가 의약계열이었다. 반면 취업률이 50% 미만인 전공은 4개였는데, 모두 교원 임용시험을 준비하는 학생들이 많은 교직 전공이었다.

취업률이 가장 높은 4년제 대학 전공(2020~2022년 평균)   단위: %

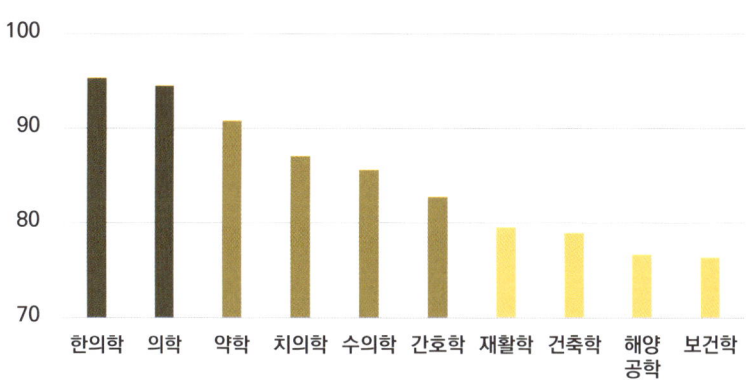

자료: 교육부·한국교육개발원(2021, 2022, 2023)을 이용하여 직접 계산.

취업률이 가장 낮은 4년제 대학 전공(2020~2022년 평균)   단위: %

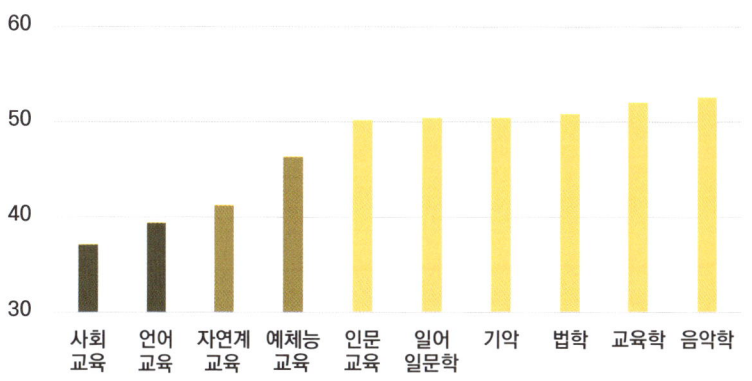

자료: 교육부·한국교육개발원(2021, 2022, 2023)을 이용하여 직접 계산.

취업률 통계상 취업자에는 1인 창업이나 프리랜서도 포함되므로 학생들이 체감하는 취업률과 차이가 있을 수 있다. 또한 기업체에 취직한 경우에도 기업의 규모(대기업, 중소기업 등)나 고용의 형태(정규직, 계약직 등)가 취업자마다 천차만별이다. 취업이 되지 않아 대학원에 진학할 수도 있다. 이때에는 진학으로 분류되어 취업률 계산에서 아예 빠진다(취업률은 취업자 수를 취업대상자 수로 나눈 것인데, 대학원 진학자는 취업대상자에서 제외된다). 일부러 취업을 미루고 공무원 시험 등을 준비할 수도 있다. 따라서 취업률만으로 취업이 잘 되는 전공과 그렇지 않은 전공을 명확하게 구분할 수는 없다.

하지만 취업률 상위 10개 전공이 모두 이른바 '이과' 계열인 데 반해 하위 10개 전공은 대부분 '문과' 계열이라는 점으로 미루어 볼 때, 이과 계열의 취업률이 상대적으로 높은 점은 분명한 것 같다. 이러한 현상은 학생들의 역량이 전반적으로 우수한 서울대에서도 마찬

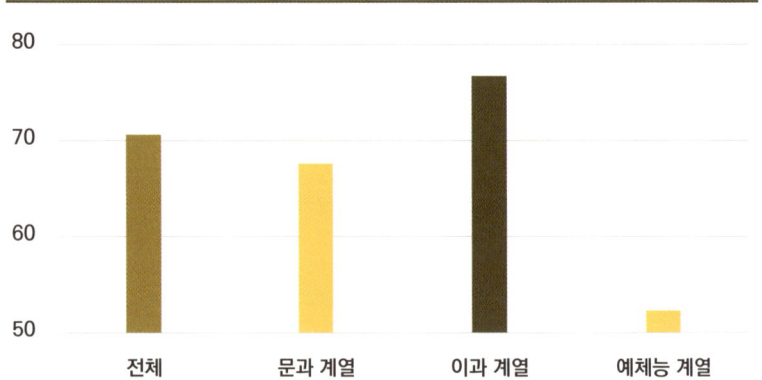

서울대 졸업생의 취업률*(2020~2022년 평균) 단위: %

* 자유전공학부 제외.
자료: 한국대학교육협의회 대학정보공시센터 「졸업생의 취업 현황」을 이용하여 직접 계산.

가지다. 서울대 졸업생의 취업률(2020~2022년 평균)을 살펴보았더니 이과 계열이 문과와 예체능 계열보다 훨씬 높았다.

문과의 낮은 취업률은 문과 학생이 필요 이상으로 많다는 증거

그렇다면 왜 문과 계열 대학생의 취업률이 낮은 것일까? 답은 간단하다. 노동시장에서 문과 출신에 대한 수요가 상대적으로 적기 때문이다.

혹자는 문과 출신이 변호사, 회계사, 세무사, 감정평가사, 공무원 등 필기시험에 합격해야 고용되는 직업을 선택하기 때문에 취업률이 낮을 수밖에 없다고 반문할지도 모르겠다. 이들 시험은 많은 양의 공부를 요구하므로 대학 졸업과 동시에 취업하기가 쉽지 않다는 것이다. 물론 틀린 말은 아니다. 문과 학생들은 대학에 가서도 취업을 위해 수험생활을 계속하는 경우가 많다.

대학 졸업 후 몇 년 동안 공부해서 언젠가 모두 다 채용시험에 붙는다면, 사실 문과 학생의 낮은 취업률을 걱정할 필요가 없다. 하지만 필기시험을 통해 사람을 뽑는 직업들은 대부분 경쟁률이 치열하다. 따라서 대학 졸업 후 몇 년이 지난 뒤에 다시 취업 현황을 조사하더라도 문과 졸업생의 취업률은 큰 폭으로 오르기가 쉽지 않다.

2024년 11월 말 현재 우리나라 주식시장의 시가총액 상위 10대 기업 중에서 여덟 군데가 제조업 또는 정보통신기술ICT: information communication technology 관련 회사이다(나머지 두 곳은 금융회사이다).

대기업 전체로 봐도 비슷하다. 이들 기업은 당연히 이공계 출신을 훨씬 더 많이 뽑는다. 더군다나 그동안 상경계 출신을 많이 뽑던 금융권조차도 최근 들어서는 업무의 디지털화가 가속화되면서 이공계 선호가 두드러지고 있다. 그런데 대학 졸업생의 40% 이상이 여전히 문과 출신이다. '문송합니다'(문과라서 죄송합니다), '인구론'(인문계 90%가 논다) 등의 신조어가 등장한 지 십여 년이 지났음에도 대학의 전공별 정원은 여전히 노동시장 수요와의 괴리가 크다.

물론 대학은 학생들에게 취업에 필요한 지식과 기술을 가르치는 곳도, 노동시장에 필요한 인력을 양성하는 곳도 아니다. 하지만 현실적으로 대학 교육의 종착역을 취업으로 여기는 경우가 많고, 대학에서 전공을 정해 공부하는 것도 결국 그 전공을 살려 직업을 갖기 위함이 크다. 그런데 안타깝게도 우리나라 대학의 현실은 그렇지 못하다.

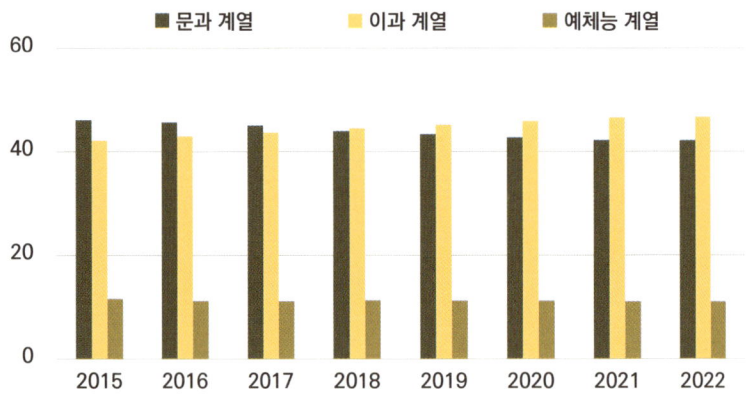

4년제 대학 졸업생의 전공별 비율(2015~2022학년도)

자료: 교육부·한국교육개발원 「(연도별) 고등교육기관 졸업자 취업통계연보」을 이용하여 직접 계산.

전공과 일치하지 않는 직업을 선택하는 경우가 50%에 달해

대학의 전공별 졸업인원과 사회의 인력수요 간에 괴리가 크다는 사실은 OECD 통계에서도 확인할 수 있다. 우리나라는 전공과 일치하지 않는 직업을 선택하는 비율이 50%를 조금 밑돌았는데, 이는 조사대상 31개국[3] 가운데 가장 높은 수준이었다. 전체 1위에 오른 것도 놀랍지만, 더욱 놀라운 것은 두 명 중 한 명은 자신의 전공과 무관한 직업을 선택한다는 사실이다.

우리나라의 전공-직업 불일치 비율이 높은 데에는 다양한 원인이 있을 수 있다. 첫째, 대학 진학률이 지나치게 높기 때문이다. 이에 반해 대졸 학력을 요구하는 직업이 많지 않아 대학 졸업생은 자신의 전공과 관련되는 직업을 구하기가 어렵다. 대학 진학률이 높지 않고 고등학교 단계에서의 직업교육이 발달한 핀란드와 독일에서

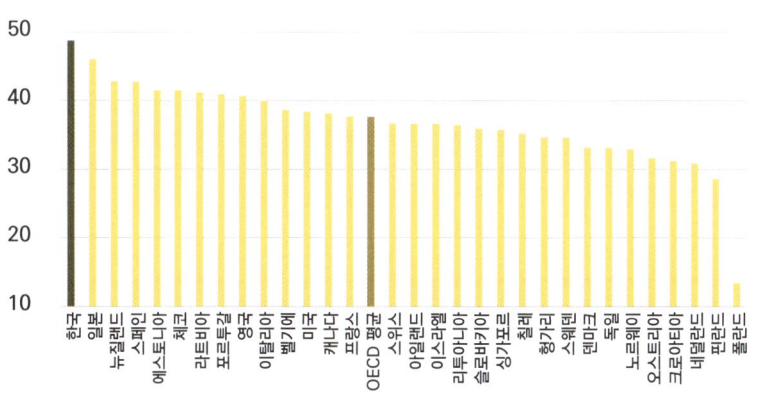

전공과 직업 간 불일치 비율(2022~2023년)   단위: %

자료: OECD(2024a).

전공-직업 불일치 비율이 낮은 것도 같은 맥락에서 설명할 수 있다.[4] 둘째, 앞서 지적한 바와 같이 문과 출신 대학 졸업생이 필요 이상으로 많이 배출되고 있기 때문이다. 여기에는 경직적인 대학의 학과 정원 뿐 아니라 학생들이 한때 문과 출신이 주로 가는 직업이나 근무환경을 선호한 데에도 그 원인이 있다. 예컨대 공무원처럼 필기시험을 보고 들어가는 직업을 갖거나 서울에 소재한 대기업 본사에서 근무하기를 원했던 것이다. 불과 20여 년 전만 하더라도 '문송합니다'가 아니라 '공돌이'(공대 출신을 비하하는 표현)가 유행했다는 사실을 떠올려 보자. 격세지감隔世之感이 따로 없다. 셋째, 대학에 진학할 때 진로를 고려하지 않고 전공을 선택하기 때문이다. 졸업 후 취업보다 당장 좋은 대학에 입학하는 데에만 신경을 쓰다 보니 우리나라 학생들은 전공보다 학교를 우선시하는 경향이 강하다.

전공과 직업이 일치하지 않으면 임금과 직장 만족도가 줄어들어

전공과 일치하지 않는 직업을 갖더라도 그에 만족하고 높은 보수를 받을 수 있다면 개개인으로서는 딱히 문제 될 게 없다. 직업과 전공의 불일치는 비효율적인 대학 교육의 단면을 보여주지만, 학생들에게 별다른 피해가 가지 않는다면 이는 어디까지나 정책당국과 대학이 바로잡아야 할 문제에 불과하기 때문이다.

하지만 안타깝게도 전공과 직업이 불일치하면 대체로 임금은 하락한다. 최근 우리나라의 한 연구에 따르면 경기불황기에 취업한 대졸자의 첫 연봉은 호황기에 취업할 때보다 최대 3% 하락하는데, 만일 일자리가 부족하여 전공과 맞지 않는 직업을 갖게 될 경우에는 8% 넘게 줄어들었다.[5] 경제 상황이 나쁜 것보다 전공-직업 불일치가 임금 감소에 더 큰 영향을 미친 셈이다. 더욱이 첫 직장이 그 이후의 직업에 계속 영향을 미친다는 점에서 전공-직업 불일치가 평생 소득에 미치는 효과는 상당히 크다고 볼 수 있다. 이와 비슷하게 국내 4년제 대학 졸업생을 대상으로 한 다른 연구에서도 전공과 직업이 불일치할 때 초임이 약 3% 감소하는 것으로 나타났다.[6]

전공-직업 불일치는 일에 대한 만족도도 낮춘다. 2019년 발표된 한 국내 연구에 따르면, 전공과 직업이 불일치할 때 업무 내용을 비롯한 직장에 대한 전반적인 만족도가 유의미하게 하락했다.[7]

직업 선호도는 계속 변해... 큰 폭으로 하락한 공무원 경쟁률

1990년대 후반 외환위기에 따른 대규모 구조조정과 2000년대 초반 닷컴버블dot-com bubble[8] 붕괴의 영향으로 공무원 등 안정적인 직업에 대한 선호가 높아지면서 대학가에 이공계 기피 현상이 나타났다. 여기에 더해 2002년부터 '사법시험 천 명 시대'가 열리면서 고시 열풍이 거세게 분 것도 이를 부채질했다. 1998학년도 수능시험의 자연계(이과) 응시자 비율은 전체의 42%였으나, 불과 4년 만인 2002학년도에는 27%까지 떨어졌다.[9] 이 때문에 그해 서울대 신입생 모집에서 이공계 일부 학과의 미달 사태가 벌어졌다. 언론에서는 연일 이공계 기피 현상을 보도하였다. '이공계 기피'라는 표현이 포함된 언론 보도가 2004년 한 해 동안만 1,300건 넘게 쏟아졌다.

하지만 2010년대 들어 공무원에 대한 인기가 줄어들고 문과의 취업난이 심해지자 이공계 기피 현상이 점차 사그라들었다. 특히 코로나19 유행 초기였던 2020년에는 비대면 문화와 디지털 전환이 빠르게 확산되면서 정보통신기술을 비롯한 공학에 대한 관심이 높아졌다. 이에 따라 2020년 중에는 '이공계 기피'라는 단어가 포함된 언론기사가 2004년의 1% 수준(14건)까지 떨어졌다. 이마저도 이과 내에서 '의대 쏠림 현상'을 지적하는 내용일 뿐 과거와 같은 이공계 기피는 사실상 종식되었다고 해도 틀린 말이 아니다.

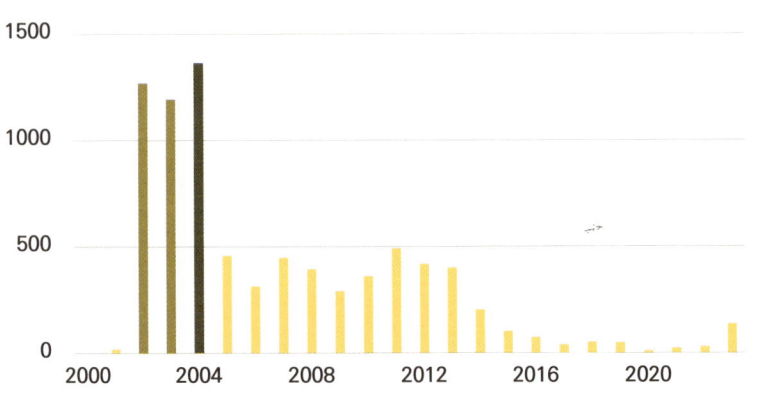

'이공계 기피' 표현이 포함된 언론기사 보도건수 (단위: 건)

자료: 한국언론진흥재단 '빅카인즈'(www.bigkinds.or.kr)를 이용하여 직접 계산.

반면 공무원에 대한 인기는 점차 낮아지면서 채용 경쟁률이 큰 폭 하락했다. 임용 후 곧바로 중간관리자가 되는 5급의 경쟁률은 비교적 양호한 편이나, 7급과 9급의 경쟁률은 한창 높았던 2010년대 초반의 20~30%대 수준까지 떨어졌다. 이는 대기업을 중심으로 민간기업의 고용 안정성이 눈에 띄게 개선되었을 뿐 아니라 무엇보다 민간-공공부문 간 임금격차가 확대되었기 때문이다.

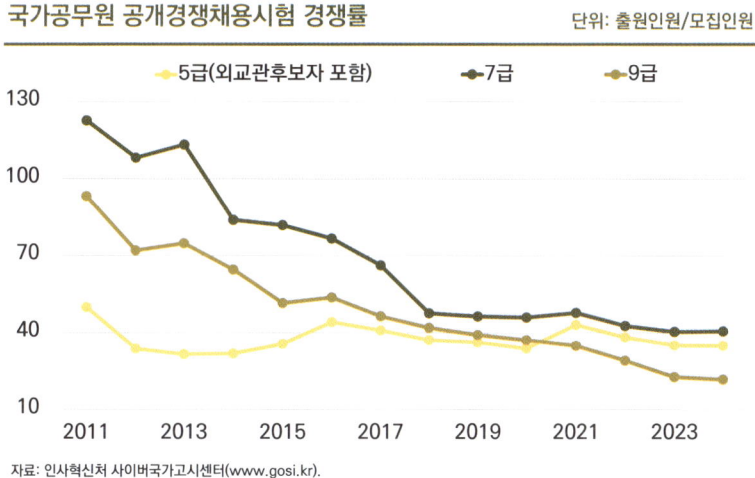

자료: 인사혁신처 사이버국가고시센터(www.gosi.kr).

이렇듯 불과 10년 남짓의 짧은 기간 동안 대학 전공에 대한 선호도가 180도 바뀌었다. 더 정확하게 말하면, 직업에 대한 선호가 완전히 뒤바뀌면서 문과 기피, 의대로의 과도한 쏠림, 컴퓨터공학을 비롯한 정보통신기술 관련 전공에 대한 인기 상승이 나타났다고 볼 수 있다. 대학 입학 후 10년이면 기껏해야 직장생활을 한 지 5년밖에 안 되는 짧은 시간이다. 대학에 들어갈 때는 분명히 인기 높은 직업이라 그에 맞춰 전공을 선택했는데, 취업 후 결혼할 때쯤 되면 사람들이 선호하지 않는 직업이 될 수 있는 것이다. 결국 전공에 맞는 직업을 갖기도 어렵지만, 미래가 유망한 직업을 예상하고 그에 따라 대학 전공을 결정하기란 더더욱 어려울 수밖에 없다. 그렇다면 대학 전공을 선택하는 목적이, 더 나아가 대학까지 정규교육과정 16년 동안 공부하는 목적이 오로지 대학 졸업 후에 좋은 직장과 직업을 갖기 위함인지를 되묻지 않을 수가 없다.

직업의 미래는 한 치 앞도 내다보기 어려워

2000년대 초반 대학가에 고시 열풍이 분 데에는 사법시험뿐 아니라 고시에 버금가는 공인회계사시험의 합격정원 확대도 적지 않은 영향을 미쳤다. 사법시험 정원이 1995년 300명에서 2002년 1,000명으로 점진적으로 늘어난 반면, 공인회계사는 2000년 500명대에서 2001년 1,000여 명으로 불과 1년 만에 거의 두 배로 뛰었다. 이렇게 볼 때 2002학년도 수능시험에서 자연계 응시비율이 역대 최저를 기록한 것은 결코 놀라운 일이 아니다.

정부는 외환위기 이후 회계사 수요가 대폭 확대될 것으로 예상하고 정원을 늘렸는데, 정작 회계사시험 합격자가 매년 천 명씩 쏟아져 나오자 이들 중 일부가 실무수습 기회를 얻지 못하는 일이 발생했다. 공인회계사는 1·2차 시험에 합격한 후 회계법인 등에서 1년 이상의 실무수습(이를 '수습회계사 연수제도'라고 부른다)을 거쳐야 정식으로 그 자격을 취득할 수 있다. 업무의 특성상 대형 회계법인이 대개 수습회계사를 싹쓸이하다시피 하는데, 이들 회사마저도 넘쳐나는 합격자들을 모두 감당하지 못한 것이다. 심지어 이 당시 서울대 경영학과를 졸업한 합격자도 이른바 '빅4Big Four'10라 불리는 대형 회계법인에 들어가지 못하는 사태가 발생했다.

이러자 공인회계사에 대한 인기가 갑자기 뚝 떨어졌다. 2002년 1만 5천 명이 넘었던 회계사시험 접수자는 2007년에 이르면 4천 명대까지 줄어들었다. 쉽게 말해 5년 만에 인기가 100에서 30으로 떨어진 셈이다. 외환위기 직후인 1999년에 약 34대 1에 달했던 시험 경쟁률이 2007년에는 5대 1에도 미치지 못했다.

그런데 2008년 글로벌 금융위기의 여파로 취업시장이 꽁꽁 얼어붙으면서 다시 응시인원이 조금씩 증가하기 시작했다. 또한 2010년 전후 새로운 국제회계기준의 도입으로 회계사 수요가 다시 늘어나면서 회계사에 대한 시장에서의 대우가 좋아졌다. 그러자 2011년 공인회계사시험 접수자는 2007년의 3배 수준으로 높아졌다.

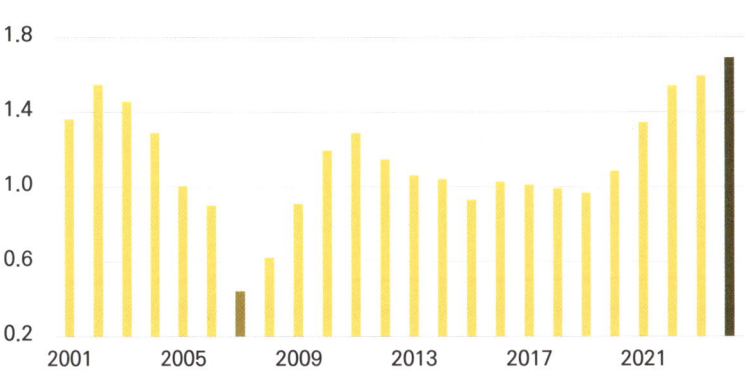

공인회계사시험 접수인원* 단위: 만 명

* 1차 시험 기준.
자료: 금융감독원 「연도별 합격자 현황」.

겨우 십여 년의 짧은 기간이었음에도 회계사에 대한 인기는 널뛰기를 반복했다. 천당과 지옥을 계속 갔다 왔다고 해도 지나치지 않을 만큼 부침이 심했다. 심지어 지금도 반복되고 있다. 한동안 월급에 비해 업무량이 지나치게 많다는 인식이 강해 시들해졌던 회계사 인기가 2020년대 들어 주 52시간 근무제도가 정착되고 회계사 수입이 늘면서 다시 상승하고 있다.[11]

직업뿐 아니라 대학 전공에 대한 인기도 널뛰기하기 일쑤다. 컴퓨터공학이 대표적인데, 개인용 컴퓨터PC: personal computer가 보급되기 시작한 1980년대 후반부터 1990년대 중반까지 컴퓨터공학과의 인기는 단연 최고였다. 1990년대 초반 대성학원 배치표상에서 서울대 컴퓨터공학과는 의예과보다 지원 가능 점수가 높았다. 하지만 2000년대 들어 컴퓨터공학의 위상은 닷컴버블 붕괴, 문과 선호 현상, 소프트웨어 개발자에 대한 열악한 처우 등으로 급격히 하락했다. 그러던 것이 2010년대 중반부터 대반전을 겪게 된다. 2016년 알파고AlphaGo가 바둑 대국에서 이세돌 기사를 꺾으며 인공지능 열풍이 일어난 데다 2020년 코로나19의 영향으로 사회 전 영역에서 디지털 전환이 가속화되면서 다시 컴퓨터공학의 인기가 치솟았다. 2024학년도 대성학원 배치표상에서 서울대 컴퓨터공학부는 주요 의·치대를 제외하면 자연계 학과들 가운데 가장 높이 위치해 있다.

사실 컴퓨터공학뿐만 아니라 한의학, 수의학, 생명공학, 건축학 등 이공계 전공들은 마치 롤러코스터에 올라탄 듯 그 인기가 오르락내리락을 반복하는 경우가 흔하다. 취업시장의 상황과 전망에 따라 각 전공에 대한 선호가 급변하는 것이다. 마찬가지로 한없이 오르기만 하던 의대 인기도 2025학년도부터 늘어난 의대 정원의 영향으로 조만간 내리막길에 접어들 수도 있다.

하지만 당장 내일 어떤 기업의 주식이 오를지, 내릴지도 예측하지 못하는 마당에 10년 또는 20년 뒤가 유망한 기업과 산업을 어떻게 내다볼 수 있을까? 취업만을 목표로 대학 전공을 결정하는 것은 도박과도 다름없다. 게다가 10대 후반의 어린 나이에, 대입 준비로 다른 데 신경 쓸 겨를이 없는 시기에 미래에 대한 안목을 키우는 것은 '서울에서 김 서방 찾기'보다 더 어려운 일이다.

더욱이 정년까지 일하면 대학 졸업 후 대략 35년 동안 일하게 되는데, 대학 4년(혹은 대학원까지 포함하여 6년) 동안 공부한 것을 과연 평생 전공이라고 부를 수 있을지도 의문이다. 한 치 앞도 내다볼 수 없을 만큼 사회는 빠른 속도로 변화한다. 그 가운데 살아남으려면 치열한 경쟁에서 이길 수 있는 실력을 갖추든가, 아니면 다양한 전공을 습득하여 사회 변화에 유연하게 대처할 수 있어야 한다.

결국 대학 전공은 자신이 좋아하고 잘할 수 있는 분야로 정하되, 이를 모르겠다면 다양한 분야를 경험할 수 있는 방향으로 선택해야 한다. 졸업 후 취업만이 대학 진학의 최종 목표는 아니다.■

제15장

IQ가
지능의 전부일까?

20세기 최고의 과학자인 아인슈타인도 대학에 떨어져

'천재天才'라는 말을 들었을 때 가장 먼저 떠오르는 사람은 누구일까? 십중팔구 상대성이론으로 유명한 알베르트 아인슈타인Albert Einstein을 떠올릴 것이다. 헝클어진 머리와 주름진 얼굴에 콧수염을 기른 그의 얼굴은 오늘날에도 괴짜다운 천재의 상징과 다름없다. 아인슈타인이 사망하자 부검의가 그의 천재성을 연구하고자 유족의 동의 없이 뇌를 몰래 가져가 잘게 쪼갰다는 일화는 너무나 유명하다.

아인슈타인은 불과 스물여섯의 나이에 당시 물리학계를 깜짝 놀라게 만든 다수의 논문을 발표했다. 이 논문들이 발표된 1905년을 가리켜 물리학에서는 '기적의 해'라고 부를 정도다. 그는 어릴 때부터 수학과 물리학에서 뛰어난 재능을 보였다고 알려져 있다. 그런데 놀라운 것은 아인슈타인도 대학입학시험에서 떨어진 적이 있다는 사실이다. 비록 열여섯의 이른 나이에 입학시험을 치르기는 하였지만, 출중한 점수를 받은 수학, 물리학과 달리 어학 과목의 점수는 형편없었다고 한다. 실제로 아인슈타인의 언어적 재능은 별로 뛰어나지 않았던 것으로 보인다. 어린 시절 언어 발달이 또래에 비해 느렸으며 고등학교 졸업시험에서도 프랑스어 성적이 가장 낮았다.[1]

아인슈타인은 대학에서 오늘날로 치면 수학교육 및 물리교육을 동시에 전공하였는데, 만일 21세기에 우리나라에서 태어났다면 정시전형으로 서울대 수학교육과나 물리교육과에 들어가기가 쉽지 않았을 것 같다. 수능시험의 수학 및 과학탐구 영역에서는 만점을 받았겠지만 다른 영역의 점수는 그저 그랬을 가능성이 높기 때문이다. 터무니없는 가정이기는 하지만, 이렇게 볼 때 아인슈타인이 오늘날의 우리나라 고등학생들과 경쟁하였다면 적어도 대학 입학 전까지는 특출하기보다 평범한 학생으로 여겨졌을지도 모른다.

공부머리는 언어지능과 논리수학지능이 뛰어난 것일 뿐

다시 말해 아인슈타인은 다재다능한 팔방미인이었기보다 특정한 영역에서 독보적인 능력을 보인 천재였다(다만 바이올린 연주 등 음악에도 상당한 소질이 있었다는 점에서 외골수는 아니었다). 그런데 아인슈타인도 첫 번째 대입에서 실패를 경험하였듯이 오늘날의 시험은 주로 두 가지 능력, 즉 언어적 이해력과 수리적 사고력을 측정하는

데 초점이 맞춰져 있다. 수능시험과 비슷한 미국의 SAT, 우리나라 공무원 채용에 쓰이는 공직적격성평가PSAT: Public Service Aptitude Test, 국내 법학전문대학원(로스쿨) 입학에 필요한 법학적성시험LEET: Legal Education Eligibility Test, 삼성그룹 입사 지원자가 보는 삼성직무적성검사GSAT: Global Samsung Aptitude Test 등이 대표적이다. 그래서 대개 언어와 수학을 모두 잘해야 '공부를 잘한다'라고 말한다. 두 영역에서 남들보다 뛰어난 재능을 보이면 동서양을 막론하고 좋은 대학과 직장에 들어가기가 상대적으로 수월한 것이 현실이다.

편의상 언어와 수학을 잘하는 머리를 '공부머리'라고 부르기로 하자. 그런데 과연 공부머리가 인간의 지적 능력, 즉 지능을 다 설명할 수 있을까? 뉴스를 보면 비단 공부를 잘해야만 머리가 좋은 게 아니라는 사실을 금방 깨달을 수 있다. 대표적으로 영국 프리미어리그Premier League에서 맹활약하고 있는 손흥민 선수나 쇼팽콩쿠르Chopin Competition에서 한국인 최초로 우승한 조성진 피아니스트의 경우만 봐도 그렇다. 2022 카타르월드컵에서 우리나라의 16강 진출을 이뤄낸, 포르투갈과의 조별 리그 마지막 경기의 결승골 장면을 떠올려 보자. 수십 미터를 질주한 손흥민 선수는 상대편 골문 앞에 멈춰 선 후 수비수 다리 사이로 공을 통과시켜 황희찬 선수에게 연결했다. 이는 단순히 운동신경이나 감각이 뛰어났기 때문이라고 치부하기 어려운, 보통의 선수라면 상상하기조차 힘든 시도였다. 그 찰나의 순간에 손흥민 선수는 수만 가지 방법 중에서 가장 득점 확률이 높은 공격 루트를 찾아내 이를 실행에 옮겼다. 한 마디로 운동머리가 탁월했던 것이다. 조성진 피아니스트의 연주 또한 마찬가지다. 그는 피아노 건

반을 잘못 누르는 미스터치mistouch가 거의 없기로 유명한데, 이 역시 높은 집중력이나 자신감에서만 비롯된다고 볼 수는 없다. 이는 무엇보다 무수히 많은 음을 정확하게 기억해 내는 음악머리가 뛰어났기 때문에 가능한 일이다.

이처럼 지능은 다양한 형태로 존재할 수 있다. 언어를 효과적으로 구사하는 능력(언어지능), 수학적으로 추론하는 능력(논리수학지능), 신체 움직임을 계산하고 제어하는 능력(신체운동지능), 음악적 요소를 정확하게 감지하는 능력(음악지능)뿐만 아니라 공간을 인지하는 능력(공간지능), 다른 사람의 생각과 기분을 지각하는 능력(인간친화지능), 자기 자신을 이해하는 능력(자기성찰지능), 자연을 비롯한 주변 사물을 분석하는 능력(자연친화지능) 등도 존재한다. 세계적인 발달심리학자인 하워드 가드너Howard Gardner 교수는 이들 여덟 가지 지능을 한데 묶어 **다중지능**multiple intelligences이라고 명명한 바 있다.[2]

흔히 'IQ'라 불리는 지능지수는 다중지능 가운데 주로 언어지능과 논리수학지능을 측정하는 데 그친다. 물론 최근의 지능검사는 공간지능에 관한 문제를 포함하는 등 그 측정대상이 점차 확대되고 있지만, 여전히 인간이 가진 여덟 가지의 지능을 모두 평가하는 데에는 한계가 따른다. 가드너 교수는 이러한 점에서 아이들의 역량을 전통적인 지능검사를 통해 측정할 것이 아니라 다중지능의 관점에서 평가·개발해야 한다고 주장한다.[3]

물론 다중지능이론에 대한 비판도 적지 않다. 각각의 지능이 과학적으로 엄밀히 검증되지 않았을뿐더러 개념이 모호하다는 지적도 꾸준히 제기되고 있다. 그럼에도 불구하고 이 이론이 교육계에서 많은 지지를 받는 것은 IQ가 지능의 전부가 아님이 분명하기 때문이다. 앞에서 언급한 아인슈타인은 인류의 역사를 바꿔놓았다고 해도 과언이 아닐 정도로 큰 업적을 남겼지만, 그는 오직 논리수학지능이 남들보다 압도적으로 뛰어났을 뿐이다. 마찬가지로 극작가 셰익스피어 William Shakespeare는 언어지능이, 야구선수 베이브 루스 Babe Ruth는 신체운동지능이, 작곡가 모차르트 Wolfgang Amadeus Mozart는 음악지능이 탁월한 인물이었다. 이들은 모두 수백 년에 겨우 한 번 나올 법한 천재임이 분명하지만, 오늘날 지능검사의 문제 구성을 보면 네 사람의 IQ가 190을 넘었을 것 같지는 않다. 그런데 현재 이 지구상에는 IQ 190 이상(평균이 100이고 표준편차가 15인 지능검사 기준)이 이론적으로 7~8명 존재한다.[4] 하지만 그중에서 역사에 길이 남을 인물이 등장했다는 뉴스는 들리지 않는다.

    IQ를 맹신해서도 안 되지만 설령 IQ가 얼마나 좋은 공부머리를 가졌는가를 보여주는 지표라고 하더라도 사람의 지능은 IQ로 대변되는 공부머리가 전부가 아니다. 학창 시절 내내 국영수 공부에만 몰두한다면 결국 지능의 일부만을 활용·개발하고 있는 셈이다.

남보다 뛰어난 재능보다 자신만의 강점을 찾는 것이 더 중요해

    그런데 여덟 가지 지능이 서로 연관되지는 않을까? 다시 말해 하나의 지능이 좋으면 다른 지능들도 같이 좋지 않겠느냐는 것이다. 간혹 주변을 살펴보면, 공부뿐 아니라 예체능, 말솜씨도 뛰어나면서 심지어 외모와 성격까지 좋은 친구가 있다. 마치 인류 역사의 거의 모든 영역에서 위대한 발자취를 남긴 레오나르도 다 빈치Leonardo da Vinci처럼 말이다.[5] 보는 이로 하여금 자괴감을 들게 할 정도로 다재다능한 사람이 있다는 사실은 혹시 다중지능 간에 높은 상관관계가 존재함을 의미하지 않을까?

이에 대해 가드너 교수는 그렇지 않다고 말한다.[6] 즉, 다중지능은 서로 독립적이다. 공부를 잘하는데 예체능을 못하거나 국어점수는 높은데 수학점수가 낮은 학생들이 드물지 않다는 점만 봐도 그렇다. 그런데 모든 지능이 평균 이상일 수 있듯이 다중지능 전부가 평균 이하인 사람도 있을 텐데, 이 사람은 어떻게 해야 할까?

레오나르도 다 빈치는 오늘날의 시각에서 보면 수십 개의 직업을 가진 것과 다름없지만, 이는 고도로 전문화된 현대사회에서 불가능한 일이다. 화가를 전업으로 하면서 과학자, 발명가, 건축가를 동시에 할 수 있을까? 다른 역량이 모두 훌륭하더라도 결국 뛰어난 재능 하나만을 택할 수밖에 없다. 재능이 전반적으로 부족한 사람도 마찬가지다. 여덟 개의 지능 가운데 강점이 있는 영역을 집중적으로 개발하면 된다. 가장 뛰어난 역량을 지녀야만 그에 맞는 직업을 갖는 것이 결코 아니기 때문이다. 이는 마치 손흥민 선수가 아무리 영어-한국어 간 자유자재로 바꿔 말할 수 있고 여느 통역사보다 축구 용어에 밝더라도 국가대표팀 파울루 벤투Paulo Bento 감독의 영어 인터뷰를 통역하지 않은 것과 같다. 그 일은 언어지능에 상대적 강점을 가진 통역사가 할 역할이며 손흥민 선수는 경기력 향상에만 집중하면 된다. 이것이 바로 전문화된 현대사회의 작동원리이다.■

제16장

영어는 일찍 배울수록 더 잘할까?

20여 년 만에 다시 찾아온 영어유치원 열풍

유치원에 가야 하는 3세의 자녀를 둔 부모들은 두 가지 문제로 많이 고민한다. 하나는 다니던 어린이집을 끊고 아이를 유치원으로 옮겨야 하느냐고, 다른 하나는 유치원에 보낸다면 일반 유치원과 영어유치원(정확한 표현은 '유아 대상 영어학원'이다) 중 어디를 선택해야 하느냐다. 두 번째 문제로 고민하다가 일반 유치원에 보내기로 결심했음에도 주변의 '영유'('영어유치원'의 준말) 보내는 사람들을 보고 결국 1~2년 뒤 영어유치원으로 갈아타는 경우도 적지 않다. 그만큼 요즘 자녀를 영어유치원에 보내는 부모들이 늘어나고 있다.

그런데 영어유치원에 대한 높은 인기는 비단 오늘날의 현상이 아니다. 지금으로부터 20여 년 전인 2000년대 초반에도 영어유치원이 유행했다. 물론 그때와 오늘날은 유행의 이유가 사뭇 다르다. 현재의 '영유 열풍'은 수능 영어의 절대평가 전환(제7장에서 설명한 바 있다)과 조기유학 감소에서 주로 비롯된다. 2000년대 중후반 절정에 달했던 조기유학은 비용 대비 효과에 대한 의문이 제기되면서 이후 급격히 줄어드는데, 그중 일부가 영어유치원을 비롯한 영어 사교육에 흡수된 것으로 보인다. 반면 20여 년 전의 영유 열풍은 세계화의 진전으로 영어의 중요성이 높아질 것이라는 기대가 컸기 때문이다. 여기에 더해 1997년부터 초등학교에서 영어를 정식 교과목으로 배우기 시작한 영향도 무시하기 어렵다. 1987년생까지는 중학교에서 알파벳을 배웠지만, 1988년생부터는 초등학교 3학년 때 처음 영어를 접했다.[1] 주요 과목은 대부분 정규교육과정에서 배우기 전 선행학습을 한다는 점으로 미루어 볼 때, 사교육시장의 영어교육이 유치원 단계로까지 내려온 것은 어찌 보면 당연한 결과였다.[2]

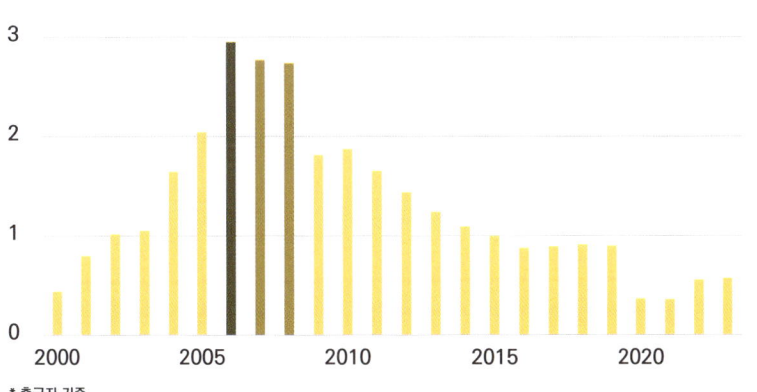

우리나라 초중고 유학생 수*

단위: 만 명

* 출국자 기준.
자료: 한국교육개발원 「교육기본통계」.

영유 열풍이 20여 년 만에 다시 찾아온 배경은 예전과 다를지 몰라도 그 기저에 깔린 부모의 마음은 변함이 없다. 바로 '어릴수록 더 낫다The younger, the better', 즉 최대한 어릴 때부터 영어에 노출되어야 나중에 영어를 잘할 것이라는 믿음이다. 유아기의 뇌는 마치 스펀지와 같아서 무엇이든 빠르게 흡수할 수 있기 때문에 이 시기를 놓쳐서는 안 된다는 부모들의 조바심 역시 예나 지금이나 별반 다를 바가 없다.

정말 그럴까? 영어는 일찍 배울수록 더 잘할까?

영어를 일찍 배울수록 영어 발음은 원어민에 더 가까워져

영어조기교육[3]을 찬성하는 입장에서 내세우는 가장 강력한 논거는 언어를 쉽게 습득할 수 있는 **결정적 시기**critical period[4]가 있다는 것이다. 쉽게 말해 사춘기와 같은 결정적 시기가 지난 후에는 영어 실력을 원어민 수준으로 높이기가 어렵기 때문에 이 시기가 끝나기 전에 영어 환경에 많이 노출되어야 한다는 뜻이다. 미국 내 이민자들을 살펴보았더니 어릴 때 온 사람일수록 원어민에 보다 가까운 영어를 구사한다는 사실이 이를 뒷받침하는 중요한 근거이다.[5]

결정적 시기가 존재하는지, 존재한다면 몇 살까지인지를 놓고 아직도 학계의 논쟁이 이어지고 있지만, 적어도 발음에 관해서는 결정적 시기가 있다는 데 대체로 동의하는 분위기다. 발음의 결정적 시기에 관한 연구를 살펴보면 그 결과가 상당히 놀랍다. 생후 6개월만 지나도 모국어에 익숙해져 모국어가 아닌 음운(말을 구별하는 가장 작은 단위의 소리)을 구별하는 능력이 떨어졌으며, 겨우 세 살에 불과한 나이인데도 모국어 억양이 다른 언어를 습득할 때 영향을 미치는 것으로 나타났다.[6] 미국에 거주하는 한국인 가족을 대상으로 한 연구에서도 마찬가지였다. 어릴 때 미국에 온 사람일수록 영어의 발음과 유창함이 원어민에 더 가까웠다.[7]

하지만 위의 연구에 따르면 일찍 미국에 왔거나 오래 살았다고 해서 반드시 영어 실력이 전반적으로 우수한 것은 아니었다. 이와 비슷하게 미국에 사는 한국인을 대상으로 'a/an', 'the' 등 영어 관사를 얼마나 정확하게 사용하는지를 분석한 연구도 있었는데, 여기에서도 미국에 얼마나 일찍 왔느냐보다 한국어를 얼마나 적게 쓰느냐가 관사 사용 능력에 더 큰 영향을 미쳤다.[8] 이러한 사례들은 결정적 시기가 발음과 같은 음성 영역을 제외하면 성립하지 않을 수 있음을 의미한다. 실제로 최근의 연구를 보면, 영어 어휘나 문법은 어릴수록 더 빨리 습득하는 것이 아니라는 견해가 다소 우세해 보인다.[9] 분명한 것은 결정적 시기가 아직도 이론으로 정립되지 못한 채 하나의 가설에 머물고 있다는 점이다.

'제2언어 습득'과 '외국어 학습'은 다른 차원의 문제

그런데 설령 언어습득에 있어 결정적 시기가 존재하더라도 이를 우리나라 영어교육에 그대로 적용하기는 어렵다. 왜냐하면 결정적 시기에 대한 연구는 대부분 **제2언어로서의 영어**ESL: English as a second language를 습득하는 경우를 대상으로 하기 때문이다.

외국어로서의 영어EFL: English as a foreign language는 제2언어로서의 영어와 다른 방식으로 접근해야 한다. 영어를 '제2언어'로서 사용한다는 것은 비영어권 거주자가 미국과 같은 영어권 국가로 이민 또는 유학 가는 경우를 말한다. 이때는 영어 환경에 자연스럽게 노출된다는 점에서 영어를 학습learning한다기보다 습득acquistition한다고 볼 수 있다. 반면 우리나라의 영어교육은 '외국어'로서의 영어를 '학습'하는 데 초점이 맞춰져 있다. 우리나라에서 국제학교나 외국인학교에 다니는 학생이 아니라면, 제아무리 영어를 많이 쓴다 한들 그 시간이 하루 대여섯 시간을 넘기기가 어렵다. 수면시간을 제외하더라도 하루의 2/3 이상은 결국 한국어를 쓰면서 보내는 셈이다. 이러한 상황에서는 영어를 '습득'한다고 보기 곤란하다.

따라서 우리나라 학생들처럼 한국어로 생활하면서 영어를 학습하는 경우에는 결정적 시기를 언급하는 것이 큰 의미가 없다. 언어지능이나 학습능력이 뛰어난 소수의 사례를 제외하면 원어민만큼 영어를 구사하는 것이 매우 어렵기 때문이다. 외국어 학습과 관련하여 결정적 시기를 직접적으로 논의하는 연구가 많지 않은 것도 바로 이러한 이유에서 비롯된다고 볼 수 있다.

제2언어 습득과 외국어 학습 간의 차이를 더 명확하게 설명하기 위해 우리와 정반대인 경우, 즉 미국인이 한국어를 배우는 상황을 살펴보기로 하자. TV 예능프로그램 〈비정상회담〉에서 미국 대표로 출연하여 유창한 한국어 실력을 뽐냈던 타일러 라쉬Tyler Rasch 방송인이 좋은 예가 될 수 있다. 그는 미국의 대학에서 처음 한국어를 배운 후 대학원 진학을 위해 한국에 들어왔다. 국내에 정착한 다음부터를 '제2언어로서의 한국어'를 습득한 상황으로 볼 수 있다.[10] 그의 한국어 구사능력을 보면 과연 제2언어 습득의 결정적 시기가 있을까 하는 의문이 들기도 하지만, 어찌 되었든 간에 이러한 경우는 결정적 시기를 연구할 수 있는 좋은 사례이다. 그렇지만 케이팝K-Pop의 매력에 푹 빠져 한국어를 배우기 시작한 미국의 초중고 학생들을 대상으로는 한국어 학습의 결정적 시기를 논의하기가 어렵다. 그들의 한국어 실력이 우리와 같은 한국어 원어민 수준에 이르지 못한 것은 결정적 시기가 지나서, 다시 말해 일찍 배우지 않아서가 아니라 학습량이 아직 턱없이 부족하기 때문이다. 이렇게 볼 때 외국어 학습에서는 나이보다 학습량이 외국어 실력을 결정하는 보다 중요한 요인이 될 수 있을지 모른다.

결국 외국어 학습은 얼마나 시간을 투입했느냐가 중요해

스위스에서 독일어를 모어first language로 하는 중고등학생 200명을 대상으로 나이와 영어 성취도 간의 관계를 장기간에 걸쳐 추적한 연구가 있었다.[11] 이들 중 절반은 초등학교 1학년 때부터, 나머지 절반은 중학교 1학년 때부터 영어를 배웠다. 중학교 입학 후 6개월 뒤, 그리고 그로부터 약 6년이 흐른 고등학교 졸업 후에 각각 영어 성취도를 평가했는데, 그 결과는 상당히 놀라웠다. 먼저 중학교에 입학한 지 6개월에 지난 시점에서는 중학교에서 영어를 처음 배운 학생들의 영어 실력이 어휘를 제외하면 더 뛰어났다. 하지만 6년이 지난 후에는 두 그룹 간에 별다른 차이가 없었다.

이러한 결과가 의미하는 바는 다음과 같이 요약할 수 있다. 첫째, 외국어 학습속도는 중학교 1학년 때가 초등학교 1학년 때보다 훨씬 빠르다. 둘째, 외국어 학습을 처음 시작한 나이와 최종적인 외국어 구사능력 간에는 별다른 관계가 없다.

이처럼 나이가 외국어 학습에 미치는 영향에 관해서 유럽을 중심으로 많은 연구가 진행되었는데, 결론은 대체로 같았다.[12] 즉, 학습자의 연령이 높을수록 외국어를 더 빨리 학습하는 것으로 나타났다. 이는 나이가 들면서 인지능력이 향상되어 학습효과도 함께 높아지기 때문으로 보인다. 다만 독일어, 프랑스어, 스페인어 등은 모두 영어와 같은 인도유럽어족Indo-European language family으로 이들 언어는 영어와 유사성이 높다. 따라서 유럽인은 우리만큼 영어를 배우는 데 어려움이 겪지 않는다는 점에서 스위스의 사례를 한국인이 영어를 배우는 데에 그대로 적용하기는 어렵다.

그러나 안타깝게도 우리나라에서는 영어교육을 언제 시작했느냐에 따라 성인이 된 후의 영어 실력이 어떻게 다른지를 연구한 사례를 찾기가 어려웠다. 그 대신 광주광역시의 중학생 약 300명을 대상으로 초등학교 입학 전 영어교육 경험과 영어성적 간의 관계를 살펴본 연구가 있었는데, 이에 따르면 취학 전 영어교육을 받은 학생의 영어성적이 더 높은 것으로 나타났다.[13] 영어성적을 상, 중, 하 등 세 단계로 나누었을 때, 조기교육을 받은 학생은 72%가 영어성적 '상'에 해당했으나 조기교육을 받지 않은 학생은 그 비율이 61%였다. 그런데 취학 전 영어교육을 받은 학생은 평소 사교육을 많이 받거나 그동안 영어를 배운 시간이 더 길 가능성이 높기 때문에 이를 고려하면 둘 간의 차이가 유의미하게 크다고 보기는 어렵다.[14]

영어유치원을 오래 다닌 학생들은 대부분 초등학교에서 원어민 교사와 의사소통하는 데 별다른 문제가 없다. 이는 영어조기교육을 받아서라기보다 그만큼 많은 시간 동안 영어에 노출되었기 때문이 크다. 초등학교 3학년부터 고등학교 3학년까지 정규교육과정에서 영어를 배우는 시간은 10년간 모두 더해봐야 1,000시간이 채 안 된다. 하지만 원어민 교사 중심의 전일제 영어유치원을 3년 동안 꾸준히 다니면 그 시간이 5,000시간이 넘는다. 게다가 같은 한 시간이더라도 영어교육의 질이 다르다. 영어유치원은 대부분의 시간을 영어를 듣고 말하는 데 쓰지만 학교는 그렇지 않다. 이 점까지 고려하면 영어유치원에서 3년 동안 영어를 배우는 시간은 학교에서보다 몇백 배 이상 많다고 해도 과언이 아니다.

앞서 소개한 스위스의 사례를 연구한 학자들도 비슷한 의견을 내놓았다. 평생 영어를 배우더라도 그 시간은 영어 환경에 5년간 노출되는 정도에 불과하다는 것이다.[15] 즉, 영어 학습에 들이는 시간이 생각보다 많지 않다는 뜻이다. 이 계산법에 따르면, 매일 1시간 원어민과 통화하는 '전화영어' 학습을 주 5회씩 1년 동안 해봐야 영어를 쓰는 데 투입한 시간은 영어권 국가에 겨우 20일간 거주하는 것에 지나지 않는다. 실제로 대다수의 학자들은 외국어능력 향상을 위해 무엇보다 많은 시간을 투자하는 것이 중요하다고 본다.[16]

영어조기교육은 한국어 습득에 부정적인 영향을 미칠 수도

　영어조기교육이 유아의 영어 실력을 향상시키는 것이 분명하다면 비록 그 효율성이 높지 않을지라도, 쉽게 말해 가성비가 떨어지더라도 이를 딱히 반대할 이유는 없다. 결정적 시기 가설을 지지하든, 그렇지 않든 지금까지의 연구결과로 미루어 볼 때, 영어유치원을 꾸준히 다니면 원어민에 가까운 영어 발음과 유창한 영어회화 실력을 갖추는 데에는 확실히 도움이 된다.

　그런데 여기서 몇 가지 짚고 넘어가야 할 문제가 있다.

　첫째, 우리나라 영어교육의 목표가 원어민 수준의 영어를 구사하는 것인가? 우리가 영어를 배우는 것은 영어권 국가의 주류 사회에서 이방인 취급을 받기 싫어서가 아니다. 영어권뿐 아니라 비영어권 국가의 사람과 소통하기 위한 목적이 크다. 그렇다면 원어민만큼 영어를 잘할 필요도, 원어민과 같이 발음할 필요도 없다. 발음을 위해 설소대(혀 아래와 입 바닥을 연결하는 주름) 수술은 더더욱 할 필요가 없다.[17] 영어를 조금 늦게 배우기 시작해서 영어에 한국어 억양이 남아있더라도 의사소통하는 데 지장이 없다면 문제 될 게 없다.

　둘째, 유아 시절의 유창한 영어 실력을 계속 유지할 수 있는가? 영어유치원을 졸업한 다음 국제학교나 외국인학교로 진학한다면 모를까, 일반 학교에 다니게 된다면 영어 학습에 많은 시간과 노력을 들여야 한다. 평소에 잘 쓰지 않는 우리말 단어를 떠올리기가 어렵듯이 언어는 안 쓰면 까먹는다. 다소 먼 이야기이기는 하지만, 17세기에 항해 중 표류하다 우연히 조선에 오게 된 두 명의 네덜란드인,

박연(벨테브레이)[18]과 하멜Hendrik Hamel의 일화만 봐도 그렇다. 30대 초반부터 조선에 살았던 박연은 50대 중반, 하멜 일행을 만나게 되는데, 『하멜표류기』에 따르면 그의 네덜란드어는 너무 오랫동안 써보지 못한 탓에 무척 서툴렀다고 한다. 여기에 더해 학년이 올라갈수록 원어민 영어의 수준도 같이 높아진다는 사실도 잊지 말자. 따라서 일반 학교에 진학한 후에도 나이에 맞게 유창한 영어 실력을 갖추려면 영어 학습에 계속해서 많은 시간을 할애하여야 한다. 이럴 바에는 초등학교 고학년 이후에 집중적으로 학습하는 편이 낫다.

셋째, 영어조기교육이 한국어 습득에 나쁜 영향을 미치지 않는가? 중요한 것은 바로 이 문제다. 앞의 두 문제는 다른 데에 미치는 영향이 크지 않다. 원어민 수준의 영어 실력을 갖추고 이를 유지하려면 다른 과목을 학습할 시간이 부족하겠지만, 그만큼 덜 놀고 공부하면 된다. 하지만 세 번째 문제는 그렇게 해결할 수가 없다. 유아기는 모국어 발달에 중요한 시기이다. 그 시기에 영어를 배우는 데 집중할 경우 상대적으로 한국어 습득에 소홀해질 수밖에 없다.

물론 외국어 학습이 언어 발달을 담당하는 뇌 영역을 자극함으로써 모국어 습득에도 도움이 된다는 연구결과도 있다. 그러나 우리나라의 영어조기교육, 특히 영어유치원의 영어교육에서는 이러한 효과를 기대하기 힘들다.[19] 왜냐하면 일반 유치원에서처럼 일주일에 몇 시간 정도 영어를 배우는 수준이 아니라 한국어 사용을 금지함으로써 영어에 대한 노출을 인위적으로 늘리는 방식이기 때문이다.

실제로 영어조기교육이 한국어 습득에 미치는 영향에 관한 연구들을 보면 부정적인 효과가 있다는 결론이 다수를 차지하고 있다.

먼저 경기도의 어느 신도시에 있는 초등학교 1학년생 40명을 대상으로 한국어 발화능력을 분석한 연구를 살펴보자.[20] 이 연구는 아이들로 하여금 그림책을 보고 그림에 대해 자유롭게 이야기하는 방식으로 진행되었는데, 영어유치원과 일반 유치원을 졸업한 아이들이 각각 20명씩이었다. 연구결과에 따르면, 일반 유치원 출신이 한국어 문장을 더 정확하게 구사했다. 전체 문장 중 오류가 없는 문장의 비율을 살펴보았더니 일반 유치원 출신은 96%였으나 영어유치원 출신은 84%에 불과했다. 오류의 내용도 일반 유치원 출신은 조사를 생략하는 정도였지만, 영어유치원 출신은 문장 구성요소 대부분에서 오류를 범했다. 예컨대 '개구리를 한 **명**을 가져가고'에서처럼 단위명사를 잘못 쓴다든가, '사슴이 아닌 것을 붙잡**혔**지요'와 같이 동사의 능동과 피동 표현을 헷갈리고, '아이랑 강아지**를** 구멍을 찾았어요'처럼 틀린 조사를 사용했다. 이러한 오류는 모두 한국어에 있지만 영어에 없는 문법과 관련이 있는데, 이는 영어유치원을 나온 아이들이 한국어 기초문법을 제대로 이해하지 못하고 있음을 보여준다.

서울 소재 초등학교 1학년생 140여 명을 대상으로 한 연구에서도 유사한 결과가 나왔다.[21] 이 연구에서는 담임교사가 각 학생의 한국어 사용능력을 평가하였는데, 영어유치원 재원기간이 길수록 한국어를 구사하는 능력이 더 떨어지는 것으로 나타났다.

영어조기교육의 부정적 영향은 비단 한국어 능력에만 국한되지 않는다. 한 연구에 따르면, 전일제 영어교육을 받는 유아는 일상적 스트레스가 크게 나타나 사회성 발달이 지연되고 문제행동을 자주 벌이는 등 정서적 측면에서도 부정적인 효과가 발생했다.[22]

우리나라 성인의 70% 이상은 영어를 거의 사용하지 않아

만일 영어가 정말 중요하다면 영어조기교육이 부정적 효과를 야기해도 이를 감수할 수 있지 않을까? 예컨대 영어의 쓰임새가 많거나 일상생활에서 영어를 자주 쓴다면 말이다. 하지만 2019년에 조사한 바에 따르면, 놀랍게도 우리나라 25세 이상 인구의 74%가 영어를 한 달에 한 번 미만 사용하고 있었다. 반면 적어도 일주일에 한 번 이상 사용한다는 응답은 16%에 불과했다. 더 놀라운 것은 대졸 이상의 학력 소지자도 이 비율이 27%에 그쳤다는 점이다.

그렇다면 영어조기교육에 목 매달릴 필요가 있을까? 오히려 어릴 때일수록 한국어에 더 집중해야 하지 않을까? 결국 오늘날의 영어유치원 열풍은 대입제도의 변화와 맞물려 비대해진 우리나라 사교육시장의 단면을 상징적으로 보여주는 현상이라고밖에 볼 수 없다.■

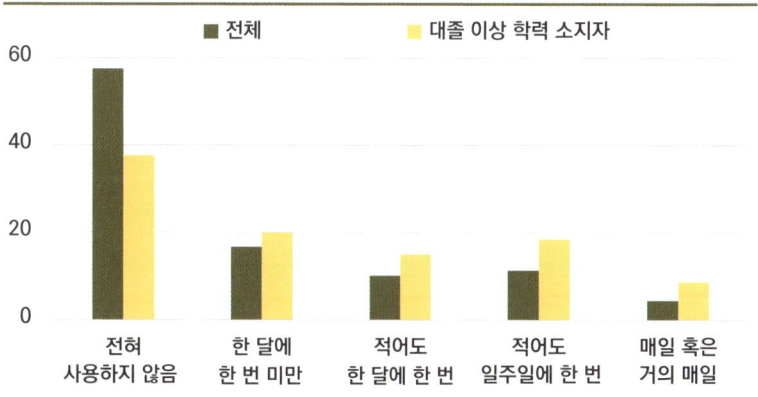

우리나라 성인의 영어 사용빈도에 대한 응답 비율*(2019년) 단위: %

* 25~79세 기준.
자료: 한국교육개발원 「평생학습개인실태조사」.

사교육을 많이 받으면 수능점수가 올라갈까?

대입전형에서 정시 비중이 올라가자 사교육시장이 들썩여

2019년 10월 22일 대통령의 시정연설(정부의 예산안을 제출하면서 국회에서 이를 설명하는 것)에서 나온 '대입 정시 비중 확대'는 그해 11월 28일 교육부의 「대입제도 공정성 강화 방안」에서 구체화되었다. 이에 따라 2022학년도부터 수능점수 위주로 신입생을 선발하는 정시모집 비중이 '인서울' 대학을 중심으로 큰 폭으로 상승했다.[1] 2019학년도에 28%까지 떨어졌던 서울 소재 주요 16개 대학의 정시전형 비중은 2023학년도부터 40%를 넘어섰다.[2]

대입전형에서 정시가 늘어난다고 하자 사교육시장이 들썩이기 시작했다. 사교육업계의 대장주隊長株인 메가스터디교육의 주가는 정시 비중 확대가 급물살을 타던 한 달여 동안 주식시장이 전반적으로 보합세를 보였음에도 9%나 올랐다. 실제로 최근의 연구를 보면 대입 정시 비중이 상승할수록 사교육비가 더 많이 증가한다는 결과가 많다.[3] 과연 사교육을 많이 받으면 수능점수가 올라갈까?

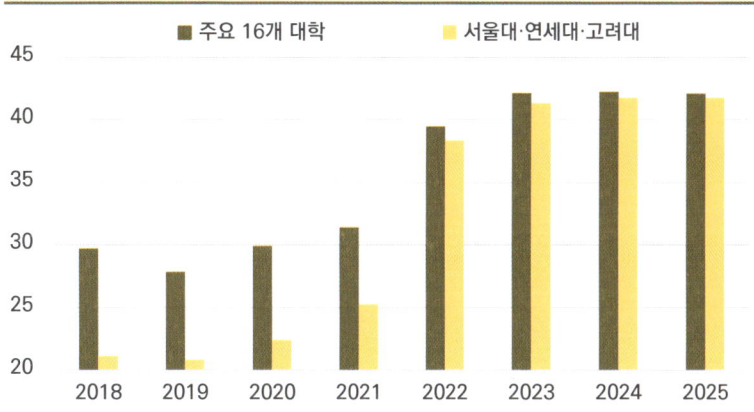

서울 소재 4년제 대학의 신입생 정시모집 비중   단위: %

자료: 한국대학교육협의회 「(연도별) 대학입학전형시행계획 발표」를 이용하여 직접 계산.

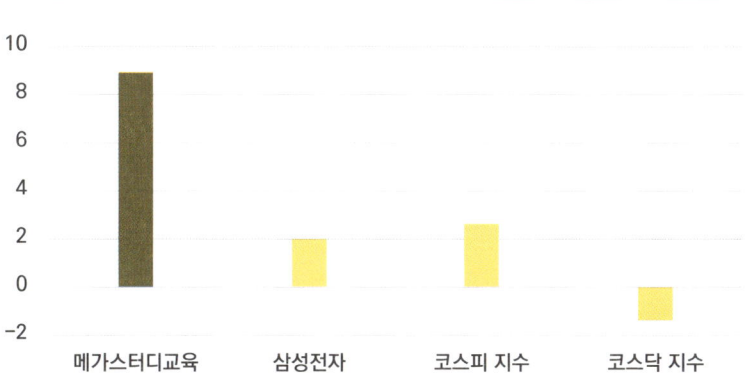

대입 정시 확대 논의기간 중 주가상승률*   단위: %

* 2019년 10월 22일~11월 28일 기준.
자료: 한국거래소 정보데이터시스템(data.krx.co.kr)을 이용하여 직접 계산.

사교육은 공교육을 보완한다는 측면에서 반드시 필요해

사교육의 효과를 구체적으로 논의하기에 앞서 '사교육이 과연 나쁜 것인가'라는 질문에 대해 먼저 생각해 보자.

가끔 사교육을 필요악必要惡으로 규정하는 기사를 접할 때가 있다. 사교육이 '필요'한 것은 맞지만 결코 '악'은 아니다. 오늘날 사교육이 커다란 사회문제가 된 것은 그에 대한 의존도가 지나치기 때문일 뿐, 존재 자체를 죄악시할 필요는 없다. 사교육은 세계 어느 나라에도 있는 보편적인 현상이다.

제1장(사교육시장, 도대체 얼마나 클까?)에서 보았던 그림을 다시 살펴보자. 우리나라는 학생들의 사교육 참여시간이 OECD 회원국 가운데 1위였다. 그런데 우리나라에 못지않게 사교육이 많은 나라로 그리스가 있었다. 유럽의 다른 국가와 달리 유독 그리스만 사교육이

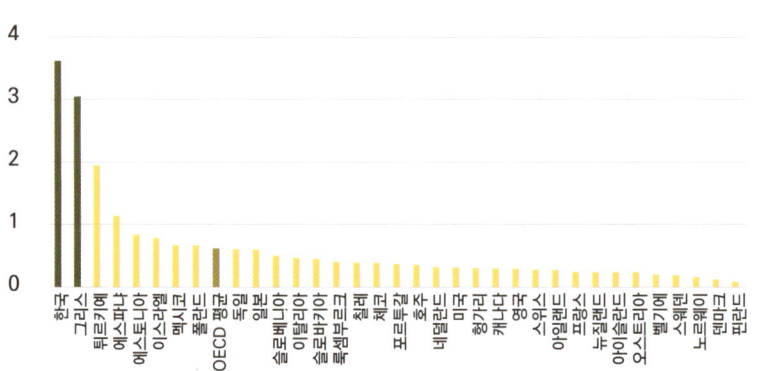

영리 목적의 사교육기관을 통한 주당 학습시간*(2012년)　　　　단위: 시간

* 15세 학생 기준.
자료: OECD(2013).

심한 까닭은 무엇일까? 그것은 그리스에도 수능처럼 전국 단위의 대입시험이 존재하고 이 시험의 점수가 대학 입학의 당락을 결정하기 때문이다.[4] 더욱이 그리스는 대학의 수가 적고 대학교육이 무상인 까닭에 대입 경쟁이 우리나라에 버금갈 정도로 치열하다. OECD 회원국이 아니어서 위의 그림에는 빠져 있지만, 중국과 인도에서 사교육 열풍이 거센 것도 마찬가지다. 좋은 대학에 가기 위해 대입시험에서 높은 점수를 받아야 한다면, 누구든 사교육의 유혹을 뿌리칠 수가 없다. 공교육은 시험점수를 높이는 데 초점을 맞출 수 없을뿐더러 입시 준비에만 특화된 사교육을 따라잡기도 어렵다.

따라서 현재와 같은 경쟁 일변도의 대입제도에서는 사교육시장을 억누르기가 쉽지 않다. 정부가 아무리 다양한 사교육 경감 대책을 쏟아내도 사교육이 좀처럼 수그러들지 않는 것도 이 때문이다. 1980년대처럼 사교육을 금지한다면 모를까, 대입전형과 수능 출제방향을 바꾸는 것만으로는 턱없이 부족하다.

2021년 중국은 이러한 이유로 사교육을 전면 금지했다. 그 효과는 초기에 강력했다. 중국의 최대 사교육업체인 신둥팡新東方의 주가가 거의 1/10 수준으로 폭락했다.[5] 하지만 상하이上海 등 교육열이 높은 대도시를 중심으로 사교육이 음성화되면서 되레 사교육비만 오르는 등 부작용도 만만치 않았다. 더군다나 사교육 암시장이 커지면 결국 부유한 학생만 사교육의 혜택을 누리고 가난한 학생들은 이로부터 소외되는 '교육의 양극화' 문제가 나타날 수밖에 없다.

사교육을 마냥 나쁘다고 볼 수 없는 것도 바로 이처럼 교육 취약계층을 고려해야 하기 때문이다. 일하느라 학습시간이 부족하거나 학습속도가 느린 학생들은 평준화된 일반 학교에서 수업 진도를 따라가기가 쉽지 않다. 모든 학생에게 똑같이 가르친다는 교육의 평준화는 바꾸어 말하면 상위권 학생에게 쉽게, 하위권 학생에게 어렵게 가르친다는 뜻이다. 공교육에서 어려움을 겪는 하위권 학생들은 사교육의 도움을 받아 부족한 부분을 보충할 수 있다. 반대로 상위권 학생들은 공교육에서 하기 어려운 심화학습을 사교육을 통해 진행할 수 있다. 이렇듯 사교육은 공교육을 보완하는 성격이 크다. 흔히 사교육을 **그림자교육**shadow education이라고 부르는 이유도 이러한 맥락에서 비롯된다.[6] 사교육은 공교육의 곁을 떠날 수 없는, 늘 함께해야 하는 존재와 다름없다.

특히 우리나라는 '인강'('인터넷강의'의 준말)이 크게 발달하여 대치동 '일타강사'(과목별 최고 인기 강사)의 강의도 전국 어디에서나 쉽게 들을 수 있는데, 이는 교육의 접근성 측면에서 볼 때 분명히 높게 평가할 만하다. '수포자'(수학을 포기한 학생)가 일타강사의 인강 덕분에 수학에 자신감을 얻었다는 이야기가 심심찮게 들려오는 점만 보더라도 사교육의 역할을 부정하기가 힘들다.

이러한 측면에서 사교육을 금지하는 정책은 그 긍정적 기능까지 제한함으로써 개개인의 능력을 높이는 데 걸림돌이 될 수도 있다. 이와 관련하여 2022년 발표된 한 연구에서 1980년대 우리나라 사교육 금지 정책의 장기적 효과를 살펴본 적이 있다.[7] 이 연구에 따르면, 고등학교 재학 당시 사교육이 금지되었던 세대(1963~1967년생)는 그 전후 세대(1958~1962, 1968~1972년생)보다 근로소득이나 경제활동 참가율이 낮았다. 특히 근로소득에서 상당한 차이를 보였는데, 사교육이 금지되었던 세대는 그 이전 세대보다 월평균 소득이 5%나 적었다(이만큼의 차이가 평생 발생하므로 실로 엄청난 소득격차다). 이는 사교육을 받지 못한 세대가 그만큼 인적자본이 덜 축적되어 노동시장에서 상대적으로 낮은 성과를 보인 것으로 해석할 수 있다.

그렇다면 사교육이 오늘날에도 개인의 역량이나 실력, 이를테면 학업성취도나 수능성적에 긍정적인 영향을 미친다고 볼 수 있을까? 여러 연구결과를 종합해 보면 꼭 그렇지만은 않은 것 같다. 문제는 바로 여기에서 발생한다.

사교육을 많이 받는다고 학업성취도나 수능점수가 오르지 않아

교육에서 가장 중요한 이슈인 만큼 사교육이 학업성취도나 수능성적에 미치는 영향에 대해서는 그동안 많은 연구가 진행되었다. 연구 대상과 방법에 따라 그 결과가 다소 달랐는데, 2010년 이후 발표된 연구를 중심으로 주목할 만한 결과를 살펴보기로 하자.

2010년 사교육이 학업성취도, 수능성적, 대학 진학 등에 미치는 영향을 종합적으로 살펴본 연구가 발표되어 세간의 이목을 끈 적이 있었다.[8] 당시 이용할 수 있는 거의 모든 자료를 통해 사교육이 학업에 미치는 효과를 전반적으로 분석하였는데, 그 결과가 상당히 놀라웠다. 먼저 중학생의 과목별 사교육 효과를 살펴본 결과에 따르면, 국영수 모두 사교육비 지출이 늘수록 학업성취도가 더 높아지는 것으로 나타났다. 영어와 수학은 중위권 학생에게서, 국어는 하위권 학생에게서 상대적으로 그 효과가 컸다. 그런데 학업성적이 뛰어난 학생일수록 사교육을 더 많이 받는 경향이 있다는 점을 고려하였더니 사교육의 효과가 수학은 1/10, 영어는 1/5, 국어는 1/2 정도로 확 줄어들었다. 다시 말해 사교육비 지출이 큰 학생의 학업성취도가 높게 나타난 것은 사교육을 많이 받아서라기보다 원래 학업능력이 우수하기 때문으로 볼 수 있다. 고등학생의 사교육이 수능성적에 미치는 영향은 더욱 놀라운데, 고등학교 3학년 때 월평균 사교육비 지출이 100만 원 늘면 수능시험의 전국 석차(백분위가 아니라 전체 등수를 말한다)는 영어와 수학 영역에서 모두 4등 오르는 데 그쳤다. 이를 2024년 물가수준과 2025학년도 수능 응시인원으로 환산해 보면, 월평균 사교육비 지출이 약 200만 원 증가할 때 전국 석차가 46만 명 가운데 고작 3등만큼 상승한다는 뜻이다. 즉, 사교육이 수능점수 향상에 거의 도움이 되지 못한 것이다. 마찬가지로 사교육은 대학 진학 결과에도 유의미한 영향을 미치지 못했다.

사교육비와 사교육 참여시간이 각각 학업성취도에 미치는 영향을 살펴본 연구도 주목할 필요가 있다.[9] 이 연구는 사교육의 효과가 긍정적이기는 하나 그 크기가 매우 작다고 보고하였는데, 흥미로운 것은 사교육비와 사교육 참여시간이 일정 수준을 넘어가면 오히려 사교육이 역효과를 낸다는 점이었다. 사교육의 효과가 전반적으로 약한 가운데에서도 학업성적이 저조한 학생에게서 상대적으로 크게 나타난 점도 특기할 만하다.

통계청·교육부의「초중고사교육비조사」자료를 이용하여 사교육과 방과후학교, EBS 강의가 각각 일반계 고등학생의 학업성적에 미치는 영향을 비교·분석한 연구도 있었다.[10] 이에 따르면 방과후학교, EBS 강의, 사교육 순으로 학업성적을 향상시키는 효과가 큰 것으로 나타났는데, 이 또한 사회적 통념과 다른 결과였다.

　2022년에는 경기도의 2002년생 학생들을 대상으로 초등학교 4학년부터 고등학교 3학년까지의 학업성취도에 대한 사교육의 효과를 살펴본 연구가 발표되었다.[11] 이 연구의 결과도 이전의 연구들과 크게 다르지 않았다. 국영수 모두 사교육 참여가 학업성취도에 긍정적으로 작용하는 경우가 드물었다. 일부의 경우 오히려 역효과가 나타났으며, 오직 초등학교 5학년과 중학교 1학년 때의 수학 사교육만 학업성취도를 높이는 효과가 있었다.

　지금까지 살펴본 연구결과를 종합해 보면, 사교육이 학업성취도나 수능성적에 미치는 긍정적인 영향은 상당히 제한적인 것으로 보인다. 물론 사교육의 효과가 꽤 크다고 주장한 연구도 없는 것은 아니다.[12] 하지만 사교육의 효과를 대체로 긍정하는 외국의 경우와 달리 국내 연구자들 간에 의견이 일치하지 않는다는 사실은 결국 우리나라 사교육이 다른 나라에 비해 비효율적으로 이루고 있음을 시사한다. 앞서 사교육은 공교육을 보완하는 기능을 하며 사교육 금지 정책은 인적자본의 축적을 저해한다고 했듯이, 사교육의 존재 그 자체는 결코 학업성적에 부정적인 영향을 미치지 않는다. 따라서 사교육이 예상과 다른 효과를 보인다면 그것은 우리나라의 사교육비 지출과 사교육 참여가 불필요하게 많다는 증거인 셈이다. 사교육을 가장 많은 받는[13] 상위권 학생에게서 그 효과가 가장 약하게 나타난 점 또한 이를 뒷받침한다.

과도한 경쟁심리와 선행학습에 대한 맹신이 사교육을 부추겨

사교육이 수능점수 향상에 별다른 도움이 되지 않는다면, 도대체 왜 대입전형에서 정시 비중이 확대된다는 소식에 사교육시장이 반색할 것일까? 심지어 당시 학원가가 발달한 지역은 아파트 가격까지 들썩였다. 사교육을 많이 받으면 수능을 잘 볼 것이라는 생각은 과연 어디에서 나온 것일까?

2021년 「어머니의 심리적 요인이 사교육비 지출에 미치는 영향」이라는 흥미로운 제목의 연구가 발표되었다.[14] 이에 따르면 부모가 자녀의 학업과 진학에 대해 걱정을 많이 할수록, 특히 어머니가 아버지보다 교육문제에 더 깊이 관여할수록 사교육비 지출이 더 증가했다. 쉽게 말해 어머니가 자녀교육에 대해 걱정을 많이 할수록 사교육비를 더 쓴다는 뜻이다. 심지어 경제적 형편이 좋아질 때보다 자녀에 대한 걱정이 커질 때 사교육비가 더 늘어났다.

'돼지엄마'(학원가를 좌우지하는 엄마들을 속되게 이르는 말)라는 은어에서도 알 수 있듯이 사교육시장에서 자녀를 둔 엄마들의 입김이 강한 것은 어제오늘 일이 아니다. 어찌 보면 위의 연구는 당연한 결과를 보여준 것에 불과할지 모른다. 그렇다면 엄마들은 왜 자녀교육에 대한 걱정을 사교육비 지출로 해결하려는 것일까?

고등학생 이상의 자녀를 둔 40대 여성 7명을 심층 인터뷰한 연구에 따르면, 학부모들이 과도한 사교육비를 지출하는 가장 큰 이유는 경쟁과 불안이었다.[15] 자녀가 다른 집의 아이들보다 뒤처져서는 안 된다는 경쟁심리와 더불어 이로부터 비롯된 불안감이 사교육에 더 의존하게 만든 원인이었다. 이를테면 '누구는 서울대 가고 누구는 인서울 대학에 갔는데 우리 애는 못 가면 어떡하지?'라는 생각이 자녀를 사교육으로 내몰게 만든다는 것이다. 여기에 학부모의 불안을 부채질하는 학원가의 마케팅, 학원을 많이 보내야 부모로서 최소한의 도리를 했다는 안도감이 더해지면서 오늘날의 사교육 광풍이 불게 되었다고 볼 수 있다.

그래서 혹자는 우리나라의 과도한 사교육비 지출을 **죄수의 딜레마**Prisoner's Dilemma에 빗대기도 한다. 이 개념을 쉽게 설명하기 위해 두 명의 용의자가 같이 은행을 털다가 잡혀 검찰의 조사를 받게 된 상황을 가정해 보자. 확실한 증거를 확보하지 못한 검사는 용의자를 각각 취조실에 불러 다음과 같이 제안한다.

> "당신이 범죄를 자백하고 공범이 부인한다면, 당신은 무혐의로 풀려나고 공범에게는 징역 10년을 구형하겠소. 만일 두 사람 모두 자백하면 징역 3년을, 모두 부인하면 징역 1년을 구형할 것이오."

이때 각 용의자에게 최선은 범죄를 자백하는 것이다. 공범이 무슨 선택을 하든 자신은 자백할 때 형량이 더 적기 때문이다. 하지만 만일 서로 정보를 공유할 수 있다면 혐의를 부인해야 한다. 그러면 모두 형량이 1년으로 줄어든다. 하지만 현실에서는 상대방의 선택을 알 수 없기 때문에 모두 자백해서 징역 3년에 구형될 가능성이 크다. 이처럼 협조가 이루어지지 못하는 상황에서는 어떤 선택을 하든 나쁜 결과로 이어진다는 점에서 이를 '죄수의 딜레마'라 부른다.

경쟁적으로 사교육비를 지출하는 것 역시 위의 경우와 별반 다르지 않다. 다른 사람이 사교육을 받을지, 안 받을지 모르는 상황에서 나의 최선은 사교육을 받는 것이다. 그래야 더 좋은 대학에 갈 수 있으니까. 그래서 대치동의 학원을 등록한다. 하지만 남들도 나와 같은 생각이다. 내가 다니는 학원에 사람들이 몰리자 나는 더 비싼 학원으로 옮겨간다. 그들도 똑같이 행동한다. 그러자 나는 학원으로는 모자라 고액의 개인과외까지 받는다. 이렇게 서로 경쟁하다 보면 다 같이 사교육을 받지 않고 입학할 수 있었던 대학을 돈만 엄청나게 쓰고 가게 되는 꼴이 된다. 마치 죄수의 딜레마 상황이 반복되면서 점점 더 나쁜 결과로 치닫는 것과 같다.

그런데 과도한 경쟁심리가 불필요한 사교육비 지출을 일으킨 주범일지는 몰라도 사교육을 많이 받아야 수능점수가 오른다는 믿음의 직접적인 원인은 아니다. 이는 결국 선행학습의 효과를 과신한 데에서 비롯된다고 볼 수 있다.

잘 알려진 것처럼 선행학습 목적의 사교육은 우리나라 사교육시장에서 큰 비중을 차지하고 있다. 다음 학기 혹은 학년, 즉 6개월 내지 1년을 선행하는 것은 기본이고 학교급을 뛰어넘어 2~3년 이상 앞서가는 경우도 드물지 않다. 이를테면 초등학교 고학년생이 중학교 교육과정을, 중학생이 고등학교 교육과정을 미리 공부하는 식이다. 전국 각지에서 우후죽순 생겨나는 '초등 의대반'에서는 심지어 초등학생에게 고등학교에서 배워야 할 내용을 가르치고 있다.

물론 선행학습은 정규 수업에서 다룰 내용을 미리 공부하여 자신감을 얻게 함으로써 학습에 대한 흥미를 갖게 하고 학업성취도를 높일 수도 있다. 하지만 이러한 목적이라면 예습으로도 족하다. 오늘날의 선행학습은 예습과 차원이 다를 정도로 그 진도가 빠르다. 그 이유는 간단하다. 고등학교 과정을 최대한 빨리 공부한 후 이를 반복 학습하여 대입에 필요한 내신과 수능 성적을 올리기 위해서다. 그런데 과연 그럴까? 선행학습을 하면 학업성취도가 올라갈까?

국내 한 대학의 과학영재연구원에 들어온 초등학생과 중학생 150여 명을 대상으로 수학 선행학습이 학업성취도에 미치는 영향을 살펴본 연구가 있다. 학생들은 여름방학 동안 집중교육을 받은 다음 시험을 치렀으며, 대부분 선행학습을 하고 있었다. 연구 결과, 놀랍게도 선행학습 기간과 학업성취도 간에 별다른 관계가 없었다. 그러니까 선행학습을 적게 한다고 해서 성적이 낮은 것도, 선행학습을 많이 한다고 해서 성적이 높은 것도 아니었다. 이는 사실 당연한 결과일지도 모른다. 취학 전에 구구단을 외웠다고 나중에 사칙연산을 잘할까? 먼저 배우면 단지 처음에 잘하는 것처럼 보일 따름이다.

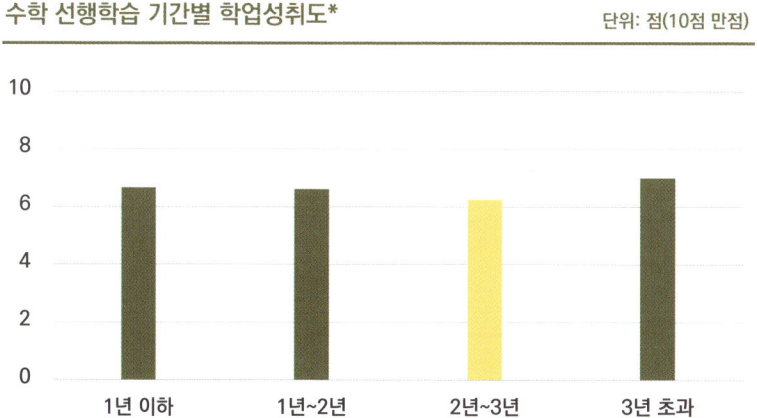

수학 선행학습 기간별 학업성취도* 단위: 점(10점 만점)

* 여름방학 중 영재교육원에 입소한 초등학생 및 중학생 152명을 대상으로 측정.
자료: 한지선·박형빈·이현수(2013)를 이용하여 직접 계산.

선행학습의 '약발'이 신통치 않다는 사실은 카이스트KAIST 학생의 성적을 분석한 자료에서도 확인할 수 있다. 카이스트 입학생 가운데 70% 이상(2022~2024학년도 기준)이 과학고 또는 영재학교[16] 출신인데,[17] 이들은 고등학교에서 이미 대학 교과과정의 일부를 배운다. 이 때문에 대학 1학년 때의 학업성적은 당연히 과학고·영재학교 출신이 일반고 출신보다 좋다. 하지만 전공과목을 본격적으로 배우는 2학년부터는 그 격차가 현저히 줄어든다. 그 결과, 1학년과 4학년 때의 누적 학점(평점평균)을 비교해 보면 일반고 출신 학생들의 성적 상승폭이 과학고·영재학교 출신의 3배에 달한다.[18]

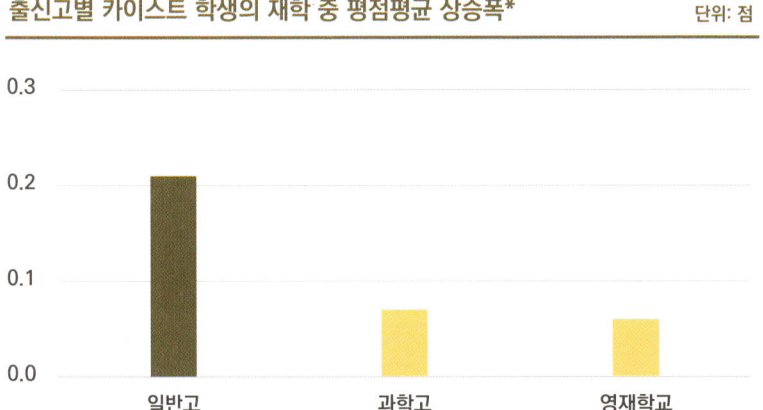

출신고별 카이스트 학생의 재학 중 평점평균 상승폭* 　　단위: 점

* 2012~2014학년도 입학생 기준으로 1학년 대비 4학년 누적 평점평균의 상승폭을 의미. 평점 만점은 4.3점임.
자료: 카이스트 입학처 자료[지명훈(2017. 8. 9.)에서 재인용]를 이용하여 직접 계산.

실제로 서울대와 카이스트에서 학생을 가르쳤던 교수들에 따르면, 과학고·영재학교 출신 학생들은 고교 시절의 과도한 학습으로 인해 '머리가 타버린 듯' 번아웃burnout(육체적·정신적으로 소진된 상태를 일컫는다) 된 채로 대학에 들어오기 때문에 공부에 대한 흥미를 잃거나 창의성이 떨어지는 경우가 많다고 한다.[19] 최상위권 학생에서조차 선행학습은 훌륭한 학자로 성장하는 데 밑거름이 되기는커녕 오히려 인재를 망치는 데 일조하고 있는 셈이다. 이렇게 볼 때, 2022년 '수학의 노벨상'이라고 불리는 필즈상Fields Medal을 받은 허준이 교수가 과학고나 영재학교를 나오지 않았다는 사실이 전혀 새삼스럽지 않다. 그 역시 대학 시절 과학고 출신 학생들의 실력에 놀랐던 것으로 보인다.[20] 하지만 우리나라에서 최초로 필즈상을 수상한 수학자는 영재학교나 과학고에서 흔히 볼 수 있는 세계수학올림피아드IMO: International Mathematical Olympiad 입상자도, 심지어 한국수학올림피아드KMO: Korean Mathematical Olympiad 입상자조차도 아니었다.[21]

 중학교 때 고등학교 과정을, 고등학교 때 대학 과정을, 대학 때 대학원 석사과정을, 석사과정 때 박사과정을 공부하는 식으로 계속 선행학습을 하더라도 종국에 가서 박사학위를 더 빨리 따는 것은 아니다. 그러니까 나중에 공부해도 될 내용을 미리 공부해 봤자 최종결과에서 달라질 게 없다는 뜻이다. 더군다나 수능은 고등학교의 교과과정만 이해하면 응시할 수 있는 시험이다. 초등 의대반에서부터 학교급을 뛰어넘는 선행학습을 한들, 고등학교 때 의대 교육과정을 미리 공부할 것이 아니지 않은가? 그렇다면 현재의 선행학습은 조삼모사朝三暮四와 다를 바가 없다. 저녁에 먹을 양까지 아침에 먹는다면 오히려 소화가 잘 안돼서 탈이 날 뿐이다. ■

재수를 하면
더 좋은 대학에 갈까?

가파르게 증가하는 N수생, 수능 응시생의 30%가 넘어

매년 11월 셋째 주 목요일은 버스와 지하철의 증편과 함께 관공서의 출근시각과 주식시장 개장이 한 시간 늦춰지고 오후에는 약 30분간 비행기 이착륙도 금지된다. 온 나라가 약 50만 명의 수험생을 위해 움직이는 날, 바로 대학수학능력시험일이다.

수능과 같은 일제고사一齊考査(전국에서 같은 문제로 동시에 치르는 시험)가 대학 입학에서 중요한 비중을 차지하게 되면 필연적으로 나타나게 되는 현상이 있다. 바로 재수생, 즉 시험을 다시 보기 위해 공부하는 학생들이 생길 수밖에 없다. 왜냐하면 현행 대입제도는 시험을 잘 보든 못 보든, 원하는 대학에 가는 데 실패하면 이듬해 시험을 다시 봐야 하는 구조이기 때문이다. 재수하는 이유는 다양하다. 시험

당일 컨디션이 나빠 수능을 망쳤다든가, 수능점수는 잘 나왔는데 원하는 대학에서 미끄러졌다든가, 제 실력에 맞춰 대학에 들어갔지만 더 좋은 대학에 가고 싶다든가 등이 대표적이다. 분명한 것은 현재와 같은 대입제도와 경쟁적인 환경에서는 재수생이 일정 비율 이상으로 계속 존재할 수밖에 없다는 사실이다.

비록 우리나라 입시제도의 특성상 재수가 불가피한 측면이 있더라도 재수생뿐 아니라 삼수생, 사수생 등 대입시험을 여러 차례 치르는 이른바 'N수생'이 꾸준히 늘어나고 있는 점은 문제가 아닐 수 없다. 수능 응시생 중 N수생이 차지하는 비중은 2010년대 중반 20%대 초반에 불과하였으나 이후 꾸준히 상승하여 최근 2년 동안은 무려 35%에 달하고 있다. 물론 학령인구 감소로 재학생 응시인원이 줄어들면서 상대적으로 N수생 응시 비율이 높아진 측면이 없지 않지만, 문제는 최근 들어 N수생 응시인원 자체도 늘어나고 있다는 점이다.[1]

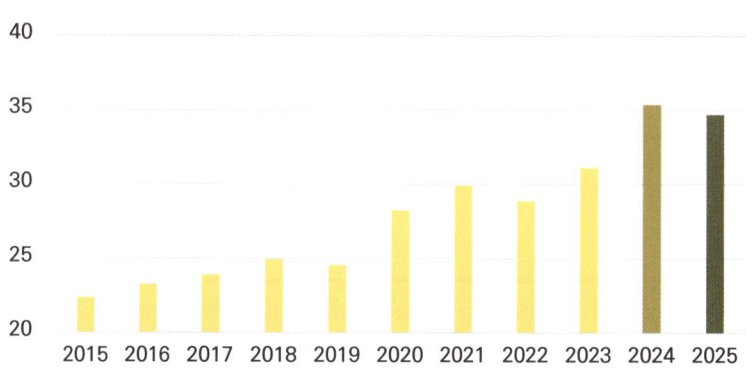

대학수학능력시험의 N수생 응시 비율* 단위: %

* 재학생 응시자가 아닌 수험생은 모두 N수생으로 분류.
자료: 한국교육과정평가원(2024. 12. 5., 2024. 12. 9.)

매년 재학생 응시인원이 감소한다면 이듬해 졸업생 응시인원도 같이 줄어드는 것이 당연한데, 현실은 정반대로 가고 있다. 이는 2022학년도부터 수능 중심의 정시모집 비율이 큰 폭으로 올라간 것과 무관하지 않다. 수능만 잘 보면 더 좋은 대학에 갈 수 있다는 생각에 재수, 삼수, 사수 등을 가리지 않고 너도나도 수능 준비에 뛰어들면서 N수생이 부쩍 늘어난 것이다.

정시 합격자 중 N수생 비율은 서울대 60%, 의대 80%에 달해

실제로 서울대 합격자에서 N수생이 차지하는 비율을 보면 정시모집이 크게 확대된 2022학년도부터 가파르게 상승하였다. 2015~2021학년도 서울대 합격자 중 N수생 비율은 17~19%에 머물렀으나, 2022학년도에 20%를 돌파한 후 2024학년도에는 27%까지 뛰어올랐다. 서울대 합격자 10명 중 거의 3명이 N수생인 셈이다. 특히 장수생 합격자가 큰 폭 늘어났는데, 2024학년도 삼수생 이상 합격자 비율(8%)은 2015~2021학년도 평균(4%)의 두 배에 달했다.

정시모집 합격자만 보면 N수생의 강세가 더욱 두드러지게 나타난다. 2024학년도 서울대 정시모집 합격자의 60%가 N수생이었다. 이는 2015학년도(46%)보다 14%p나 높다. N수생 합격자 중 2/3는 재수생, 1/3은 삼수생 이상이었다. 그러니까 서울대 정시모집 합격자 10명 중 6명은 N수생이고 그중 4명은 재수생, 2명은 삼수생 이상인 것이다. N수생 합격자 비율은 2020학년도부터 60%에 근접하고 있는데 2022학년도부터 정시모집 인원이 크게 확대되었음에도 떨어질 조짐이 전혀 나타나지 않는다. 이는 그만큼 서울대 정시모집에서 N수생 합격자가 꾸준히 늘어나고 있음을 의미한다.

서울대보다 더 인기가 높다는 의대의 정시모집은 사실상 N수생의 독무대라 해도 과언이 아닐 정도다. 앞서 살펴본 바와 같이 서울대 정시모집 합격자에서 N수생이 차지하는 비율이 60% 근처라면, 의대는 그 비율이 무려 80%에 육박한다. 심지어 삼수생 이상 비율이 40%, 사수생 이상 비율이 15%에 달한다. 쉽게 말해 의대 정시모집 합격자 10명 중 8명이 N수생이고 그중 4명은 재수생, 4명은 삼수생 이상이며 여기에서 1~2명은 사수생 이상이라는 뜻이다.

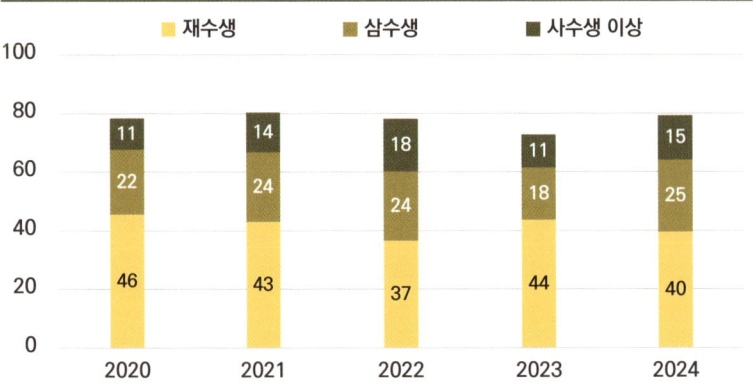

의대 정시모집 합격자 중 N수생 비율* 단위: %

* N수생은 고등학교 졸업연도 기준.
자료: 강득구 국회의원실 보도자료(2024. 4. 4.)를 이용하여 직접 계산.

서울대와 의대 정시모집에서 삼수생 이상 합격자 비율이 높다는 것은 그만큼 상위권 대학의 자퇴생이 많음을 의미한다. 대개 삼수 이상은 대학에 적을 두고 하는 경우가 많기 때문이다(물론 재수의 경우에도 흔히 '반수'라고 일컬어지듯 대학을 다니면서 시험을 다시 보는 사례가 흔하다). 실제로 상위권 주요 5개 대학(서울대, 카이스트, 포항공대, 연세대, 고려대)의 재적생在籍生 대비 자퇴생 비율, 즉 자퇴율은 매년 빠른 속도로 상승하고 있다. 예컨대 포항공대의 자퇴율은 2015학년도만 하더라도 0.3%에 불과할 정도로 낮았으나 2023학년도에는 2%를 넘어섰다.

* 매 학년도 재적생 대비 자퇴생 비율.
자료: 한국대학교육협의회 대학정보공시센터 「중도탈락 학생 현황」을 이용하여 직접 계산.

상위권 주요 대학의 자퇴율이 2% 정도라고 해서 이를 작다고 생각해서는 안 된다. 자퇴율을 계산할 때 분모는 1~4학년 재학생과 휴학생을 모두 포함하는 재적생 숫자다. 위의 5개 학교는 2023학년도 기준으로 재적생이 8만 명이 넘기 때문에 실제 자퇴하는 학생 수는 한 해에만 2천 명 가까이 된다. 4년제 대학(방송통신대학·사이버대학 제외) 전체로 보면 무려 6만 4천 명이 넘는다. 4년제 대학에 입학하는 신입생이 매년 30여만 명 정도이니까 실로 엄청난 수의 학생들이 자퇴하고 있는 셈이다.

영역별 수능점수도 N수생이 재학생보다 평균 10점 이상 높아

그렇다면 N수생이 서울대와 의대 정시모집에서 강세를 보이는 까닭은 무엇일까? 재수하면 수능점수가 더 잘 나와서 좋은 대학에 가기가 쉬운 것일까?

지금까지 30여 년 동안 치러진 수능의 성적 통계를 보면, 재학생의 평균점수가 졸업생보다 높았던 적은 단 한 차례도 없었다. 늘 졸업생이 재학생보다 수능을 잘 봤다는 뜻인데, 점수 차이도 상당히 큰 편이었다. 2020년대 두 집단 간 영역별 점수를 비교해 보았더니 졸업생이 재학생보다 평균 10점 이상 높았다. 예컨대 2024학년도 수능 국어 영역의 평균점수(표준점수 기준)는 졸업생 108.6점, 재학생 95.8점이었고 수학 영역은 졸업생 108.2점, 재학생 96.1점이었다. 국어는 13점, 수학은 12점 정도 졸업생 평균이 더 높았다.

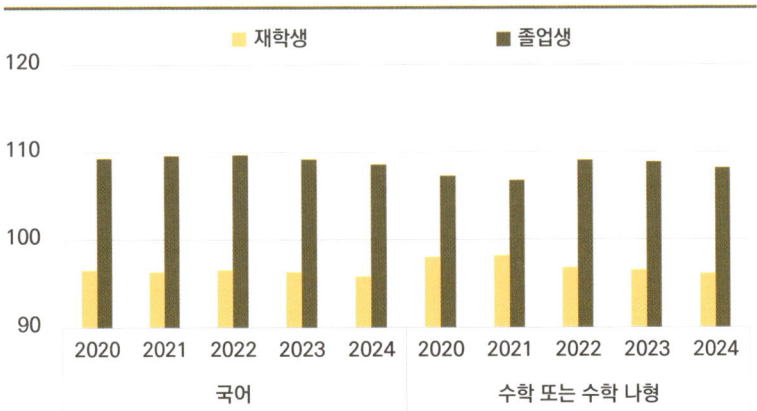

자료: 한국교육과정평가원 「(연도별) 대학수학능력시험 성적 분석 결과」.

상위권 비율도 마찬가지였다. 2024학년도 수능에서 영역별로 1등급을 받은 비율을 보면 졸업생이 재학생의 2배가 넘었다. 수학 영역에서 졸업생이 1등급을 받은 비율은 8%가 넘었는데, 이는 재학생의 3배가 넘는 수준이었다.

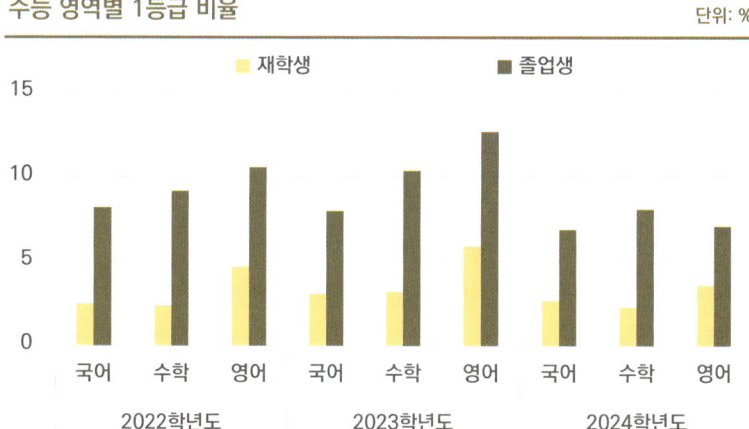

자료: 한국교육과정평가원 「(연도별) 대학수학능력시험 성적 분석 결과」.

중상위권에서 수능성적이 오른 N수생은 50%가 안 돼

지금까지 살펴본 바로는 N수생이 상대적으로 수능을 잘 보는 것이 거의 확실해 보인다. 서울대와 의대 정시모집 결과는 물론, 수능 평균점수와 1등급 비율 등 모든 지표에서 졸업생이 재학생보다 우위에 놓여있기 때문이다. 그런데 여기에서 한 가지 주의할 점이 있다. 바로 상위권 학생이 재수를 더 많이 할 가능성이다. 다시 말해 서울대 정시모집 합격자의 60%, 의대 정시모집 합격자의 80%가 N수생이라는 사실은 그만큼 원래 성적이 우수한 학생일수록 재수, 삼수 등을 더 많이 할 수 있다는 것이다.

실제로 재학생과 졸업생의 수능성적 분포를 살펴보면, 재학생은 5등급(상위 40~60%)을 기준으로 1~4등급과 6~9등급이 비교적 대칭적인 모습을 띠지만 졸업생은 상위 등급으로 쏠려 있음을 확인할 수 있다. 이러한 모습은 연도와 영역에 상관없이 비슷하게 나타난다.

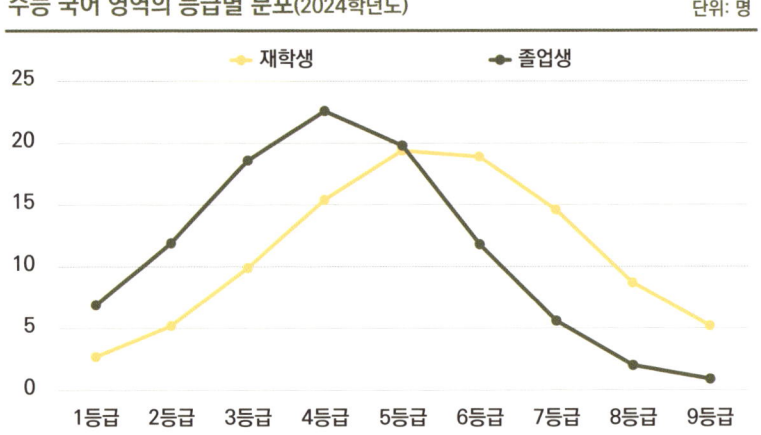

수능 국어 영역의 등급별 분포(2024학년도)　　단위: 명

자료: 한국교육과정평가원(2024. 12. 9.).

재학생과 졸업생의 수능성적 분포가 다르다는 것은 두 집단의 특성이 서로 비슷하지 않음을 의미한다. 다시 말해 졸업생은 재학생과 비교했을 때 상위권 학생의 비중이 높고 하위권 학생의 비중이 낮다. 물론 졸업생이 수능을 더 오래 준비한 까닭에 성적이 더 우수하다고 볼 수도 있겠지만, 2024학년도 수능 국어 영역에서 졸업생의 6~9

등급 비율이 이론상 수치(40%)의 절반에 불과하다는 점으로 미루어 볼 때 하위권 학생이 상대적으로 적게 응시했음은 분명한 것 같다. 결국 N수생은 성적이 우수한 학생이 많이 포함된, 즉 상위권에 편중된 집단이라고 볼 수 있다. 따라서 재수할 때 수능점수가 상승하는지 여부는 집단 간 비교를 통해서보다 개별 학생의 수능성적 변화를 통해서 살펴보는 것이 바람직하다.

어느 입시정보업체에서 2023학년도와 2024학년도 수능에 모두 응시한 중상위권 학생 3만 2천여 명[2]을 대상으로 두 시험의 성적을 비교한 바 있다. 이들은 2023학년도 수능 국어·수학·탐구 영역의 등급이 평균 2등급대 내지 4등급대를 받았는데, 이는 N수생에서 가장 높은 비중을 차지하는 성적대이다. 그 결과는 상당히 놀라웠다. 등급대가 상승한 N수생이 49%에 불과했다. 절반이 넘는 학생은 성적이 직전 수능과 비슷하거나 오히려 이보다 떨어졌다.

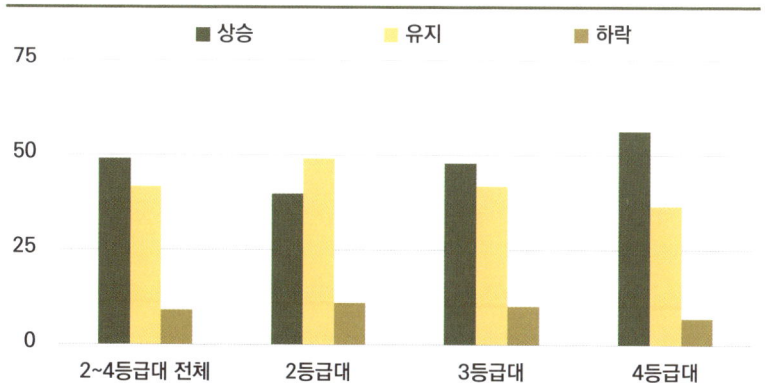

N수생의 수능성적 변동 분포*(2024학년도) 단위: %

* 2023학년도 수능 3개 영역(국어·수학 탐구 영역)의 평균등급대를 기준으로 2024학년도 성적(평균등급대)을 비교.
자료: 진학사(2024. 2. 19.)를 이용하여 직접 계산.

이러한 결과가 의미하는 바는 무엇일까? 그것은 내년에 수능을 다시 보더라도 올해보다 더 좋은 대학에 갈 확률이 50%도 안 된다는 사실이다. 물론 재수할 때의 학습량, 대입 전략, 수능 당일의 컨디션 등에 따라 개개인의 결과는 다르게 나타나겠지만, 평균적으로 봤을 때는 재수의 성공 가능성이 절반에도 미치지 못한 것이다.

결국 N수생의 입시결과가 상대적으로 좋아 보이는 것은 집단 내 상위권 학생의 비중이 높은 데에서 비롯된 착시효과인 셈이다.

재수에 따른 비용도 고려해야... 수능 연 1회 시행이 최선은 아냐

대입 재수를 신중하게 생각해야 하는 것은 비단 그 성공 가능성 때문만이 아니다. 재수에 따른 비용도 고려해야 한다. 흔히 재수에 드는 비용이라고 하면 재수종합반과 같은 학원 수강이나 독서실 등록, 참고서 구매 등에 지출하는 것만 생각하는데, 사실 가장 큰 비용은 대학 졸업이 1년 늦어짐으로써 발생하는 기회비용이다. 즉, 1년 늦게 취업함으로써 또래보다 평생 약간 적은 보수를 받게 되고 정년이 실질적으로 1년 단축되는 데에서 비롯되는 임금손실을 말한다. '고작 1년밖에 차이가 나지 않는데 임금손실이 있어 봐야 얼마나 크겠어?'라고 생각한다면 금물이다. 그 차이는 상상외로 크다.

간단한 예를 통해 대입 재수에 따른 임금손실분을 추정해 보자. 편의상 각각 24세와 25세가 취업한 대졸자가 60세 정년까지 일하고 초임은 연봉 4천만 원, 경력이 1년 늘어날 때마다 연봉이 200만 원

가산되며 56세부터 임금피크제가 적용된다(임금피크제 기간에는 55세 임금의 50%를 받는다)고 가정한다. 이때 미래가치를 현재가치로 환산하는 할인율과 향후 임금상승률이 같다면, 두 사람이 평생 받는 임금 총액의 차이는 현재가치로 1억 700만 원에 달한다.[3] 겨우 1년 늦었을 뿐인데 초임(연봉 4천만 원)의 2.6배 넘게 임금손실이 발생한 것이다. 여기에 학원비 등을 더하면 재수에 따른 비용은 1억 5천만 원 가까이 된다. 삼수라면 자그마치 3억 원이다.

뿐만 아니라 재수로 인한 스트레스 등 심리적 측면까지 고려한다면 그 비용은 상상 이상으로 클지 모른다. 심지어 한 연구에 따르면, 재수생은 대학 입학 후에도 수업태도나 대학생활 적응이 미흡하여 상대적으로 저조한 학업성취를 보인다고 한다.[4] 여기에는 오랜 수험기간에 따른 보상심리가 어느 정도 작용한 것으로 보인다.

다만 건강이 좋지 않거나 지나치게 긴장해 수능을 망친다면 불가피하게 재수를 선택할 수밖에 없다. 이렇게 볼 때 과연 수능처럼 대입에 절대적인 영향을 미치는 **고부담 시험**high-stakes testing을 매년 한 번만 보는 것이 맞는지 생각해 볼 필요가 있다. 아무리 수능에 따른 예산지출과 불편이 크더라도 그것이 매년 10만 명 넘게 나오는 N수생으로 인한 사회적 비용보다 많을 리 만무하다. 따라서 수능을 1~2주 간격으로 연 2회 시행하는 등 현행 수능의 과도한 심리적 압박을 줄이는 방안을 고려해봄 직하다. 물론 학벌에 대한 수요와 수능성적 중심의 정시전형이 지금처럼 유지되는 한, N수생이 크게 줄어드는 일이 없을지 모른다. 그럼더라도 재수를 통해 얻는 것보다 잃는 것이 더 많을 수도 있다는 사실만큼은 잊지 말자.■

교육의 수익률을 높여라

제3부
교육의 수익률을 높이는 전략

제19장 숨겨진 재능을 발굴해라

제20장 뇌를 효율적으로 개발해라

제21장 적어도 40대까지는 자기계발에 힘써라

제22장 외국어는 필요하다고 느낄 때 집중학습해라

제23장 자기효능감을 갖고 자기주도적으로 공부해라

제24장 자신만의 학습법을 찾고 충분한 수면을 취해라

제25장 나에게 맞는 입시전략을 세워라

제26장 시험, 피할 수 없다면 즐겨라

제27장 인공지능 시대를 대비해라

제3부

교육의 수익률을 높이는 전략

투자의 제1원칙은 원금을 까먹지 않는 것,
제2원칙은 제1원칙을 까먹지 않는 것이다

제19장

숨겨진 재능을
발굴해라

대부분의 사람은 저마다 강점 지능을 갖고 있어

제15장(IQ가 지능의 전부일까?)에서 소개했던 다중지능으로 돌아가 보자. 이 이론을 쉽게 설명하면, 인간의 뇌에는 '지능'이라 불리는 8개의 컴퓨터가 있고 각각의 컴퓨터는 서로 독립적이다. 즉, 한 컴퓨터의 성능이 좋다고 해서 나머지 7개의 컴퓨터 성능도 좋다는 보장이 없다는 뜻이다. 이때 8개의 컴퓨터가 모두 평균 이상의 성능을 보일 확률은?[1] 놀랍게도 단지 0.4%에 불과하다. 이를 바꾸어 말하면 8개의 컴퓨터 성능이 모두 평균보다 낮을 확률 역시 0.4%라는 뜻이다. 반면 8개의 컴퓨터 가운데 최소 1개가 상위 30% 이내의 성능을 나타낼 가능성은 94%에 달한다. 다시 말해 인간이 가진 8개 지능이 모두 평균에도 미치지 못할 가능성은 거의 없고 적어도 1개의 지능은 상

위 30% 안에 든다고 볼 수 있다. 따라서 우리는 대부분 남보다 뛰어난 지능을 하나 이상씩 갖고 살아가는 셈이다.

그렇다면 이제 다중지능검사를 통해 8개 지능 중에서 어느 것이 우수한지를 찾아내야 할까? 다중지능은 IQ검사와 같은 지필고사의 형태로 측정하기도 어려울뿐더러 설령 그것이 가능하더라도 그 결과를 해석할 때 주의해야 한다. 예컨대 신체운동지능이 탁월하다는 결과가 나왔다고 하자. 이 경우 운동선수가 되어야 하는 걸까? 우수한 신체운동지능이 필요한 직업은 무수히 많다. 이를테면 스포츠만 해도 육상, 수영, 체조, 양궁, 야구, 축구 등 그 종목을 이루 헤아릴 수 없을 정도다. 비단 운동선수뿐 아니라 무용수, 조각가, 기술자, 심지어 외과의사도 신체운동지능이 높을수록 더 좋다. 마치 IQ검사에서 나온 지능지수를 갖고 대학에 갈지 말지를 정하지 않듯 다중지능검사에 의존하여 자신의 진로를 결정할 수는 없다. 현대사회의 다양한 직업을 8개의 지능과 일대일로 대응시키기도 불가능할뿐더러 각 직업에서 요구되는 지능이 여러 가지일 수 있기 때문이다.

결국 다중지능이론이 시사하는 바는 모든 사람이 저마다 강점이 있는 지능과 약점이 있는 지능을 지니고 있다는 점이다. 강점 지능을 살릴 수 있는 전공과 직업을 택하면 좋겠지만 반드시 그렇게 해야 한다는 뜻은 아니다. 좋아하지만 잘하지 못하는 분야를 선택하고 싶다면 약점 지능을 개발해서 그 분야에 필요한 재능을 갖도록 노력하면 된다.

하지만 안타깝게도 자신의 재능에 따라 진로를 정하는 경우가 그리 흔하지 않은 것이 오늘날의 현실이다.

직업을 선택할 때 대부분 경제적 안정성을 최우선적으로 고려해

현재 우리나라에는 얼마나 많은 직업이 있을까? 대략 천 개 정도 있을까? 2020년 한국고용정보원에서 발간한 『한국직업사전』에 따르면, 놀랍게도 무려 1만 3천여 개의 직업이 있다고 한다. 사전을 개정할 때마다 직업이 수천 개씩 늘고 있으니 다음 개정판이 발간되는 2028년에는 1만 5천 개가 넘지 않을까 싶다.

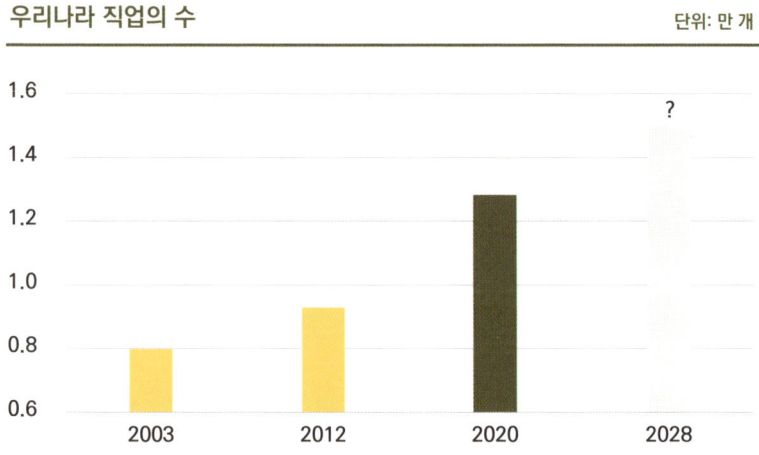

우리나라 직업의 수 (단위: 만 개)

자료: 한국산업인력공단 중앙고용정보원(2003), 한국고용정보원(2012, 2020).

이렇게 많은 직업 가운데서 자기 적성이나 재능에 맞는 직업을 찾기란 쉬운 일이 아니다. 그렇다고 하더라도 직업을 선택할 때 중요한 것은 무엇보다 '일이 나에게 잘 맞는가'일 텐데 사람들은 대개 직업의 경제적 안정성, 그러니까 보수가 많고 고용이 안정적인 직업을 최우선적으로 선택하려고 한다. 2023년 통계청이 실시한 「사회조사」 결과에 따르면, 우리나라 13세 이상 인구 중 63%가 직업 선택의 주된 요인으로 수입이나 안정성, 즉 경제적 안정성을 꼽았다. 적성과 흥미를 주로 고려한다는 응답은 14%에 불과했다. 나이가 들수록 경제적 안정성을 더 중시하는 경향이 있다는 점을 고려하더라도 결과는 크게 달라지지 않았다. 20대 청년층 가운데서도 적성과 흥미에 따라 직업을 선택한다는 비율은 20%를 간신히 넘는 데 그쳤다. 반면 경제적 안정성을 가장 중요한 요인으로 꼽은 비율은 60% 가까이 됐다.

직업 선택의 주된 요인에 대한 응답 비율(2023년)

자료: 통계청 「사회조사」.

직업을 선택할 때 수입과 안정성을 중시한다는 것은 곧 의사, 변호사 등과 같은 전문직이 되거나 대기업, 정부 또는 공기업에 취업하기를 원한다는 뜻과 다름없다. 실제로 2023년 통계청에서 13~34세를 대상으로 선호하는 직장을 조사하였더니 대기업, 공기업, 국가기관(공무원), 전문직 기업(로펌 등)에 취업하기를 희망한다는 응답이 무려 70%에 달했다. 대학 재학생의 경우 이 비율이 78%까지 올라갔다. 그런데 과연 청년층이 선호하는 일자리가 그렇게 많이 있을까?

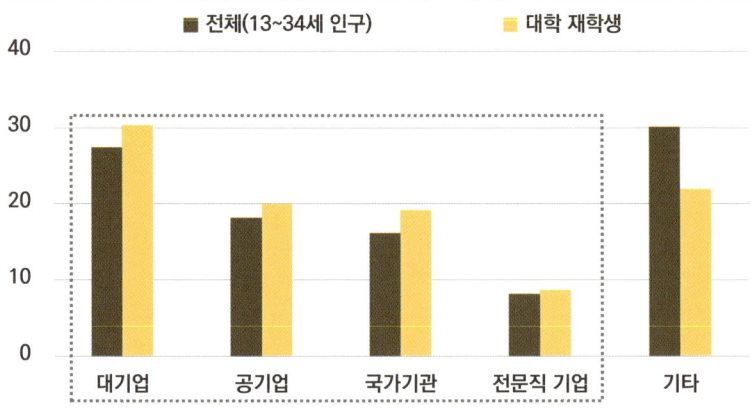

취업 시 선호하는 직장(2023년) 단위: %

자료: 통계청 「사회조사」.

대기업・공공부문 신규채용은 전체 일자리의 최대 8%에 불과해

통계청의 2022년 「일자리행정통계」에 따르면, 대기업과 공공부문(정부, 공기업 등) 일자리는 전체 일자리의 최대 17%를 차지했다('최대'라고 표현한 것은 매출이 큰 공기업이 대기업과 공공부문 양쪽에 모두 잡히기 때문이다).[2] 그런데 여기에는 계속 근무 중인 직원이 포함된 것으로, 기존 직원의 퇴직・이직 또는 사업 확장에 따라 새로 채용되는 대기업・공공부문 일자리만 보면 전체 신규채용 규모의 최대 8%에 불과했다. 물론 이와 별도로 매년 일정 인원 이상의 전문직이 배출되고 있지만, 주요 전문직 시험의 합격자는 연간 1만 명 정도밖에 안 된다(더욱이 그중 상당수는 대기업과 공공부문에 채용된다). 즉, 전문직을 포함해도 청년층이 선호하는 일자리 수는 눈에 띄게 증가하지 않는다.

신규채용 일자리에서의 대기업 및 공공부문 비중 (단위: %)

자료: 통계청 「일자리행정통계」를 이용하여 직접 계산.

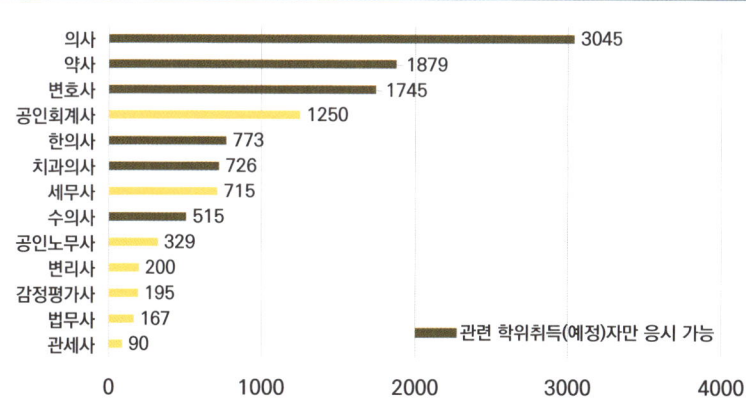

주요 전문직 자격시험의 연간 합격인원(2024년) (단위: 명)

자료: 각 소관부처 및 시행기관.

그러니까 10명 가운데 7명이 공공부문이나 대기업, 전문직의 일자리를 원하지만, 구직자 전부가 취업에 성공하더라도 선호하는 직장이나 직업을 갖는 사람은 1명에도 채 미치지 못한다. 취업 경쟁 역시 대입 경쟁 못지않게 치열한 것이다. 그런데 초중고 재학생을 대상으로 대학 이상의 교육을 받는 목적이 무엇이냐고 물었더니 좋은 직업을 갖기 위해서라는 응답이 60% 가까이 되었다.[3] 결국 유치원 또는 초등학교 시절부터 시작되는 대입 사교육 전쟁은 사실상 '좋은' 일자리를 놓고 벌어지는 경쟁이라고 해도 과언이 아니다.

고소득자가 대기업이나 전문직·사무직에만 집중되지 않아

TV드라마 주인공, 특히 남자주인공의 직업은 대개 의사, 변호사 등의 전문직이나 재벌 2세, 대기업 임원 등의 관리직이다. 여기까지 미치지 못하더라도 〈미생〉의 '장그래'나 〈김과장〉의 '김성룡'처럼 대기업 사무직 정도는 된다. 이쯤은 돼야 주인공이 시청자의 눈에 매력적으로 보이니까. 대중이 생각하는 '좋은' 일자리가 드라마 속 주인공에도 그대로 투영되고 있는 셈이다.

하지만 중소기업에 다니더라도, 비사무직(생산직, 서비스·판매직, 기능직 등)에 종사하더라도 대기업이나 전문직·사무직에 맞먹을 만큼 높은 소득을 올리는 경우가 많다. 통계청이 2024년 상반기에 조사한 바에 따르면, 월평균 500만 원 이상의 임금을 받은 근로자 가운데 비사무직이 차지하는 비중은 20% 가까이 되었다. 기업규모별로 봤을 때도 월평균 임금이 1,000만 원이 넘는 일자리 중에서 중소기업 일자리가 점유하는 비율은 약 30%(2022년 기준)에 달했다. 월 1,000만 원은 상위 4%에 해당할 만큼 높은 임금수준이다.

고소득 근로자의 직종별 분포*(2024년 상반기) 단위: %

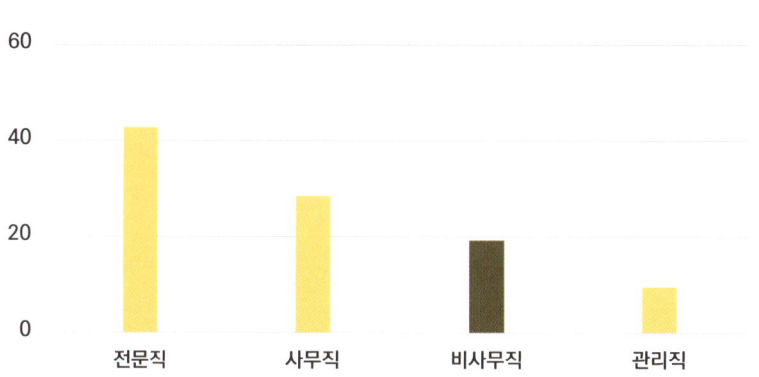

* 월평균 임금 500만 원 이상인 임금근로자 기준.
자료: 통계청「지역별고용조사」를 이용하여 직접 계산.

고소득 일자리의 기업규모별 분포*(2022년) 단위: %

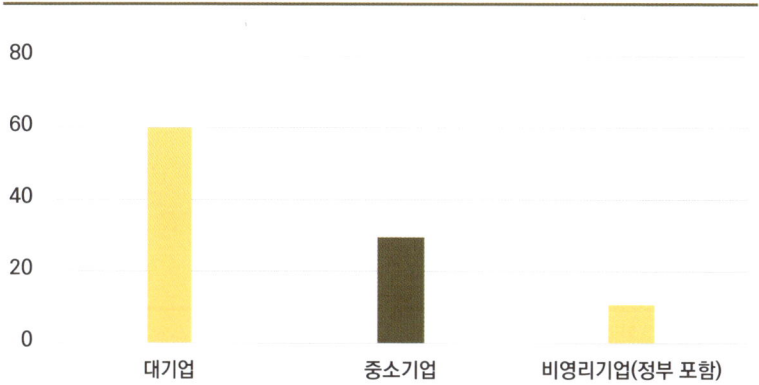

* 월평균 임금 1,000만 원 이상인 일자리 기준.
자료: 통계청「일자리행정통계」를 이용하여 직접 계산.

이러한 사실들이 의미하는 바는 무엇일까? 그것은 바로 어떤 직업을 갖든 능력만 되면 경제적 성공을 거둘 수 있다는 점이다. 즉, 대기업과 전문직·사무직만이 경제적 안정성을 보장하는 것은 아니다. 그럼에도 불구하고 직장 또는 직업에 대한 목표가 대부분 비슷하다 보니, 좁은 취업 관문을 뚫기 위해 과도한 '스펙' 쌓기 경쟁이 벌어지고 대입과 취업 시험 준비에 몇 년씩 허비하는 수험생이 부지기수다. 그 결과, 수많은 학생이 새로운 재능과 소질을 찾기보다 취업을 위한 시험공부에만 '올인all in'하게 된다. 이는 결국 대학에 들어간 이후에도 각종 자격증을 따거나 토익TOEIC 등의 영어성적을 높이기 위해, 공무원이나 기업 공채시험을 준비하기 위해, 심지어 전공학점을 잘 받기 위해 사교육에 의존하는 결과로 이어진다. 실제로 2022년에 조사한 바에 따르면, 대학 졸업생(34세 이하)의 35%가 취업 목적의 사교육을 받았다고 응답했다.[4]

공부가 재미없지만 할 줄 아는 게 공부밖에 없다 보니 죽이 되든 밥이 되든 다들 학원과 독서실을 오가며 시험에 목매는 나라. 안타깝지만 이것이 우리나라의 현실이다.

19~24세 청년의 60%가량이 장래 희망 직업을 못 정해

우리나라 학생들이 얼마나 자신의 재능과 적성을 제대로 살리지 못하는지를 적나라하게 보여주는 또 다른 통계가 있다. 바로 여성가족부에서 3년마다 실시하는 「청소년종합실태조사」인데, 2023년 조사결과에 따르면 취업을 목전에 앞둔 19~24세 청년층 중에서 장래 희망 직업을 정하지 않았다는 비율이 거의 60%에 달했다.

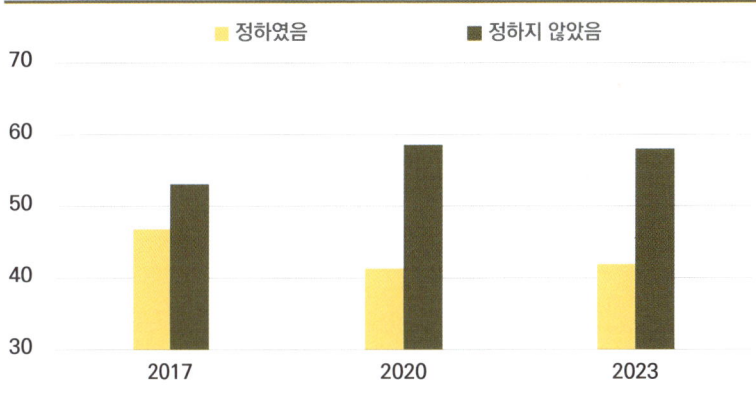

청년층의 장래 희망 직업 결정 여부* 단위: %

* 19~24세 인구 기준.
자료: 여성가족부 「청소년종합실태조사」.

사실 우리나라 청년들이 진로에 대한 교육을 받거나 직업을 체험할 수 있는 기회가 부족해 보이지는 않는다. 적어도 통계상으로는 그렇다. 2023년 「청소년종합실태조사」에 따르면 19~24세 청년층의 51%가 진로에 대한 심리검사를, 45%가 진로 상담을 받은 적이 있는 것으로 나타났다. 또한 66%는 아르바이트를 한 경험이 있다고 응답했다.

그렇다면 장래의 직업을 정하지 못한 청년층이 많은 이유는 결국 1만여 개 넘는 무수히 많은 직업 가운데 적성에 맞는 분야를 찾지 못했거나 남보다 강점이 있는 재능을 발견하지 못했기 때문이라고밖에 볼 수 없다. 직업에 대해 한참 고민하다가 결론을 내리지 못하면 마치 고3으로 돌아간 듯 다시 수험생 생활을 시작한다. 그렇게 해서 국가공무원 채용시험(5·7·9급 공채시험)과 주요 전문직 자격시험(회계사, 세무사, 노무사, 변리사, 감정평가사, 법무사, 관세사)[5]에만 매년 20만 명이 넘는 인원이 도전하고 있다.

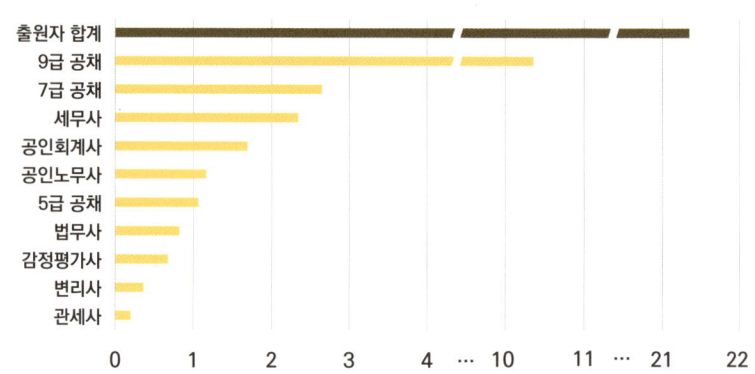

국가공무원 및 주요 전문직 시험 응시원서 출원자 수*(2024년) 단위: 만 명

* 1차 시험 기준.
자료: 각 소관부처 및 시행기관.

시험공부에만 매몰돼서는 다른 재능을 찾기 어려워

『공부가 가장 쉬웠어요』의 저자로 유명한 장승수 변호사의 말마따나 공부가 가장 쉬울까? 그의 말은 정말 진심인 듯하다. 어려운 가정환경 탓에 또래보다 다소 늦긴 했지만 1996학년도 서울대 입시에서 인문계 수석을 차지한 데다 2003년에는 사법시험도 합격하였으니 뛰어난 공부머리를 가졌을 것으로 보인다. 택시 운전, 가스 배달,

공사장 막노동 등을 하면서 산전수전을 다 겪은 그였기에 그런 고된 일보다 공부가 더 쉬웠다는 말이 거짓처럼 들리지 않는다.[6] 하지만 보통의 사람들에게는 공부란 결코 쉬운 것이 아니다. 공부머리가 없는 사람에게는 더더욱 그렇다.

공부머리가 지능의 전부가 아니듯 공부 잘하는 것만이 재능의 전부는 아니다. 너무나 당연한 말이지만, 공부가 아니더라도 성공할 수 있는 길은 많다. 심지어 뛰어난 공부머리를 가졌어도 공부가 아닌 분야로 성공하는 사례도 드물지 않다. 대중매체에 종종 등장하는 서울대 출신의 배우와 가수가 대표적이다. 예컨대 영화 〈왕의 남자〉에서 연산군 역으로, 최근에는 TV드라마 〈눈물의 여왕〉에서 '홍해인'의 아버지 역으로 탁월한 연기력을 선보인 정진영 배우, 노래 〈달팽이〉와 〈거위의 꿈〉 등으로 빼어난 싱어송라이터 singer-songwriter 실력을 보여준 이적 가수는 모두 서울대를 졸업한 수재들이다. 그들은 공부로도 충분히 성공할 수 있었음에도 불구하고 다른 재능을 살려 연기자와 음악가로서 최고의 반열에 올랐다.

물론 다들 공부를 고집하는 것에는 그만한 이유가 있다. 특히 시험만큼 공정하게 선발되는 제도를 다른 데에서는 쉽게 찾아보기 힘든 것이 사실이다. 아직도 우리 사회는 부정부패와 각종 비리로 얼룩진 곳이 많다. 그런데 시험, 그중에서도 국가가 주관하는 공무원 시험이나 전문직 자격시험은 누구나 열심히 공부하면 합격할 수 있을 만큼 깨끗하고 투명하다. 그 덕분에 예전의 사법시험은 '계층이동의 사다리', 즉 개천에서 용이 나오게 하는 역할을 톡톡히 했다. 우리나라에서 유독 채용전형으로 필기시험을 많이 보는 것도 이러한 사회적 분위기의 영향을 받은 바가 크다.

그러나 적게는 수십 대 일, 많게는 수백 대 일에 이르는 경쟁률을 뚫어야 붙을 수 있는 것이 바로 시험이다. 선발이 공정한 만큼, 학원과 수험서가 많아 준비하기 쉬운 만큼 경쟁은 더 치열할 수밖에 없다. 막대한 시간과 돈이 투입되지만 그에 따른 성과를 얻을 수 있는 사람은 소수에 한정돼 있다. 한 명이 합격의 축배를 들 때 수십 명 내지 수백 명은 불합격의 고배를 마셔야 한다. 이는 비단 취업에만 적용되는 이야기가 아니다. 대학 입학도 마찬가지다. 더욱이 시험에서 벌어지는 과열 경쟁은 누군가 잃은 만큼 다른 누군가가 얻게 되는 **제로섬 게임**zero-sum game이 아니다. 제16장(사교육을 많이 받으면 수능점수가 올라갈까?)에서 소개한 '죄수의 딜레마' 사례처럼 합격하든, 불합격하든 시험 준비에 너무 많은 노력과 비용을 들인 탓에 아무도 이득을 보지 못하고 모두 큰 손실을 입게 되는 **네거티브섬 게임**negative-sum game이다.

모두가 공부로 승부를 보려고 할 때 발생하는 문제는 여기에서 그치지 않는다. 더 큰 문제는 다른 재능을 발굴하기가 어렵다는 점이다. 정진영 배우와 이적 가수가 서울대에 입학해서 고시 공부에 매진했다면 나중에 연기와 음악으로 성공할 수 있었을까? 소위 명문대를 나온 국내 영화감독들, 예컨대 영화 〈올드보이〉의 박찬욱 감독과 〈기생충〉의 봉준호 감독, TV드라마 〈오징어 게임〉의 황동혁 감독이 대학 시절 전문직 자격시험을 준비했다면 오늘날처럼 세계적으로 유명해질 수 있었을까? 이들은 모두 우등생이었지만 공부가 아닌 다른 분야에도 관심을 가졌기 때문에 자신의 재능을 살려 현재의 위치에 오를 수 있었던 것이다.

그렇다면 나의 다른 재능은 어떻게 찾을 수 있을까? 답은 간단하다. 다양한 분야에 대한 관심과 경험을 지속적으로 갖는 것이다. 물론 재능을 발견하는 시기는 사람마다, 상황에 따라 다를 수 있다. 2024년 파리올림픽에서 열여섯의 어린 나이에 사격 금메달을 딴 반효진 선수는 중학교 2학년 때 처음 사격을 접했지만 불과 3년 만에 세계 최정상에 오르는 기염을 토했다. 이 정도까지는 아니지만, 위에서 언급한 배우와 가수, 영화감독들도 모두 일찍부터 자신의 길을 걷기 시작해 20~30대에 두각을 나타냈다. 반면 아래에서 소개할 사례에서 보듯이 중년 이후에 뒤늦게 재능을 발견하는 경우도 드물지 않다. 중요한 것은 이것저것 뭐든 시도해 봐야 무엇이 나에게 맞는지, 무엇을 내가 잘하는지를 알 수 있다는 사실이다. 공부머리가 있든 없든, 시험 공부에 매몰되어 다른 재능을 발견할 가능성을 사전에 차단해 버리는 우를 범해서는 안 된다.

재능은 뒤늦게 발견될 수 있어… 숨겨진 재능을 찾도록 노력해야

1960~70년대 미국에서 프랑스 요리를 대중화시킨 것으로 유명한 요리연구가 줄리아 차일드Julia Child는 원래 스파이 활동까지 경험한 정보요원이었다. 결혼 후 외교관인 남편을 따라 프랑스에 가게 된 그녀는 서른일곱의 늦은 나이에 파리의 세계적인 요리학교인 '르 꼬르동 블루Le Cordon Bleu'에 들어가 프랑스 요리를 배운다. 여기서

배운 것을 『프랑스 요리의 기술Mastering the Art of French Cooking』이라는 책으로 엮어 49세가 되던 해에 시중에 내놓는다. 그런데 이 책이 폭발적인 반응을 일으킨 덕분에 그녀는 단숨에 베스트셀러 작가로 떠오르며 다양한 방송프로그램에 출연하게 된다. 그녀가 방송에서 레시피를 소개하면 해당 요리재료가 금방 가게에서 동이 날 정도로 그 당시 선풍적인 인기를 누렸다. 이러한 그녀의 이야기는 2009년 메릴 스트립Meryl Streep 주연의 영화 〈줄리 & 줄리아Julie & Julia〉로 만들어지기도 했다.[7]

자신의 이름을 딴 명품 브랜드로 유명한 패션디자이너 베라 왕Vera Wang도 뒤늦게 자신의 재능을 발견하게 된 경우다. 그녀는 원래 피겨스케이팅 선수로 활약했으나 올림픽 국가대표 선발에서 탈락하면서 이를 그만두게 된다. 그 후 패션잡지 『보그Vogue』의 편집자로 오랜 기간 활동하였다. 그러다가 마흔이 되어서야 웨딩드레스를 비롯한 패션 디자인에 뛰어들었다. 그녀가 디자인한 웨딩드레스는 머라이어 캐리Mariah Carey, 빅토리아 베컴Victoria Beckham 등의 연예인은 물론이고 첼시 클린턴Chelsea Clinton, 이방카 트럼프Ivanka Trump 등 대통령 자녀들도 착용할 정도로 많은 유명인으로부터 사랑을 받고 있다. 2024년 기준으로 베라 왕의 브랜드 가치는 26억 달러(원화로 약 3조 5천억 원)에 달하는데, 이는 아르마니Armani(21억 달러), 펜디Fendi(20억 달러) 등의 다른 명품 브랜드보다도 더 크다.[8]

줄리아 차일드와 베라 왕이 각각 요리연구가와 패션디자이너로 성공한 데에는 우연의 요소가 없지 않다. 남편을 따라 프랑스에 가지 않았더라면 혹은 피겨스케이팅 올림픽 국가대표가 되었더라면, 두 사람은 요리나 패션에서 두각을 나타내지 못했을지도 모른다. 하지만 그렇다고 해서 그들의 성공을 우연으로 치부할 수는 없다. 마흔 내외의 늦은 나이에도 불구하고 새로운 분야에 관심을 갖고 뛰어들었다는 점이 결국 성공의 밑거름이 되었기 때문이다.

지금까지 살펴본 사례들은 모두 본인이 원래 갖고 있던 강점을 살리지 않고 다른 재능을 찾아서 성공했다는 공통점이 있다. 사실 무수히 많은 직업 가운데 자신의 재능을 가장 잘 발현할 수 있는 분야를 찾기란 마치 '하늘의 별 따기'처럼 어려울 수 있다. 그런데 바로 이 때문에 올바른 교육이 필요하고 또 중요한 것이다. 숨겨진 재능을 발굴하는 데 도움을 주는 것, 이것이 시험에서 한두 문제를 더 맞힘으로써 좋은 대학과 직장에 들어가게 하는 것보다 훨씬 더 중요한 교육의 역할이자 교육이 나아가야 할 방향임은 두말할 나위가 없다.■

제20장
뇌를 효율적으로 개발해라

아인슈타인의 뇌를 쪼개어 봐도 풀리지 않는 뇌의 비밀

사람마다 강점 지능이 있다면 공부머리가 없는 사람은 공부를 안 해도 될까? 이를테면 IQ가 하위권을 맴돌면 공부와 담을 쌓고 살아도 괜찮을까? 공부하기 싫은 학생들에게는 미안한 이야기지만 절대 그렇지 않다. 공부는 해야 한다. 오로지 시험을 잘 보기 위해 공부하는 것, 즉 시험공부에 '올인'하지 말라는 뜻이지 공부를 안 해도 된다는 말은 아니다. 적어도 고등학교까지의 교과과정을 잘 따라갈 수 있을 만큼은 공부해야 한다. 중학교 3학년까지를 「교육기본법」상 의무교육으로 규정하고 있고 고등학교 3년에 대해서도 무상교육으로 진행하는 것은 우리나라가 세계 10위권의 경제대국답게 잘 살기 때문이 아니다. 국민이라면 누구나 고등학교까지 교육을 받을 필요가 있기 때문이다. 우리나라보다 1인당 국민소득이 낮은 OECD 회원국들도 고등학교까지 무상교육을 실시하고 있다.[1]

이쯤 되면 공부머리가 안 좋은 사람은 억울할지도 모르겠다. 공부머리의 좋고 나쁨에 따라 공부의 효율성이 다를 텐데 부모 잘못 만난 죄를 왜 나한테 뒤집어씌우냐는 불만이 나올 법도 하다. 하지만 제9장(공부는 유전일까? 환경일까?)에서 살펴보았듯이 지능은 유전에 의해서만 결정되지 않는다. 환경적 요인도 중요하다. 다시 말해 머리 나쁜 부모 밑에서 태어났어도 얼마든지 후천적으로 좋은 머리를 가질 수 있다는 뜻이다. 공부머리, 운동머리, 음악머리 모두 다 마찬가지다. 그렇다면 도대체 어떻게 해야 두뇌가 좋아질까?

제15장(IQ가 지능의 전부일까?)에서 아인슈타인의 뇌를 부검의가 몰래 가져가 잘게 쪼갰다는 일화를 소개한 바 있다. 그 부검의는 토머스 하비Thomas Harvey라는 병리학자였는데, 그는 아인슈타인의 뇌를 현미경으로 관찰하기 위해 3개월에 걸쳐 무려 170조각으로 잘랐다. 그중 일부는 실제로 뇌과학자들에게 보내져 연구에 활용되기도 했다. 과연 그 결과는 어땠을까? 아인슈타인의 뇌를 보면 좋은 머리를 만드는 방법을 알 수 있지 않을까?

안타깝게도 지금까지의 연구결과를 보면 아인슈타인의 뇌는 일반인과 크게 다르지 않았던 것 같다. 일부 유의미한 차이가 있다는 연구결과가 있으나, 그 차이가 아인슈타인의 천재성을 설명할 만큼 큰 것인지는 학계에서도 의견이 분분하다.[2] 오히려 아인슈타인의 뇌 무게는 예상과 달리 1.23킬로그램(kg)으로 일반 남성(평균 1.4kg 내외)보다 가벼웠다(물론 뇌가 무겁다고 해서 지능이 좋은 것은 아니다).[3]

아인슈타인의 뇌를 잘게 쪼개서 연구해도 제대로 밝혀지지 않는 신비로운 뇌의 세계. 정말 머리를 좋게 만드는 과학적인 방법은 없는 것일까?

뇌는 신체의 성장이 멈춘 후에도 끊임없이 변화해

1950년대까지 학자들은 인간의 뇌가 아동기와 청소년기를 거쳐 빠르게 발달한 후 성인이 되면 더 이상 변화하지 않는다고 믿었다. 실제로 뇌의 무게는 출생 당시 0.35kg에 불과하나 36개월이 되면 1.14kg에 이를 정도로 매우 빠른 속도가 성장한다.[4] 덕분에 태어난 직후 부모의 도움 없이 아무것도 할 수 없었던 아이가 세 돌쯤 되면 간단한 의사소통을 별 무리 없이 하고 음식을 스스로 먹으며 대소변을 가릴 줄 알게 된다. 그런데 이러한 뇌의 성장은 20대가 되면 완전히 멈춘 후 노화가 진행되면서 인지와 운동 기능이 점차 저하된다는 것이 당시 학계에서 널리 받아들여진 견해였다. 여기에는 뇌의 구조가 유전에 따라 결정되기 때문에 외부의 영향에 의해 바뀔 수 없다는 생각이 기저에 깔려있었다.

그런데 아인슈타인의 뇌를 연구한 신경과학자로 유명한 매리언 다이아몬드 박사Marian Diamond의 연구팀은 1964년, 쥐를 대상으로 수행한 실험을 통해 기존의 통념을 뒤엎는 놀라운 연구결과를 내놓았다.[5] 실험은 두 개의 집단, 즉 장난감이 수시로 바뀌고 다른 쥐들과의 상호 작용이 가능한 풍족한 환경에서 지낸 쥐들과 좁은 공간에서 장난감 없이 혼자 있어야 하는 빈곤한 환경의 쥐들을 대상으로 진행됐다. 그 결과, 풍족한 환경에 놓인 쥐의 대뇌피질cerebral cortex(뇌의 대부분을 차지하는 대뇌에서 그 표면을 감싸고 있는 신경조직)이 상대적으로 더 두꺼웠으며 대뇌피질이 두꺼울수록 학습능력이 더 뛰어난 것으로 나타났다. 그런데 이러한 변화는 새끼 쥐에서만 나타난 것이 아니라 성체, 심지어 고령의 쥐에서도 마찬가지였다. 뿐만 아니라 어릴 때 풍족한 환경에서 자란 쥐들은 나중에 환경이 바뀌더라도 두꺼운 대뇌피질 상태를 유지했다.

위의 실험결과를 사람에게 적용하면, 뇌는 연령을 불문하고 다양한 자극을 받을수록 더 발달하며 어릴 때 발달한 뇌는 성인이 된 후에도 그 능력이 이어진다고 볼 수 있다.

사람을 대상으로는 실험을 수행하기 어렵다는 난관이 있었지만, 이후 학자들은 뇌가 유동적으로 변화하는 능력, 즉 **뇌 가소성**brain plasticity(다른 말로 **신경가소성**neuroplasticity이라고도 한다)에 대해 본격적으로 연구하기 시작했다. 우리의 뇌는 크게 **뉴런**neuron이라는 불리는 신경세포와 뉴런들을 연결해주는 **시냅스**synapse로 구성되어 있는데,[6] 뉴런과 시냅스는 평생 생성과 소멸을 반복할 뿐만 아니라 그 연결구조 또한 끊임없이 변하는 것이 밝혀졌다. 우리의 뇌가 하나의 큰 컴퓨터라면, 그 안에는 '뉴런'이라고 불리는 작은 컴퓨터가 약 1,000억 개, 작은 컴퓨터들을 서로 연결하는 '시냅스'라는 케이블이 약 100조 개 들어있다. 그런데 이러한 작은 컴퓨터들과 케이블, 그리고 이들 사이의 연결망은 고정되어 있지 않고 늘 변화한다는 것이다. 또한 연결망이 촘촘할수록, 불필요한 연결망이 적을수록 큰 컴퓨터, 즉 우리의 뇌는 더 뛰어난 능력을 보이는 것으로 나타났다. 컴퓨터가 많으면서 효율적으로 연결될 때 성능이 좋아진다는 사실을 고려하면, 이는 우리의 직관과 대체로 일치한다.

사람의 뇌 구조가 외부의 영향으로 바뀔 수 있다는 생각은 영국 런던의 택시기사를 대상으로 한 연구를 통해 다시 한번 입증되었다.[7] 전 세계에서 도시화가 가장 일찍 진행된 지역 중의 하나인 런던은 도로가 복잡하기로 유명하다. 그런데 런던에서 택시기사가 되려면 이처럼 복잡한 도로는 물론이고 주요 건물과 장소의 위치까지 모조리 외워서 주행경로에 관한 구술시험을 통과해야 한다. 이 때문에 택시면허를 따는 데 보통 2년 이상 걸릴 정도로 많은 훈련이 필요한데, 이는 런던 택시기사들의 두뇌, 특히 해마hippocampus(기억과 학습을 관장하는 뇌 영역)가 보통 사람과 다른 구조를 보일 가능성이 있음을 시사한다. 바로 이 점에 착안해서 연구가 진행됐다.

택시기사 16명(오른손잡이 32~64세 남성)과 같은 조건의 일반인 50명의 뇌를 비교해 봤더니 예상대로 두 집단 간 해마의 모습이 달랐다. 택시기사의 해마는 뒷부분이 상대적으로 큰 대신 앞부분이 작았다. 뿐만 아니라 택시기사 경력이 길수록 뒤쪽 해마가 더 커지는 데 반해 앞쪽은 더 작아졌다. 이러한 결과가 의미하는 바는 무엇일까? 크게 두 가지로 요약할 수 있다. 첫째, 해마 뒤쪽은 공간에 관한 정보를 저장하는 것과 관련이 있다. 둘째, 환경적 요인에 의해 성인 뇌의 구조가 일부 바뀔 수 있다. 즉, 성인의 뇌도 가소성을 갖는다.

실제로 한 연구에 따르면, 성인의 뇌 속 해마에서는 매일 700개씩의 뉴런이 새로 만들어지고 또 그만큼의 뉴런이 사라진다고 한다.[8]

이는 매년 해마에서 약 2%에 달하는 뉴런이 교체되는 것과 같다. 다시 말해 우리는 매일 조금씩 달라진 뇌를 갖고 무언가를 기억하고 학습하고 있는 셈이다.

뇌 가소성은 어릴 때일수록 더 강하게 나타나

우리의 뇌가 평생 변한다고 해서 언제든지 머리가 좋아질 수 있다고 생각하면 오산이다. 예컨대 학창 시절에는 실컷 놀다가 성인이 된 다음 마음을 잡고 공부를 시작하면 머리가 금방 좋아지지 않는다. 당연한 말처럼 들리겠지만 뇌의 구조는 어릴 때 더 쉽게 바뀐다.

뇌는 두 개의 반구, 즉 좌반구(좌뇌)와 우반구(우뇌)로 구성돼 있다. 흔히 알려진 것처럼 좌뇌는 몸의 오른쪽을, 우뇌는 몸의 왼쪽을 통제한다. 이 때문에 뇌의 혈관이 막히거나 터지는 뇌졸중이 좌뇌에 발생하면 오른쪽 반신마비가 생길 수 있다. 또한 인간의 언어능력을 관장하는 언어중추는 대부분 좌측 대뇌에 있어 좌반구가 손상되면 실어증과 같은 언어장애가 올 수 있다.

그런데 한 연구에 따르면 아동의 경우에는 어느 한쪽 반구에 이상이 생겨도 또래와 비슷한 언어능력을 보였다.[9] 즉, 손상된 한쪽 반구의 기능을 다른 쪽 반구가 수행한 것이다. 이는 좌뇌를 다친 성인이 심각한 언어장애가 겪는 것과 대조적이다. 아동과 성인 간에 뇌 가소성이 얼마나 다른지를 여실히 보여준 사례라 하겠다.

뇌의 일부 영역은 어린 시절에 국한돼서 발달하기도 한다. 시력이 대표적인데, 선천적으로 백내장을 안고 태어나면 빛이 눈에 제대로 들어오지 못해 시각정보 처리에 문제가 생긴다. 다시 말해 시각적 자극이 부족해 시각피질visual cortex(시각정보 처리를 담당하는 대뇌피질의 일부) 발달에 장애가 발생하는 것이다. 그런데 백내장이 7~9세 이후에 나타나면 그 전에 발병하는 것보다 시력 손상이 훨씬 적다는 연구결과가 있다.[10] 이러한 사실은 시각피질의 발달이 대부분 7세 이전에 이루어짐을 의미한다.

타 지역에서 온 대학 신입생을 통해 환경적 요인이 뇌 구조 변화에 어떠한 영향을 미치는지를 살펴본 연구도 있다.[11] 이 연구는 집으로부터 최소 160킬로미터(km) 떨어진 미국 대학에 입학한(우리나라로 치면 대전 이남 지역의 학생이 '인서울 대학'에 입학한 것과 같다) 평균연령 19세의 신입생을 실험군으로 하여 그들의 뇌 단면을 6개월 간격으로 두 차례 촬영하였다. 그 결과, 6개월 후에 신경조직의 밀도가 유의미하게 증가한 것으로 나타났다. 그러나 실험의 대조군으로 설정된 대학원생(평균연령 29세)에게서는 이러한 변화가 관찰되지 않았다. 이는 적어도 10대 후반까지는 새로운 환경 변화가 뇌 발달에 긍정적으로 작용할 수 있음을 시사한다.

뇌를 효율적으로 개발하려면 어릴 때 뇌에 적절한 자극을 줘야

지금까지 살펴본 연구결과로 볼 때, 뇌를 효율적으로 개발하기 위해서는 뇌 가소성이 두드러지는 아동기와 청소년기에 다양한 경험을 하는 것이 중요하다. 뇌는 자극을 받아야, 즉 감각기관을 통해 여러 정보를 받아야 발달할 수 있기 때문이다. 꾸준히 배우면 뉴런과 시냅스로 구성된 신경회로가 생성되거나 강화되지만, 그렇지 않으면 소멸되거나 약화된다. 다시 말해 뇌 가소성은 동전의 양면과 같다. 뇌 구조는 좋은 방향이나 나쁜 방향으로 모두 변할 수 있다.

그런데 여기서 한 가지 주의할 점이 있다. 앞서 인간의 뇌를 하나의 큰 컴퓨터를 비유할 때 비효율적인 연결망이 적을수록 성능이 더 높아진다고 한 바 있다. 실제로 유아기의 뇌는 시냅스의 수가 성인보다 50% 정도 더 많지만 성장과정에서 불필요한 시냅스를 제거(이를 **시냅스 가지치기**synaptic pruning라고 부른다)함으로써 뇌의 효율성을 높인다. IQ가 높은 아동을 보면 발달 초기에는 뇌의 피질이 두껍지만 후기에는 얇아지는데,[12] 이는 시냅스 가지치기가 원활히 이루어졌음을 방증한다. 이렇게 볼 때 과도한 조기교육은 시냅스를 지나치게 활성화시켜 뇌 발달에 부정적인 영향을 미칠 공산이 크다. 돈은 돈대로 쓰면서 오히려 역효과가 발생할 수 있는 것이다. 다이아몬드 박사도 쥐 실험을 언급하며 이와 비슷한 견해를 밝힌 바 있다.

> "쥐에게 장난감을 너무 빠르게 많이 주면 뇌 발달에서 큰 변화를 얻지 못한다. 오히려 시간을 두고 천천히 장난감을 제공할 때 더 큰 변화를 볼 수 있다. 과잉 자극을 받으면 뇌의 피질에서 변화가 적게 발생한다."[13]

뇌도 심장, 폐 등과 다를 바 없는 신체기관이다. 결국 지나치지 않게 적절한 자극을 주는 것이 뇌 발달의 지름길인 셈이다.■

제21장

적어도 40대까지는 자기계발에 힘써라

뇌 건강을 위해서는 죽을 때까지 공부해야

공부는 도대체 언제까지 해야 할까? 대학에 들어갈 때까지만? 취업할 때까지만? 이를 뇌과학자에게 물으면 이렇게 대답할 것이다.

"관 속에 들어갈 때까지 공부해야 합니다."

참으로 끔찍하다. 단 하루도 공부하기 싫은데 죽을 때까지 공부해야 한다니. 하지만 건강하게 사려면 어쩔 수 없다. 좋은 식습관을 유지하고 꾸준히 운동해야 건강한 삶을 영위할 수 있듯이, 뇌 건강을 위해서는 죽기 전까지 공부해야 한다(물론 뇌 건강에는 좋은 식습관과 꾸준한 운동도 중요하다). 특히 뇌는 흔히 '치매'로 알려진 알츠하이머병Alzheimer's disease을 비롯한 퇴행성 질환이 발병하기 쉽다. 뇌에 꾸준히 자극을 주는 것이 알츠하이머병의 발생과 진행을 늦춘다는 연구결과는 무수히 많다.

일례로 미국의 노인 700여 명(평균연령 80세)을 대상으로 신문 읽기, 체스와 같은 게임 하기, 도서관 방문, 연극 관람 등의 인지활동을 현재 얼마나 자주 하는가에 따라 알츠하이머병 발병률이 어떻게 달라지는지를 살펴본 연구가 있다.[1] 이에 따르면, 인지활동 빈도가 하위 10% 안에 드는 노인은 상위 10% 이내의 노인보다 알츠하이머병에 걸릴 확률이 약 3배 높았다. 이러한 결과는 뇌 건강에 영향을 미치는 다른 요인들, 즉 현재의 사회경제적 지위와 건강상태, 과거의 인지활동 빈도 등의 영향을 통제했을 때도 비슷했다.

학자들은 장기간의 활발한 인지활동이 노년기의 인지기능 저하를 예방하는 데 도움이 된다고 본다.[2] 쉽게 말해 공부를 꾸준히 하면 늙어서 알츠하이머병에 걸릴 확률이 낮아지거나 혹시 걸리더라도 그 증상이 약할 수 있다는 뜻이다(이를 **인지비축**cognitive reserve 효과라고 한다). 그 대표적인 사례로 미국의 대규모 알츠하이머병 연구에 참여하였던 수녀들 중 한 명인 '메리 수녀Sister Mary'를 들 수 있다. 84세까지 학생들을 가르쳤던 메리 수녀는 101세에 타계하기 직전에도 매우 정상적인 인지능력을 보였는데, 사후 뇌를 부검하였더니 놀랍게도 알츠하이머병을 앓았던 것으로 밝혀졌다.[3]

이쯤 되면 왜 죽을 때까지 공부해야 하는지를 더 이상 설명하지 않아도 될 듯싶다. 뇌 건강에 관한 이야기는 이 책의 주제에서 벗어나니 여기에서 이만 줄이고, 지금부터는 교육의 관점에서 언제까지 공부해야 하는지를 논의해 보기로 하자.

대학생은 고등학생의 절반만큼, 30~40대는 하루 10분 공부해

사실 교육의 관점에서도 평생 공부해야 한다. 사회의 빠른 변화에 적응하고 노동시장에서 높은 성과를 거두며 자아실현을 이루기 위해서는 전 생애에 걸쳐 꾸준히 학습할 필요가 있다. 교육학자들이 '요람부터 무덤까지 from the cradle to the grave' 배워야 한다며 평생교육 또는 평생학습을 강조하는 것도 바로 이 때문이다. 결국 죽을 때까지 공부해야 함은 과학계나 교육계나 매한가지인 셈이다.

그렇다면 우리나라 국민은 성인이 된 후에도 열심히 공부하고 있을까? 통계청의 2019년 「생활시간조사」에 따르면, 19세 이상 성인의 학습시간은 일평균 24분에 불과했다.[4] 이마저도 대학생·대학원생의 학습시간이 3시간 29분으로 고등학생(6시간 44분)의 절반 정도에 달했기에 망정이지, 30대부터는 그 시간이 기하급수적으로 줄

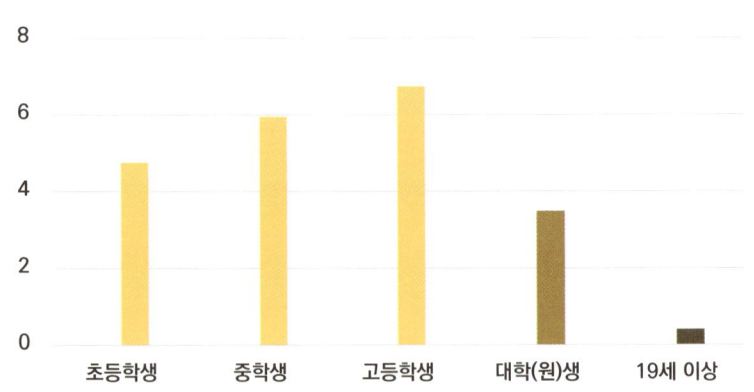

학생 및 성인의 일평균 학습시간(2019년) 　　　　단위: 시간

자료: 통계청 「생활시간조사」.

어들었다. 30대는 15분, 40대는 8분, 50대는 불과 5분에 그쳤다. 이러한 모습은 2009년이나 2014년 등 과거에도 마찬가지였다.

반면 TV방송이나 비디오를 시청하는 시간은 20대 1시간 18분, 30대 1시간 20분, 40대 1시간 46분, 50대 2시간 10분으로 연령대가 높아질수록 더 늘어났다. 그러니까 우리나라 성인들은 시간이 부족해서 공부를 못한 것이 아니라 싫어서 안 한다고 보면 된다.

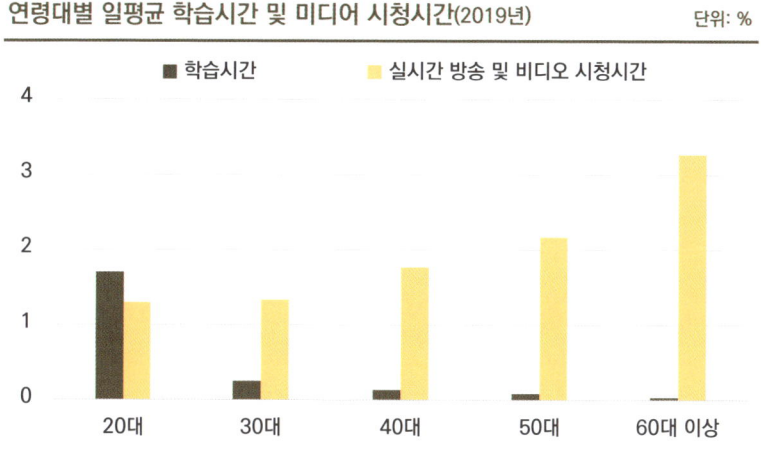

30대 이상이 공부와 담을 쌓고 지낸다는 점도 우려스럽지만, 사실 대학생·대학원생의 일평균 학습시간(3시간 29분)이 초등학생 수준(4시간 46분)에도 미치지 못하다는 점도 큰 문제다. 심지어 이들은 문화와 여가 활동에 더 많은 시간(3시간 35분)을 쓰고 있었다.

혹자는 우리나라 학생들이 중고등학교 때 그만큼 공부했으면 됐지, 성인이 된 다음에도 열심히 해야 하느냐고 반문할지도 모르겠다. 학창 시절의 많은 학습량 덕분에 성인이 된 후에도 계속 우수한 역량을 유지한다면 그렇게 생각할 수도 있다. 하지만 최근 발표된 OECD의 「국제성인역량조사PIAAC: Programme for the International Assessment of Adult Competencies」에 따르면, 안타깝게도 우리나라 성인 역량은 OECD 평균에도 미치지 못하고 있다.

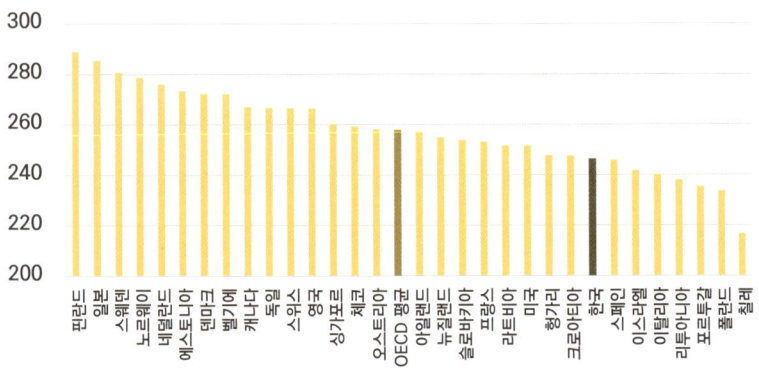

OECD 국가별 성인 역량*(2022~2023년)   단위: 점

* 문해력, 수리력 및 문제해결능력 점수의 평균 기준. OECD 비회원국 2개국(싱가포르, 크로아티아) 포함.
자료: OECD(2024a)를 이용하여 직접 계산.

뿐만 아니라 연령이 높아질수록 역량 저하도 심화되고 있다. 우리나라 성인의 문제해결능력은 16~24세의 경우 OECD 평균보다 5점 낮았지만 25~34세는 6점, 35~44세는 11점, 45~54세는 13점, 55~65세는 20점이나 낮았다.[5] 이러한 결과는 문해력이나 수리력에서도 비슷했다. 정말 충격적인 결과가 아닐 수 없다. 왜냐하면 15세 학생을 대상으로 하는 「국제학업성취도평가PISA」에서는 우리나라가 거의 모든 영역에 걸쳐 줄곧 최상위권을 유지하고 있기 때문이다.[6]

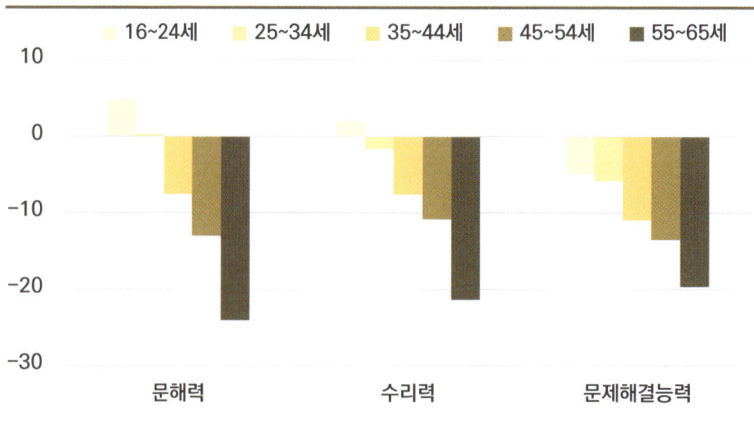

우리나라 성인 역량과 OECD 평균 간의 차이(2022~2023년)

자료: OECD(2024a)를 이용하여 직접 계산.

그렇다면 성인기의 학습 부족이 성인 역량 약화로 이어진 것일까? 학습의 효율성만 놓고 보면 두뇌 회전이 가장 빠른 10대에 열심히 공부하는 것이 바람직할 것 같은데, 위의 결과를 보면 전혀 그렇지가 않다. 청소년기의 학습시간이 아무리 길어도 그 '약발'이 별로 오래 가지 않는 듯하다. 머리가 굳은(전문용어로 말하면 '뇌 가소성'이 떨어지는) 20대 이후에 공부해도 10대에서만큼 효과를 볼 수 있을까?

대부분의 인지능력은 50대가 되어서야 하락하기 시작해

이론적으로 지능은 두 가지로 구분할 수 있다. 주로 선천적인 요인에 의해 결정되는 **유동지능**fluid intelligence과 후천적으로 변할 수 있는 **결정지능**crystallized intelligence이 그것이다. 간단히 말해 나이가 들면서 점점 저하되면 유동지능, 반대로 경험의 축적으로 오히려 향상되면 결정지능이라고 보면 된다. 뇌도 같이 늙어가니까 지능은 유동지능만 있다고 생각하기 쉽지만, 뇌 가소성 이론에서 보았듯이 뇌는 성인이 돼서도 발달할 수 있다. 결정지능의 대표적인 예가 언어이해력, 특히 어휘력이다. 최근에 우리나라 성인 16만 명을 대상으로 진행한 연구에 따르면 20대보다는 30대가, 30대보다는 40대가 더 높은 어휘력을 갖고 있는 것으로 나타났다.[7]

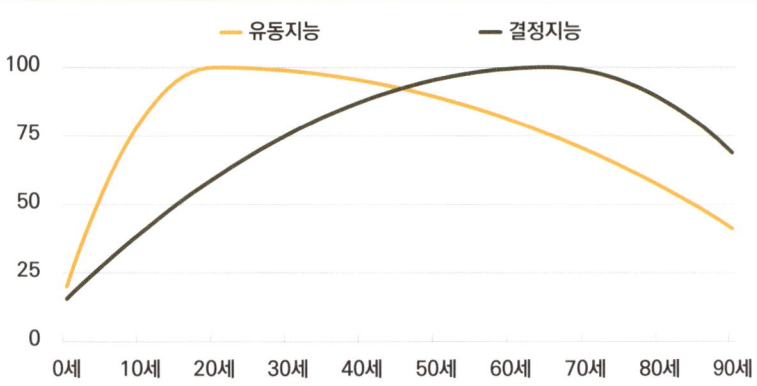

* 각 지능의 최댓값을 100으로 가정하여 대략적으로 추정한 값임.
자료: Cattell(1998), Salthouse(2012), Schaie(2013) 등을 토대로 직접 작성.

　　미국에서 성인의 인지능력이 25세부터 95세까지 어떻게 변하는지를 수십 년에 걸쳐 7년마다 조사한 연구가 있다.[8] 그 결과가 놀라운데, 30대부터 쇠퇴하는 수리력을 제외한 나머지 인지능력(언어이해력, 공간지각력, 귀납적 추론능력, 언어 유창성)은 모두 50~60대 전후에야 하락하기 시작했다. 이로 인해 60세가 되어서도 전반적인 인지능력은 25세와 별다른 차이가 없는 것으로 나타났다.

결국 중장년기의 학습속도가 청년기에 못 미칠 수 있어도 학습능력만큼은 결코 뒤지지 않는다. 그런데도 멀쩡한 머리를 계속 썩히고 있으니 우리나라 성인의 역량이 나이가 들수록 점점 더 떨어지는 것은 어쩌면 지극히 당연한 일이다.

평생학습은 노동시장에서의 성과를 높여주는 가성비 높은 교육

평생학습이 필요한 이유는 노동시장에서의 성과 측면에서도 찾을 수 있다. 안정된 직장에서 돈을 많이 버는 것이 교육의 최종 목표는 아니지만, 이것만큼 교육을 받아야 하는 현실적이면서 강력한 이유는 없다.

2024년 5월 통계청에서 55~64세 인구를 대상으로 조사한 결과를 따르면, 우리나라 국민은 평생 가장 오래 근무한 일자리를 평균 49세에 그만두는 것으로 나타났다. 노동력을 계속 제공할 수 있음에도 사업 부진, 폐업, 권고사직, 정리해고, 자녀 돌봄 등의 이유로 일을 그만둔 비율이 60% 가까이 됐다. 그러니까 우리나라 평균적인 성인은 50세를 전후하여 불가피한 사유로 일자리를 그만둠으로써 50대에 새로운 직장이나 직업을 찾아야 하는 상황에 놓이게 된다.

그런데 평생학습은 기존의 일자리를 유지하거나 새로운 일자리를 얻는 데 도움이 된다. 한국교육개발원의 「평생학습개인실태조사」

결과를 보면, 평생학습은 취업·창업·이직 또는 고용 안정은 물론이거니와 직무능력 향상, 소득 증대에도 긍정적인 영향을 미쳤다. 이러한 효과는 20대와 30대에서 가장 높았는데 40대에서도 이들 연령대와 큰 차이가 없었다. 비록 50대부터 다소 하락하기는 했으나, 70세가 되기 전까지는 평생학습이 노동시장에서의 성과를 높이는 데 상당한 도움이 되었다.

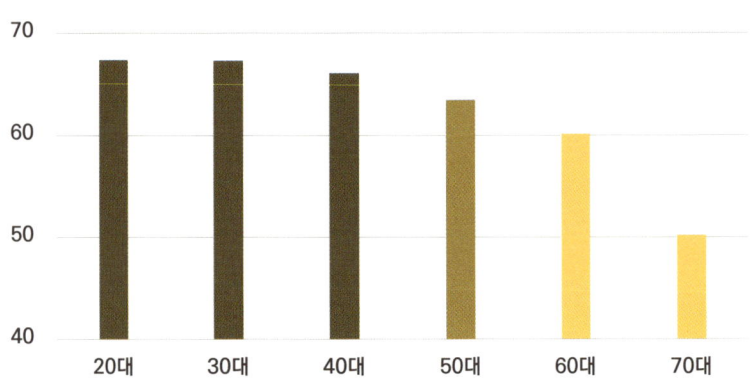

평생학습이 노동시장 성과에 미치는 긍정적 효과(2023년) 단위: 점(100점 만점)

자료: 한국교육개발원 「평생학습개인실태조사」를 이용하여 계산.

한 취업정보업체에서 직장인 870명을 대상으로 한 설문조사에서도 비슷한 결과가 나왔다. 성과가 높은 동료들의 공통점이 무엇이냐고 물었더니 응답자의 절반가량이 '계속 공부한다'라고 답했다.[9] 40대 이상 응답자에서 이 비율이 더 높아진 점도 특기할 만하다. 이는 평생학습의 효과가 최소한 40대까지는 상당히 큼을 방증한다.

물론 평생학습이 공부만을 의미하지는 않는다. 직무능력 향상을 목적으로 하는, 이를테면 미취업자를 위한 직업훈련이나 재직자를 위한 교육훈련도 평생학습의 범주에 포함된다. 이들 훈련도 취업이나 임금상승 등 노동시장에서의 성과에 유의미한 영향을 미친다. 예컨대 교육훈련에 참여한 경험이 있는 근로자는 그렇지 않은 근로자보다 임금을 2% 더 받았다.[10] 다른 조건이 모두 같은데 단지 교육훈련을 받은 경험이 있다는 차이만으로 임금이 2% 높아졌다는 점에서 꽤 놀라운 결과가 아닐 수 없다.

그러나 이러한 긍정적 효과에도 불구하고 우리나라 25세 이상 성인이 2023년 한 해 동안 평생학습에 투자한 금액은 고작 9만 원에 그쳤다.[11] 이는 초중고 사교육비로 치면 겨우 6일 치에 불과하다. 대학입시에만 '몰빵'하며 얼마나 교육을 근시안적으로 바라보고 있는지가 여실히 드러난다. 앞에서 살펴본 바와 같이 인지능력과 학습효과의 측면에서 보면 적어도 40대까지는 자기계발에 힘쓰는 것이 교육의 수익률을 극대화하는 길이다.

한국문학의 거목이었던 박경리 작가는 대하소설 『토지』를 마흔둘부터 쓰기 시작했고, 아시아 여성 최초로 노벨문학상을 받은 한강 작가는 마흔셋에 소설 『소년이 온다』를 세상에 내놓았다. 1954년 노벨문학상 수상자인 어니스트 헤밍웨이Ernest Hemingway는 대표작 『노인과 바다The Old Man and the Sea』를 53세에 발표했으며, 레오나르도 다 빈치는 〈모나리자Mona Lisa〉를 50대에 그렸다.[12] 이들은 모두 젊은 시절부터 왕성하게 활동했음에도 불후의 명작은 40대 이후에 나왔다. 공부의 결실도 마찬가지다. 이렇게 볼 때 공부의 끝이 대학 갈 때까지 혹은 취업할 때까지가 아님은 너무나 자명하다.■

제22장

외국어는 필요하다고 느낄 때 집중학습해라

한국과 일본의 영어 실력, 학습의 양과 동기가 차이를 갈라

　우리나라의 영어교육은 일본의 영향을 많이 받았다. 일제강점기 뿐 아니라 해방 이후에도 일본의 문법 중심 영어교육을 그대로 좇으면서 한국인이나 일본인이나 모두 외국인 앞에 서면 '영어울렁증'으로 고생했다. 적어도 1990년대 중반까지는 우리나라의 영어교육이 일본과 크게 다르지 않았다. 그런데 1997년을 기점으로 한국과 일본의 영어교육은 전혀 다른 길을 걷는다.

　우리나라는 1997년부터 초등학교 3학년 교과목으로 영어를 가르치기 시작했다. 제16장(영어는 일찍 배울수록 더 잘할까?)에서 살펴보았듯이 이 영향으로 이른바 '영어유치원'이 생기며 영어조기교육 열풍이 불기 시작했다. 반면 일본은 1997년 문부성文部省(우리나라의 교육부에 해당) 내에서 문법과 독해 위주의 수험영어가 별 도움이 안 된다며[1] 대학입시의 영어 과목을 폐지하자는 주장이 등장했다. 실제 대입제도의 변화로까지 이어지지는 않았지만, 그만큼 당시 일본에서는 영어교육에 대한 회의론이 강했다.

한국과 일본 영어교육의 엇갈린 방향은 두 나라 국민의 영어능력에 큰 차이를 가져왔다. 한국과 일본에서 가장 많이 보는 영어시험인 토익TOEIC 점수를 보면, 1987~1996년에는 일본의 평균점수가 한국보다 11점 더 높았다. 그런데 2000년대 초중반에 한국이 23점 차로 역전하더니 최근에는 그 차이가 무려 110점 이상 벌어졌다.

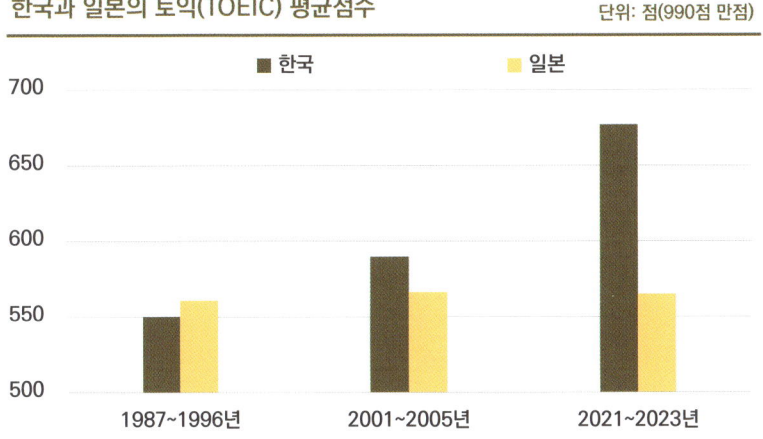

한국과 일본의 토익(TOEIC) 평균점수 단위: 점(990점 만점)

자료: 국제교류진흥회(1997. 8.), 한국토익위원회(2007. 6) 및 ETS(2022, 2023, 2024)를 이용하여 직접 계산.

물론 우리나라는 일본에 비해 토익 학원 등이 활성화되어 수험준비가 수월하며, 더 높은 점수를 획득하기 위해 여러 차례 응시하는 수험생이 많은 것이 사실이다. 하지만 이러한 점을 고려하더라도 두

나라 간의 영어점수 차이는 상당히 커 보인다. 2024년 전 세계 116개 비영어권 국가의 영어능력지수를 비교한 자료에서도 우리나라는 50위였지만 일본은 92위에 그쳤다.[2] 한국은 아시아 23개국 가운데 싱가포르, 필리핀, 말레이시아, 홍콩 다음으로 5위를 차지하며 상위권에 속했지만, 일본은 16위로 하위권에 머물렀다.

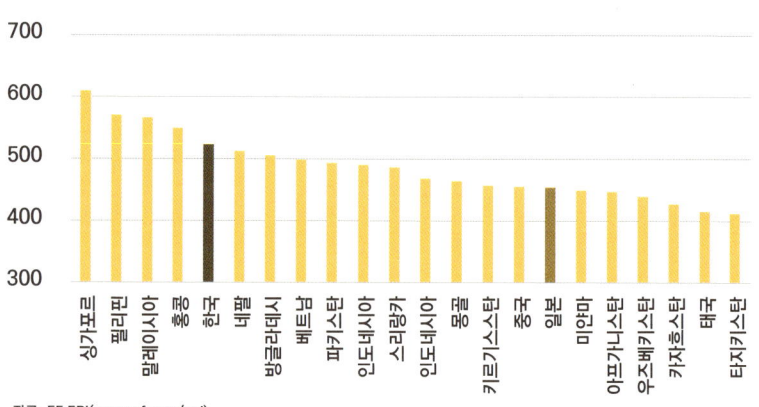

자료: EF EPI(www.ef.com/epi).

아무리 두 나라의 영어교육이 다르게 진행되었다고 하더라도 영어와 전혀 다른 모국어를 사용하는 두 나라 간에 영어 실력 차이가 이렇게 크다는 사실에 놀라지 않을 수가 없다. 한국어와 일본어는 언어학적으로 같은 계통이 아니지만,[3] 어순과 조사 사용, 동사의 어미 변화 등 문법이 비슷하고 공유하는 단어가 많으며 높임말이 존재하는 등 닮은 점이 많다. 그만큼 한국어와 일본어는 영어와 이질적이다. 한국인과 일본인이 영어를 배우는 데 큰 어려움을 겪듯이 미국인도 두

나라의 언어를 가장 배우기 힘든 외국어로 여긴다.[4]

그런데도 한국과 일본 간의 영어 실력에 큰 차이가 나는 이유는 무엇일까? 크게 두 가지 요인을 꼽을 수 있다. 하나는 **학습의 양**이고, 다른 하나는 **학습의 동기**이다. 쉽게 말해 영어를 더 열심히 공부하고 영어를 공부할 유인이 더 크기 때문에 우리나라가 일본보다 영어를 더 잘한다는 뜻이다. 이는 비단 영어에만 적용되는 것이 아니다. 다른 외국어, 다른 교과목도 마찬가지다. 공부량이 많고 공부의 목표가 뚜렷할 때 학습효과가 높아짐은 두말할 필요가 없다.

외국어는 학습량이 중요해... 같은 시간이라면 집중적으로 배워야

2023년 일본의 대표 경제신문인 니혼게이자이신문日本經濟新聞에 한국과 일본의 영어교육을 비교한 기고가 실렸다.[5] 여기에 따르면 우리나라 초등학교의 영어 수업시간은 일본의 1.6배나 되었다. 게다가 일본의 초등 영어교육은 우리보다 14년이나 늦은 2011년에서야 시작되었다. 그마저도 처음에는 초등학교 5~6학년만 해당하였고 우리와 같이 3~4학년생이 영어를 배운 것은 불과 몇 년 전인 2020년부터다. 다시 말해 초중고 영어교육의 절대적 양에서부터 이미 일본은 한국에 한참 밀리는 셈이다. 이 기고는 이러한 차이가 두 나라의 영어능력 격차를 크게 벌린 원인 중 하나라면서 일본의 영어교육이 한국에 뒤처져 있음을 지적하였다.

이뿐만이 아니다. 가장 널리 쓰이는 중고등학교 영어교과서를 살펴보았더니 한국 교과서의 분량이 일본보다 60~70% 정도 더 많았다.[6] 두 나라 모두 영어가 교육과정에서 중요한 과목으로 다루어짐에도 학습의 양에서는 상당한 차이가 있는 것이다. 이는 결과적으로 난이도 격차로 이어졌다. 우리나라의 중고등학교 영어교과서 수준은 일본보다 2~3학년 정도 앞선 것으로 나타났다.[7]

여기에 사교육까지 더한다면, 영어 학습의 양에서 한국은 일본을 사실상 압도하고 있는 셈이다. 이렇게 볼 때 두 나라의 성인 영어 능력에 큰 차이가 나는 것은 새삼 놀랄 일도 아니다. 결국 영어, 더 나아가 모든 외국어에서 그 능력을 키울 수 있는 가장 확실한 방법은 열심히 공부하는 것이다. 제16장(영어를 일찍 배울수록 더 잘할까?)에서 살펴보았듯이 외국어에 더 많은 시간을 투자할수록 그 실력은 더 향상되기 마련이다. 문제는 이렇게 말하기는 쉬워도 이를 실행에 옮기기가 어렵다는 사실이다. 학생이라면 다른 과목도 공부해야 하고, 성인이라면 업무, 가사, 육아, 연애 등 해야 하는 일들이 무수히 많다. 이런 상황에서 외국어만 붙잡고 있을 수는 없는 노릇이다.

그렇다면 주어진 시간에 외국어 실력을 크게 높이는 방법은 무엇일까? 전문가들은 단기간에 집중적으로 학습하는 방법이 가장 효과적이라는 데 입을 모은다. 이 말인즉슨 우리나라의 정규 영어교육처럼 일주일에 적게는 한두 시간, 많게는 서너 시간 공부해서는 평생 해도 높은 수준의 영어능력에 도달하기 어렵다는 뜻이다. 그런데 만일 그 시간을 1~2년 안에 다 쏟아붓는다면? 예컨대 1주일에 2시간씩 20년 동안 배우는 것과 하루 6시간씩 1년간 배우는 것 중에서 어느 쪽이 더 효과적일까? 전체 학습시간만 보면 차이가 없지만 학습의 효과는 하루 6시간씩 1년 동안 집중적으로 배울 때가 크다.

이와 관련하여 스페인에서 흥미로운 연구를 진행한 바 있다.[8] 바르셀로나대학교Universitat de Barcelona의 학생 114명을 3개 그룹으로 나눈 후, 이들로 하여금 동일한 영어교육을 수업일정만 달리하여 모두 110시간씩 받게 했다. 세 그룹은 일주일에 각각 25시간, 8~10시간, 4시간씩 영어를 배웠다(주당 수업시간이 많은 그룹은 그만큼 전체 수업기간이 짧았다). 이들은 처음에 모두 비슷한 영어 실력을 갖추고 있었으며, 수업을 듣기 시작한 지 각각 20시간과 85시간이 경과한 후 듣기·문법·어휘·읽기 영역의 시험을 총 2회 치렀다.

두 시험의 성적을 비교한 결과, 과연 어느 그룹에서 영어 실력이 가장 많이 늘었을까? 예상대로 수업을 집중적으로 받은 그룹(주 25시간)에서 성과가 가장 좋았다. 반대로 수업이 분산된 그룹(주 4시간)은 실력 향상이 가장 저조한 것으로 나타났다.

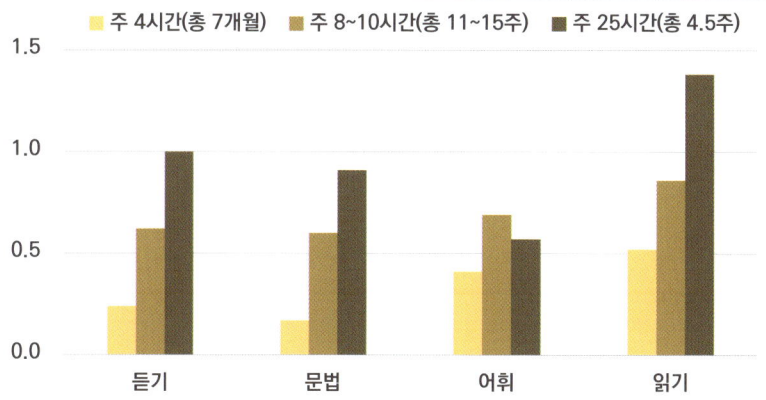

자료: Raquel Serrano & Carmen Muñoz(2007)를 이용하여 직접 계산.

이러한 결과는 비단 외국어에만 국한되지 않는다. 대부분의 기술은 단기간의 집중훈련을 통해 더 높은 수준에 도달할 수 있다. 문제는 단기집중학습이 영어 실력 향상에 큰 도움이 된다는 사실을 잘 알더라도 현실적으로 이를 실행하기가 어렵다는 점이다. 학교와 일상에서 대부분 한국어를 쓰는 상황에서 단기간에 집중적으로 영어를 학습하기란 여간 힘든 일이 아니다. 그렇다면 영어를 잘하기 위해서는 결국 영어를 일상적으로 사용하는 환경에 강제로 노출되어야만 하는 걸까? 다시 말해 외국학교 진학이나 어학연수, 교환학생 프로그램 등을 통해 영어권 국가에 체류하면서 영어를 배워야 할까?

해외에서 공부한다고 해서 어학 실력이 더 향상되는 것은 아냐

미국의 한 연구팀이 프랑스어를 공부하는 미국 대학생을 대상으로 정규교육과정(주 3~4시간 수업, 12주), 국내 단기집중교육 프로그램(주 16~17시간 수업, 7주), 프랑스 현지 어학연수(주 16~17시간 수업, 12주) 간의 효과를 서로 비교해 보았다.[9] 이때 프랑스어 실력은 말하기의 유창성(단어 수, 시간, 속도 등)으로 측정하였다. 상식적으로 생각하면 어학연수, 단기집중교육, 정규과정 순으로 프랑스어가 더 크게 향상될 가능성이 높다. 왜냐하면 이 순서대로 총교육시간도 길어지고 프랑스어에 대한 노출도 커지기 때문이다. 그런데 연구결과는 이와 달랐다. 정규과정의 효과가 가장 낮을 것이란 예상은 맞았지만, 놀랍게도 단기집중교육의 효과가 어학연수보다 더 컸다.

영어를 배우는 스페인 대학생을 대상으로 하는 연구도 이와 비슷한 결과를 제시했다.[10] 이 연구는 국내 집중과정intensive course(주 25시간 수업)과 이보다 집중도가 약한 준집중과정semi-intensive course(주 10시간 수업), 영국으로의 교환학생 프로그램(주 8~12시간 수업)이 각각 영어구사능력에 미치는 영향을 살펴보았다. 영어능력 평가는 말하기와 쓰기를 중심으로 영어교육 초반과 후반 등 두 차례에 걸쳐 실시하였다.[11] 연구결과에 따르면, 동일한 시간만큼 영어에 노출되었을 때 집중과정과 교환학생 프로그램이 준집중과정보다 영어 실력 향상에 더 많은 도움이 되었다. 이는 상식에 부합하는 결과다. 그런데 집중과정과 교환학생 프로그램의 효과를 비교하였더니 둘 사이에 큰 차이가 없었다. 말하기 영역에서는 교환학생 프로그램의 효과가 약간 더 컸지만, 쓰기 영역에서는 반대로 집중과정이 우위를 보였다.[12] 유사한 연구가 평균연령 14~15세의 스페인 청소년을 대상으로도 이루어졌는데, 그 결과 역시 대동소이했다.[13]

이처럼 예상과 다른 결과가 나타난 까닭은 무엇일까? 아무리 국내에서 집중적으로 교육을 받았다고는 하지만, 어떻게 외국 물 먹으며 진행되는 어학연수나 교환학생 프로그램의 효과가 '토종' 교육과정과 별반 다르지 않거나 심지어 이보다 떨어질 수 있을까?

이유는 간단하다. 사람마다 외국의 낯선 환경에 적응하는 정도가 천차만별이라 해외에 있을 때는 외국어 습득의 개인별 편차가 크게 나타나기 때문이다. 다시 말해 외국문화에 관심을 갖고 현지인과 적극적으로 교류하는 사람도 있지만 오직 자국민과만 소통하려는 사람도 있다. 영어권 국가에 어학연수 가서는 수업시간에만 영어를 쓰고 나머지 시간에는 우리나라 친구들과 놀면서 한국어만 쓰는 학생들도 부지기수다. 심지어 국내에 있을 때보다 우리나라 방송프로그램을 더 많이 보고 한국 음식을 더 많이 먹는 경우도 드물지 않다. 실제로 앞에서 살펴본 미국 대학생을 대상으로 한 연구에 따르면, 프랑스 어학연수를 간 학생들이 단기집중교육을 받은 학생들보다 모국어(영어)를 더 많이 사용한 것으로 나타났다.

이러한 점 때문에 전문가들은 유학study abroad만이 외국어를 빨리 배울 수 있는 최선의 방법이라고 보지 않는다(물론 해외체류 경험을 통해 얻을 수 있는 이득이 크다는 사실을 부정하기는 어렵다). 미국과 스페인의 사례에서 보았듯이 학습에 대한 의욕만 있으면 국내에서도 얼마든지 높은 수준의 외국어 실력을 갖출 수 있다. 단기집중교육에 참가한 학생들의 학습효과가 크게 나타난 것은 무엇보다 이들이 모국어 대신 외국어를 많이 사용하려고 의식적으로 노력하였기 때문이다. 그래서 실제로 외국어를 배우는 데 있어서 나이, 장소 등보다 학습 동기나 태도가 훨씬 더 중요하다고 보는 학자들이 많다.

외국어가 필요하다고 느낄 때 공부해야 학습효과가 더 커져

다시 한국과 일본 간의 영어 실력 차이로 돌아가 보자. 우리나라 성인이 일본보다 영어를 더 잘하는 이유는 학습의 동기에서도 찾을 수 있다. 즉, 우리나라가 영어공부를 열심히 할 유인이 더 크기 때문에 영어 실력이 더 뛰어나다는 뜻이다.

우리는 영어를 왜 공부할까? 전 세계의 다양한 국가의 사람과 소통하기 위해서? 다시 말해 영어가 세계 공용어lingua franca이니까? 아마도 영어를 배우는 목적이 무엇이냐는 질문을 받으면 대부분 이렇게 대답할지도 모른다. 하지만 우리나라 학생들이 영어를 배우는 '일차적인' 목적은 세 단어로 요약할 수 있다. 바로 진학, 취업, 유학이다. 그러니까 표면적으로는 좋은 대학과 직장에 가기 위해, 또는 외국에 가서 공부하기 위해 영어를 배운다고 봐야 한다.

이론적으로 학습의 동기는 **내적 동기**intrinsic motivation와 **외적 동기**extrinsic motivation로 나뉜다. 쉽게 말해 배우는 게 순수하게 즐거워서 공부하면 내적 동기가, 어떠한 보상을 바라고 공부하면 외적 동기가 크다고 볼 수 있다. 여기서 보상이란 선생님께 칭찬받거나 부모님께 야단맞지 않는 것뿐만 아니라 수능점수를 잘 받거나 돈을 많이 버는 것, 해외 명문대에 입학하는 것을 모두 포함한다. 이렇게 볼 때 우리가 영어를 공부하는 것은 대부분 외적 동기 때문이다(물론 이는 다른 과목도 마찬가지다).

그런데 한국과 일본은 영어 학습의 외적 동기에서 상당한 차이를 보인다. 대학 진학을 위해 영어를 열심히 공부해야 하는 것까지는 크게 다를 바가 없다. 우리나라에서 수능 영어 영역을 보듯이 일본에서는 '대학입학공통테스트大學入學共通テスト'의 외국어 영역을 본다. 하지만 우리나라에서 취업할 때 대개 토익점수와 같은 영어성적이 필요한 데 반해, 일본에서는 영어 자격요건이 있는 경우가 흔하지 않다. 예를 들어 우리나라 5·7·9급 공무원 채용시험은 영어과목을 보거나 이를 대신하여 영어성적을 제출토록 하지만 일본은 그렇지 않다.

일본의 국가공무원 종합직(우리나라 5급과 유사)은 일정 점수 이상의 영어성적을 제출할 때 가산점을 부여하나, 이는 필수가 아닌 선택사항일 뿐이다. 국가공무원 일반직(우리나라 7·9급과 유사)은 채용과정에서 영어능력을 일절 반영하지 않는다. 영어권 국가로의 유학에서도 우리나라는 일본을 크게 앞선다. 예를 들어 미국에 간 유학생 수를 비교해 보면 한국이 일본의 2.4배(2010~2022년 평균)가량 된다. 일본의 인구가 한국의 2배보다도 더 많으니까 실질적으로는 한국의 유학생 수가 일본의 5배 이상인 셈이다.

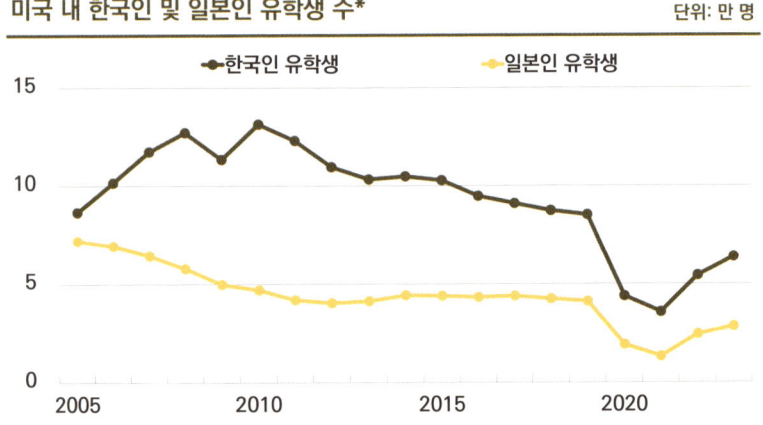

미국 내 한국인 및 일본인 유학생 수*　　　　　　　　　　단위: 만 명

* 학생비자(F-1) 발급 기준. 연도는 미국 연방정부의 회계연도(전년 10월부터 당해년 9월까지)를 의미.
자료: Office of Homeland Security Statistics "Yearbook of Immigration Statistics."

　　　이렇듯 우리나라는 영어 학습의 외적 동기가 일본보다 훨씬 강하다. 학습의 동기가 확연히 다르니 학습의 양에서도 차이가 날 수밖에 없다. 두 나라의 교육과정이 요구하는 절대적인 학습량만 다른 것이 아니다. 우리나라는 영어를 잘해야 여러모로 유리하므로 학생들

스스로 영어 학습에 더 많은 시간과 노력이 기울인다. 뿐만 아니라 학습 동기가 강할수록 긍정적인 학습태도가 형성될 가능성이 더 커진다. 이러한 요인들이 합해지면 결과적으로 학습효과가 상승하기 마련이다. 결국 영어를 비롯한 외국어를 잘하려면 무엇보다 학습에 대한 동기가 충만해야 한다.

그런데 학자들은 외적 동기보다 내적 동기가 학습효과를 높이는 데 더 중요하다고 본다. 그러니까 수능 영어점수를 잘 받기 위해 공부할 때보다 영어에 흥미를 느껴서 배울 때 영어 실력이 더 많이 향상된다는 뜻이다. 영어 학습의 내적 동기는 일반적으로 고등학생보다 중학생이, 중학생보다 초등학생이 더 강하게 나타난다. 우리나라 고등학생 60여 명을 대상으로 진행한 연구에 따르면, 유치원생부터 초등학생까지는 영어에 대한 흥미가 높았지만 중학생부터 급격히 떨어지기 시작해 고등학생이 되면 영어에 흥미를 느끼지 못하는 학생이 더 많았다.[14] 이처럼 학교급이 올라갈수록 영어에 대한 흥미가 줄어드는 것은 교재, 수업방식 등의 영어 학습환경이 시간이 지날수록 입시 준비 중심으로 바뀌는 데에서 비롯된다.

그렇다면 내적 동기가 강한 시기인 유치원생 또는 초등학생 때 영어 학습을 집중적으로 해야 할까? 절대 그렇지 않다. 우선 아이들마다 영어 학습의 내적 동기가 천차만별이다. 즉, 어릴 때라고 해서 모두 영어에 흥미를 갖는 것이 아니다. 더욱이 유치원생과 초등학생 가운데 순전히 내적 동기로 영어를 배우는 아이들이 과연 얼마나 될까? 대부분 좋은 대학과 직장에 가기를 바라는 부모의 등쌀에 떠밀려 영어를 공부하는 것이 아닐까? 앞서 말했듯이 공부는 외적 동기의 영향이 크다. 이렇게 본다면 입시 공부에서 벗어났으면서 취업을 목전에 앞둔 대학생일 때 영어 학습의 동기가 가장 높을지도 모른다. 실제로 우리나라 대학생 125명을 대상으로 설문을 진행하였더니 놀랍게도 고등학생 때 떨어졌던 영어 학습 동기가 대학생이 되면 다시 상승하는 것으로 나타났다.[15] 뿐만 아니라 영어 학습 동기가 가장 높은 시기로 대학에 다닐 때를 꼽은 학생들이 제일 많았다.

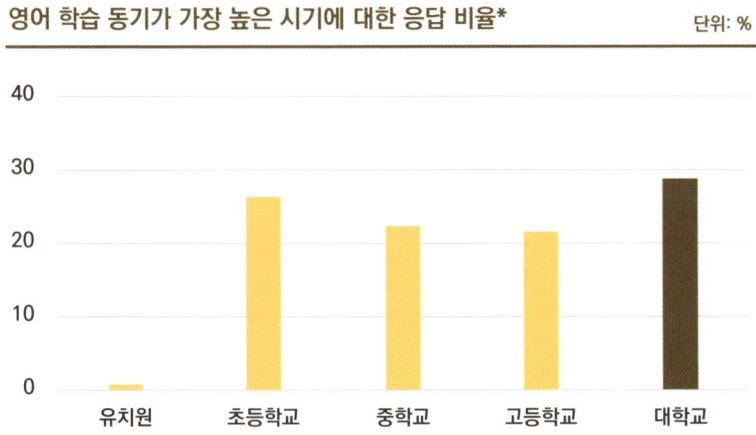

영어 학습 동기가 가장 높은 시기에 대한 응답 비율* 단위: %

* 대학생 125명 응답 기준.
자료: Jung(2011)을 이용하여 직접 계산.

위에서 살펴본 연구들은 모두 영어 학습의 동기를 높이는 데 무엇보다 영어가 필요하다고 느끼는 것이 중요하다고 보았다. 이는 사실 너무나 당연한 말이다. 공부란 좋아서 하기가 어렵다. 대학 입학이나 취업을 위해서든 아니면 삶을 지혜롭게 살기 위해서든, 대부분 공부는 필요하기 때문에 한다. 공부의 필요성을 더 많이 느끼는 사람일수록 더 열심히 공부할 테니 그만큼 학습효과가 더 크게 나타날 수밖에 없다. 이는 영어 학습, 더 나아가 모든 외국어 학습에도 똑같이 적용된다. 결국 외국어 학습의 적정 시기는 유아기도, 아동기도, 청소년기도 아니다. 외국어가 필요하다가 느낄 때가 바로 외국어를 효율적으로 배울 수 있는 최적의 시기인 셈이다.

많은 돈을 쓰지 않더라도 얼마든지 외국어 능력을 키울 수 있어

오늘날에는 정보통신기술의 발달로 국내에서도 해외 현지에 버금가는 외국어 학습환경을 만들 수 있다. 예컨대 스마트폰에 내장된 빅스비Bixby, 시리Siri 등의 **인공지능**AI: artificial intelligence 비서라든지, 챗지피티ChatGPT와 같은 AI 챗봇chatbot, 또는 이를 기반으로 만들어진 다양한 앱을 이용하여 마치 원어민과 대화를 주고받듯 언제 어디서나 외국어로 회화 연습을 할 수 있다. 또한 넷플릭스Netflix, 디즈니플러스Disney+ 등의 온라인동영상서비스를 통해 외국어로 제작된 TV프로그램을 365일 24시간 시청할 수 있다. 특히 코로나19로 비대면 교육이 확대되면서 온라인 학습환경이 눈에 띄게 좋아졌다. 온라인 환경하에서도 외국어 능력이 충분히 향상됨을 보여주는 연구결과들이 근래 들어 속속 발표되고 있다.[16]

따라서 이제는 외국어를 집중해서 배우기로 마음만 굳게 먹는다면 얼마든지 적은 비용으로도 높은 학습효과를 거둘 수 있다. 조기유학이나 어학연수, 영어유치원처럼 돈을 많이 쓴다고 해서 결코 능사는 아니다.■

자기효능감을 갖고
자기주도적으로 공부해라

개천에서 용이 나올까? 그렇게 믿고 노력하면 용이 될 수 있어

'금수저'로 태어난 학생과 '흙수저'로 태어난 학생 가운데 평균적으로 누가 공부를 더 잘할까? 안타까운 현실이지만 당연히 금수저로 태어나야 학업성적이 더 뛰어날 확률이 높다. 그 이유는 다양하다. 부유한 환경일수록 양질의 교육을 더 많이 받거나 부모의 기대가 더 크기 때문일 수도 있고, 그만큼 부모의 능력이 더 출중하기 때문일 수도 있다. 이러한 부모를 둔 아이들은 대부분 교육여건이 우수한 곳에서 학업에만 전념할 수 있기 때문이기도 하다. 제4장(사교육이 메카, 서울 강남구 대치동)에서 보았듯이, 서울 강남구의 학생들이 다른 지역보다 서울대나 의대에 더 많이 진학하는 것은 분명한 사실이다. 용은 개천이 아니라 큰 강에서 주로 나오는 셈이다.

그렇다면 흙수저는 부모 잘못 만난 신세를 한탄할 수밖에 없는 걸까? 유복한 환경에서 태어나지 못했으니 성공하기 힘들다고 포기해야 할까? 절대로 그렇지 않다. 개천에서 용이 나오기가 쉽지 않아도 용이 될 수 있다고 믿고 노력하면 충분히 그렇게 될 수 있다. 마음가짐만 다르게 가져도 학습의 성과는 크게 변한다.

미국의 저명한 심리학자인 캐럴 드웩Carol Dweck 교수에 따르면, 사람의 능력에 대한 마인드셋mindset(마음가짐)은 두 가지로 구분할 수 있다. 하나는 우리의 능력이 변하지 않는다는 **고정 마인드셋**fixed mindset이고, 다른 하나는 꾸준히 성장한다는 **성장 마인드셋**growth mindset이다(물론 이 둘을 동시에 가질 수도 있다).[1] 단어에서 대충 짐작이 가듯이 성장 마인드셋을 지닐 때 학업성적이 더 좋아진다. 쉽게 말해 '공부머리는 태어날 때부터 정해져 있어'라고 생각하는 사람보다 '공부머리는 쓸수록 더 발달해'라고 믿는 사람이 실제로 공부를 더 잘한다는 뜻이다.

이를 증명하기 위해 드웩 교수의 연구팀은 칠레의 고등학생 17만여 명을 대상으로 마인드셋이 학업성취도에 미치는 효과를 살펴보았다.[2] 그 결과는 가히 놀라웠다. 마인드셋 유형과 언어·수학 점수 간의 관계를 분석하였더니 두 과목 모두에서 성장 마인드셋을 가진 학생들의 점수가 높았다. 이는 가구 소득수준, 부모의 학력 등 학업성적에 미치는 다른 요인의 영향을 통제했을 때도 마찬가지였다. 마인드셋의 영향력은 가정환경에 따른 학업성적 차이를 상쇄할 정도로 컸다. 예컨대 가구 소득수준이 하위 10%이지만 성장 마인드셋을 지닌 학생은 소득이 상위 10~20%이지만 고정 마인드셋을 지닌 학생와 비슷한 점수를 보였다. 즉, 가정형편이 좋을수록 학업성적이 더 높아지기는 하지만 가난한 학생도 성장 마인드셋을 지닌다면 얼마든지 부유한 학생을 따라잡을 수 있다.

그런데 안타까운 것은 가정형편이 나쁠수록 성장 마인드셋을 가진 학생이 점차 줄어든다는 사실이다. 위의 연구결과에 따르면, 소득 하위 10%의 학생들은 고정 마인드셋을 지닐 확률이 성장 마인드셋의 5배에 달했다. 반면 소득 상위 10%의 학생들은 두 마인드셋의 비율이 비슷했다. 그러니까 개천에서 용이 되려면 먼저 개천에서도 얼마든지 용이 나올 수 있다는 믿음부터 가져야 한다.

기대치가 높으면 성적이 올라가는 피그말리온 효과가 나타나

심리적 요인이 학업성취에 미치는 영향은 비단 사람의 능력에 대한 마인드셋에 국한되지 않는다. 주위로부터 받는 기대가 클수록 학업성적이 더 높아지는, 이른바 **피그말리온 효과**Pygmalion effect도 존재한다(피그말리온은 그리스 신화에 나오는 조각가로 자신이 만든 조각상과 사랑에 빠져 이를 닮은 아내를 원하는데, 나중에 이 조각상이 피그말리온의 바람대로 사람이 되어 그와 결혼한다).

피그말리온 효과는 1965년 미국의 심리학자인 로버트 로젠탈Robert Rosenthal 교수 연구팀이 수행한 실험을 통해 처음 확인되었다.[3] 연구팀은 캘리포니아의 한 초등학교 1~6학년생 320명을 대상으로 지능검사를 실시한 후 이 중에서 무작위로 65명을 뽑아 이들의 성장 잠재력이 크다고 교사들에게 '거짓' 통보하였다. 즉, 실제로는 65명의 학생과 다른 255명의 학생 간에는 특별한 차이가 없었으나 교사들에게 허위 정보를 알려준 것이다. 이로부터 1년이 흐른 후 학생들의 지능을 다시 검사하였다. 그런데 놀라운 결과가 나타났다. 성장 잠재력이 크다고 '잘못' 알려진 65명이 나머지 255명보다 실제로 IQ가 더 많이 오른 것이다. 이러한 효과는 특히 1학년과 2학년 학생에게서 두드러졌다.

이 결과를 어떻게 해석해야 할까? 성장 잠재력이 크다는 거짓 정보는 오직 교사에게만 주어졌을 뿐인데, 어떻게 이들 학생의 IQ가 더 많이 상승하였을까? 그것은 교사의 기대치가 학생의 발달에 유의미한 영향을 미쳤기 때문이다. 교사는 의식적이든 또는 무의식적이든, 성장 잠재력이 크다고 잘못 알려진 학생에게 더 많은 격려와 자극을 주었을 확률이 높다. 이러한 기대를 받은 학생들은 자신의 높은 잠재력을 믿고 노력함으로써 결과적으로 더 많이 성장할 수 있었던 것이다.

잘할 수 있다는 자기효능감이 클수록 학업성적이 더 좋아져

사실 교육의 관점에서 보면 성장 마인드셋과 피그말리온 효과가 시사하는 바는 다름에도 둘은 한 가지 중요한 공통점을 갖고 있다. 바로 '잘할 수 있다'라는 믿음, 즉 **자기효능감**self-efficacy[4]이 기저에 깔려 있다는 점이다. 다시 말해 성장 마인드셋과 피그팔리온 효과에서 나타난 긍정적 모습은 사실상 자기효능감에서 비롯되는 것이라고 해도 무방하다. 학업에 대한 자기효능감이 클수록 학업성취가 더 높아진다는 결과를 제시한 연구는 무수히 많다.[5]

일례로 우리나라 초등학교 4학년과 6학년 학생 1,800여 명을 대상으로 자기효능감이 국어·영어·수학 성취도에 미치는 영향을 살펴본 연구가 있다.[6] 이에 따르면 모든 학년과 과목에서 자기효능감의 긍정적인 효과가 발견되었다.[7] 특히 수학과 영어 과목에서는 자기효능감이 학업성취도를 가장 잘 예측할 정도로 그 영향력이 컸다. 그러니까 사교육 또는 방과후학교 참여, 교육과정의 학습량과 난이도, 가족의 지원 등과 같은 다른 요인들보다 자기효능감이 학업성취를 더 잘 설명하였다.

이러한 결과는 우리나라 중고등학생과 대학생을 대상으로 한 연구에서도 비슷하게 나타났다.[8] 대체로 수학 과목에서 자기효능감의 영향력이 컸는데, 이는 자기효능감이 낮아 수학을 포기한 '수포자'가 많다는 현실을 고려하면 쉽게 수긍이 가는 대목이다.

그렇다면 자기효능감이 클수록 학업성적이 더 좋아지는 까닭은 무엇일까? 그것은 자기효능감이 학습의 태도나 동기, 전략 등을 변화시킬 수 있기 때문이다. 당연한 말이지만, 공부를 잘할 수 있다는 믿음이 있을 때 더 열심히 그리고 더 즐겁게 학습에 참여한다. 또한 자기효능감이 강한 학생은 능동적으로 학습을 계획하고 이를 실천하는, 이른바 **자기주도학습**self-directed learing에 더 많은 시간을 할애한다. 자기주도학습은 자신의 학습 습관이나 목표에 맞는 전략을 선택함으로써 학습의 효율성을 높일 수 있다는 장점이 있다.

자기주도학습이 사교육보다 학업성취에 더 긍정적 영향을 미쳐

자기주도학습의 효과는 사교육과 비교할 때 더욱 분명히 드러난다. 왜냐하면 자기주도학습과 사교육을 통한 학습은 사실상 정반대의 공부법과 다름없기 때문이다. 자기주도학습이 스스로 '공부하는' 것이라면, 사교육은 학원 등에서 '공부시키는' 것에 해당한다.

과연 자기주도학습과 사교육 참여 중 어느 것이 학업성적에 더 긍정적인 영향을 미칠까? 이를 분석한 연구들을 살펴보기로 하자.

먼저 2005학년도 수능을 치른 전국의 고등학생 1천 3백여 명을 대상으로 자기주도학습과 사교육의 수능성적(백분위점수) 상승효과를 비교한 연구가 있었다. 이에 따르면, 주 5~10시간 공부하는 학생을 기준으로 자기주도학습의 효과는 사교육의 최소 1.5배에서 최대 7배에 달했다. 한 마디로 자기주도학습의 완승이었다.

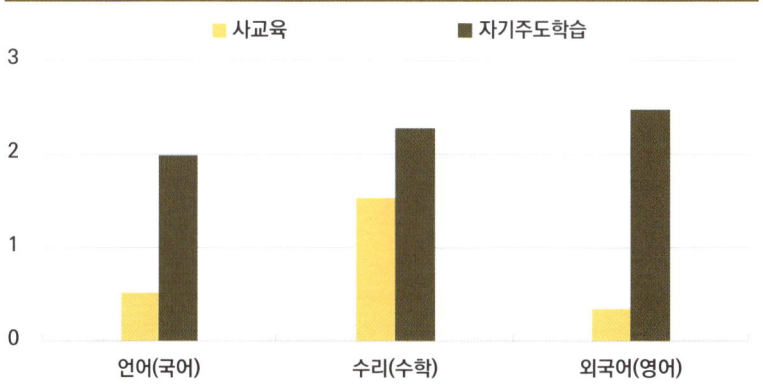

주 1시간 학습의 수능성적 상승효과*(2005학년도)   단위: 점

* 주 5~10시간 공부하는 학생이 사교육 또는 자기주도학습 시간을 주 1시간 늘릴 때 백분위점수(100점 만점)의 상승폭.
자료: 김희삼(2011)을 이용하여 직접 계산.

2011년 서울의 초중고 학생 1만 2천여 명을 분석한 연구에서는 그 결과가 조금 달랐다. 자기주도학습과 사교육에 같은 시간을 투자했을 때 초등학생은 사교육의 효과가 더 좋은 것으로 나타났다. 하지만 학교급이 올라갈수록 사교육의 효과가 점차 줄어들어 고등학생이 되면 자기주도학습이 학업성취 향상에 더 큰 도움이 되었다. 고등학생(2학년)의 경우 자기주도학습의 효과가 사교육보다 30~70% 정도 더 높았다.

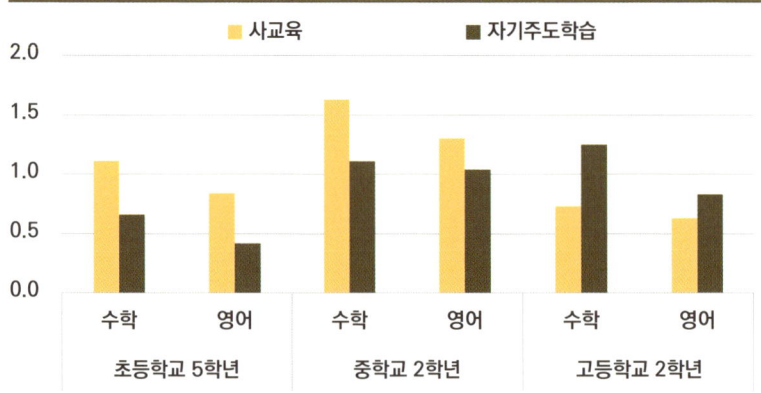

일 1시간 학습의 학업성취도 상승효과*(2011년) 단위: 점

* 사교육 또는 자기주도학습 시간이 하루 1시간 증가할 때 학업성취도(100점 만점)의 상승폭.
자료: 김희삼(2012).

또 다른 연구는 2010~2012년 서울의 초중고 학생 6천 4백여 명을 대상으로 하였는데, 여기서는 매일 1시간의 자기주도학습과 매월 100만 원만큼의 사교육비 지출이 각각 학업성취도에 어떠한 영향을 미치는지를 비교하였다. 이 연구의 결과 역시 위와 크게 다르지 않았다. 초등학생은 상대적으로 사교육이 학업성취에 더 큰 영향을 미쳤다. 그러나 중학생과 고등학생은 자기주도학습의 효과가 더 컸다. 특히 고등학생의 경우 둘 간의 효과가 극명하게 대비됐다. 자기주도학습을 매일 1시간씩 더 했을 때는 수학과 영어 과목의 학업성취도가 유의미하게 상승하였다. 하지만 사교육비 지출을 매달 100만 원만큼 더 늘렸을 때는 효과가 거의 없었다. 더욱이 이 당시의 사교육비 100만 원은 그동안의 물가상승을 고려할 때 현재가치로 약 135만 원에 달한다. 매달 사교육비를 135만 원이나 더 쓰는데도 그 효과가 하루 1시간씩 더 공부하는 것과 비교할 수 없을 정도로 미약하다니 정말 놀라운 결과가 아닐 수 없다.

사교육·자기주도학습의 학업성취도 상승효과*(2010~2012년) 단위: 점

■ 사교육비(100만 원/월) 증가　　■ 자기주도학습(1시간/일) 증가

* 사교육비가 월 100만 원 또는 자기주도학습이 일 1시간 증가할 때 학업성취도 표준점수(평균 50, 표준편차10)의 상승폭.
자료: 강창희·박윤수(2015)를 이용하여 직접 계산.

초등학생 때 자기주도학습의 학업성취도 상승효과가 사교육에 비해 낮은 것은 이 시기에 아이들이 스스로 공부할 수 있는 능력을 충분히 갖추지 못했기 때문으로 보인다. 따라서 초등학생은 부모, 교사

등의 지도를 받아 공부하는 편이 더 나을 수 있다.

그러나 자기주도적으로 학습할 능력이 갖춘 다음부터는 스스로 학습계획을 세워 이를 실행에 옮기는 것이 중요하다. 이는 위에서 살펴본 것처럼 비단 학업성적에 영향을 미치기 때문만이 아니다. 자기주도학습 능력은 대학에서의 학업성적, 심지어 취업 후의 업무성과로까지 이어진다는 연구결과도 있다.[9] 대학에서 전공수업을 들을 때 또는 직장에서 새로운 업무를 배울 때조차 사교육의 도움을 받을 수는 없지 않을까? 남이 떠먹여 주는 밥을 받아먹는 데 익숙해지면 스스로 밥 먹는 법을 까먹기 마련이다. 자기주도학습은 자율성과 책임감, 문제해결능력을 길러 학업성과를 높일 뿐 아니라 훗날 성공적인 사회생활을 영위하는 데에도 중요한 토대가 될 수 있다.

자기효능감과 자기주도학습 능력이 키우는 데는 돈이 들지 않아

지금까지의 연구결과들을 종합해 보면, 개천에서든 큰 강에서든 용이 되기 위해 꼭 갖춰야 할 것 중의 하나는 바로 학업에 대한 자기효능감과 자기주도학습 능력이다. 그렇다면 이들은 어떻게 키울 수 있을까? 여기에 대한 정답은 없지만, 자기효능감 개념을 처음 소개한 앨버트 반두라Albert Bandura 박사 등의 저명한 교육심리학자들은 다음과 같은 방안을 제안한다.[10]

첫째, 작은 학습목표를 설정하고 이를 달성하는 연습을 반복하며 더 큰 목표로 나아간다. 뭐든 할 수 있다는 자신감과 혼자 척척 해낼 수 있는 능력이 처음부터 바로 생기는 것은 아니다. 작은 성공의 경험이 축적되면 더 큰 도전 앞에서도 맞서 싸울 수 있는 용기와 힘이 생기기 마련이다. 예컨대 수학 시험에서 50점을 받았다면 다음 목표는 55점으로, 이를 달성하면 그다음 목표는 60점으로 조금씩 올리며 성공의 기쁨을 맛보는 게 좋다.

둘째, 부모와 교사, 친구 등 주변 사람들로부터 학습에 대한 피드백을 꾸준히 받는다. 이를 통해 스스로 인지하지 못한 부분을 깨닫고 학습방향을 조정할 수 있다. 특히 부모와 교사의 긍정적인 피드백은 학습 동기를 강화하고 학습성과를 높이는 데 도움이 된다. 이때 긍정적인 피드백이란 학생이 잘하고 있는 점을 '구체적으로' 칭찬하는 것을 말한다. 능력이나 결과에 대한 맹목적인 칭찬, 즉 '넌 똑똑해', '1등 해서 잘했어'와 같은 말은 피하는 것이 좋다.

이처럼 자기효능감과 자기주도학습 능력을 키우는 데에는 돈이 들지 않는다. 그만큼 교육의 수익률을 큰 폭으로 올릴 수 있다. 물론 부모의 입장에서는 귀찮을지도 모른다. 학원에 보내고 나면 그다음부터 별로 신경 쓸 일이 없는데, 자기효능감과 자기주도학습을 위해서는 자녀의 공부에 꾸준히 관심을 가져야 할 테니까. 이렇게 볼 때, 과도한 사교육은 부모의 경쟁과 불안 심리에서만 오는 것이 아니라 부모로서의 역할과 책임을 다하지 못하는 데서도 비롯된 것이 아닐까?■

자신만의 학습법을 찾고 충분한 수면을 취해라

수능 만점자를 따라 해도 그렇게 되지 않듯 공부의 왕도는 없어

수능과 같이 일제고사―齊考査 형태의 대입시험은 1968년 12월에 처음 시행된 대학입학예비고사(흔히 '예비고사'라고 부른다)에서부터 본격적으로 시작되었다.[1] 그러니까 '예비고사-학력고사-수능'으로 이어진 전국 단위의 대입시험은 그 역사가 무려 50년이 넘는다. 그동안 이 시험을 치른 수험생의 수도 3천만 명을 훌쩍 뛰어넘을 정도다.[2] 우리나라 국민의 절반가량이 봤다고 해도 과언이 아닌데, 과연 그중에서 몇 명이나 만점을 받았을까?

반세기가 넘는 오랜 시간이 흘렀음에도 불구하고 지금까지 대입시험에서 만점을 받은 학생은 놀랍게도 200명대에 불과하다. 확률로 따지면 십만 분의 일, 즉 0.001%에도 못 미친다. 이마저도 역대 최고의 '물수능'이라 불렸던 2001학년도 수능에서 만점자가 무려 66명이나 쏟아져 나왔기에 망정이지, 만점자가 나오지 않은 해가 나온 해보다 훨씬 더 많았다. 심지어 예비고사와 학력고사가 실시된 25년 동안(1969~1993학년도)에는 만점자가 단 한 명도 없었다.

그래서 1999학년도 수능(1998년 11월 시행)에서 첫 만점자가 등장했을 때 언론에서는 열광하며 이를 대서특필했다. 당시 학교 간 경쟁을 막고자 수능 수석을 발표하지 않는 것이 관례였는데, 그해는 예외였다. 외환위기로 온 국민이 힘든 시기를 겪고 있을 때라 그런지 몰라도 모두가 광복 이래 최초의 대입시험 만점자 탄생을 축하했다. 그 주인공은 현재 미국에서 물리학자로 활동하고 있는 오승은 교수였다.

입시업계는 수험생들 사이에서 일약 스타로 떠오른 그녀를 당연히 가만히 둘 리가 없었다. 그래서 탄생한 것이 바로 〈오승은의 수능노트〉 시리즈다. 오 교수가 수능을 준비하면서 정리한 과목별 요점노트를 총 7권의 참고서로 만들었는데, 이 책들은 말 그대로 선풍적인 인기를 끌었다. 2024년 초 그녀가 한 방송프로그램에서 출연해서 밝힌 바에 따르면, "고등학생 신분으로서는 생각할 수 없을" 만큼 인세를 많이 받았다고 할 정도였다.[3]

그런데 수험생들은 이 책을 왜 샀을까? 수능 만점자가 어떻게 공부했는지 궁금했거나 만점자의 노트를 보면 수능에서 고득점을 받을 것 같았기 때문이지 않았을까? 아마도 〈오승은의 수능노트〉에 수능 만점의 비결이 숨겨져 있다고 믿었던 게 분명하다. 그렇다면 이 책을 본 학생들은 나중에 수능에서 높은 점수를 받았을까?

흔히 공부 잘하는 사람의 학습법을 그대로 따라 하면 나도 잘할 것 같은 생각이 든다. 그러나 이는 사실 **생존자 편향**survivorship bias에 가깝다. 생존자 편향이란 실패(또는 탈락)한 사례를 무시하고 성공(또는 생존)한 사례에만 주목함으로써 전체를 왜곡해서 판단하는 오류를 말한다. 그 대표적인 예가 바로 사교육시장의 광고다. 명문대 합격생을 수십 내지 수백 명 배출했다는 학원의 대대적인 홍보 뒤에는 그 학원에 다녔음에도 원하는 대학에 가지 못한 학생들의 실패가 숨어있다. 하지만 수강생을 끌어모아야 하는 학원에서 이를 공개할 리가 없다. 이 때문에 수험생들은 일부의 성공 사례만 보고 '저 학원에 가면 명문대에 갈 수 있겠구나'라는 착각에 빠진다.

수능 만점자가 정리한 내용을 달달 외운다고 해서 수능에서 고득점을 받을 리는 만무하다. 마찬가지로 오승은 교수처럼 과목별 요점을 일목요연하게 정리하는 습관을 지녔더라도 수능을 잘 본다는 보장은 없다. 즉, 단 한 명의 성공 사례만으로 이를 가장 훌륭한 수능 공부법이라고 일반화하기는 어렵다. 결국 〈오승은의 수능노트〉는 수능 고득점의 비결을 알려주는 것이 아니라 수능 고득점자의 학습 내용과 습관을 엿볼 수 있는 책이라고 봐야 한다.

그러나 안타깝게도 25년 남짓 지난 오늘날에도 이른바 우등생들의 공부 잘하는 비법을 소개하는 책과 영상이 쏟아지고 있다. 국립중앙도서관의 소장자료를 검색해 보면, '공부'라는 단어가 제목에 들어간 책이 쉴 새 없이 발간되고 있음을 확인할 수 있다. 심지어 그 양도 매년 꾸준히 늘어나고 있다. 이는 제목에 '성공'이 포함된 책이 점차 줄어들고 있는 것과 너무나 대조적이다.

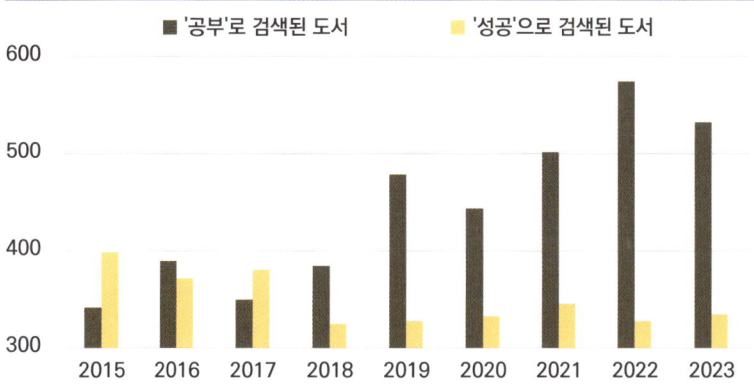

제목 검색어별 도서 발행 종수*
단위: 종
* 국립중앙도서관 소장자료 기준.
자료: 국립중앙도서관(www.nl.go.kr)을 이용하여 직접 계산.

아르헨티나의 리오넬 메시Lionel Messi, 프랑스의 킬리안 음바페 Kylian Mbappé와 같은 세계적인 축구선수들의 훈련법을 아무리 열심히 따라 해도 대부분은 그들처럼 될 수 없다. 프로축구리그의 문턱조차 넘지 못하는 경우가 부지기수다. 이는 재능만의 문제가 아니다. 각자 저마다의 훈련법이 있기 마련인데, 유명한 선수가 하는 방법이라고 해서 이것이 모든 사람에게 다 통한다는 법은 없다.

공부도 마찬가지다. 명문대에 들어간 학생들의 학습법이 모두를 우등생으로 만들어주지는 않는다. 개중에는 공부머리가 유별나게 뛰어난 사람도 있다. 이러한 학생의 공부법을 따라 한들, 시험에서 높은 점수를 받을 확률은 거의 없다. 이뿐만이 아니다. 우등생마다 학습효과가 좋다는 방법 또한 천차만별이다. 틀린 문제를 따로 정리하는 오답노트만 보더라도 그 효과에 대해 설왕설래한다. 한 번 틀린 문제를 다시 틀리지 않기 위한 가장 효과적인 학습법이라는 주장도 있지만, 작성하는 데 불필요하게 시간만 낭비할 뿐이라는 의견도 있다.

물론 다른 사람이 어떻게 공부하는지 참고하는 것은 나쁘지 않다. 중요한 것은 우등생의 학습법을 한 번쯤 따라 해보더라도 결국 자신에게 맞는 학습법은 스스로 찾아야 한다는 사실이다. 여러 번의 시행착오를 겪다 보면 어떻게 공부해야 효과적인지는 학생 본인이 제일 잘 안다.

고대 그리스의 유명한 수학자 유클리드Euclid는 '공부에는 왕도王道가 없다'라고 말했다.[4] 공부 잘하는 비법을 찾느라 시간과 돈을 헛되이 쓰지 말자. 중국의 진시황秦始皇은 불가능한 불로장생을 위해 수은이 몸에 해로운 줄도 모르고 이를 즐겨 먹다가 결국 단명했다. 마찬가지로 존재하지도 않는 공부의 왕도를 좇다가 자신에게 맞지 않는 학습법을 고집하면, 중요한 시험에서 고배를 마실 수밖에 없다. 2천여 년 전부터 진리처럼 전해져 내려온 유클리드의 명언이 오늘날에도 여전히 유효함은 두말할 필요가 없다.

규칙적으로 충분한 수면을 취할수록 학습성과가 더 올라

공부에 왕도는 없을지 몰라도 정도正道는 있다. 즉, 성적을 손쉽게 올리는 방법이란 존재하지 않지만 '공부는 이렇게 해야 한다'라는 원칙은 있다는 뜻이다. 너무나도 당연한 말이지만, 무엇보다 공부에 많은 시간과 노력을 투자하는 것이 중요하다. 이를 지키지 않고서 공부 잘하기를 바라는 것은 요행과 다름없다.

그렇다면 잠을 줄여서라도 학습시간을 늘려야 할까? 과거 학력고사 시절에 '사당오락四當五落'이라는 말이 유행한 적이 있었다. 하루 4시간 자면 대학에 붙고 5시간 자면 떨어진다는 말인데, 그만큼 학력고사는 암기할 내용이 방대하여 많은 시간의 공부가 필요했다. 수능을 치르는 오늘날에는 상황이 사뭇 달라졌지만, 여전히 우리나라 청소년의 수면시간은 적정 수준에 한참 모자란다. 미국 국립수면재단 National Sleep Foundation과 미국수면의학회American Academy of Sleep Medicine에 따르면, 14~17세(또는 13~18세) 청소년의 일일 권장 수면시간은 8~10시간이다.[5] 하지만 우리나라 중학생과 고등학생의 주중 평균 수면시간(2023년 기준)은 각각 7시간과 6시간에도 미치지 못한다. 아직도 '사당오락'인 양 하루 5시간도 못 자는 고등학생이 네 명 중 한 명꼴로 많다. 정말 잠을 적게 자면서까지 공부시간을 늘려야 학업성적이 오르는 걸까?

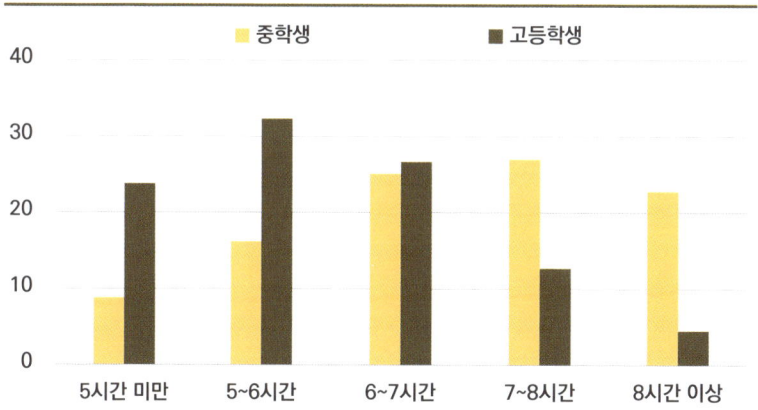

중고등학생의 주중 평균 수면시간별 분포(2023년)

자료: 교육부·질병관리청(2024).

2019년 미국의 매사추세츠공대Massachusetts Institute of Technology(약칭 MIT) 학생들을 대상으로 수면시간과 학업성적 간의 관계를 살펴본 연구가 발표되었다.[6] MIT는 공붓벌레가 많은 대학으로 유명하다. 수업에서 요구하는 공부량이 한마디로 살인적이다(실제로 MIT 학생의 자살률은 미국 대학 평균을 크게 상회한다). 그렇다면 잠을 적게 자는 학생일수록 성적이 더 좋을 것 같은데, 과연 그럴까? 연구결과는 놀랍게도 우리의 예상을 완전히 빗나갔다.

이 연구는 기초화학 수업을 듣는 90명가량의 학부생(대부분 1학년생)을 대상으로 진행되었다. 손목에 착용한 스마트기기를 통해 한 학기 동안 이들의 수면시간과 수면의 질을 측정하였다. 학생들의 평균 취침시각은 오전 1시 54분이었고 기상시각은 9시 17분이었다. 연구결과에 따르면 수면시간이 길수록, 수면의 질이 좋을수록, 규칙적인 수면습관(일정한 수면시간)을 가질수록 학업성적이 더 높게 나타났다. 흥미로운 것은 시험 전날보다 평상시의 수면이 성적에 더 큰 영향을 미쳤다는 사실이다. 즉, 평소 규칙적으로 잠을 푹 자면서 공부한 학생이 더 뛰어난 학업성취를 보였다.

미국과 유럽에서 아동·청소년을 대상으로 진행된 연구들은 대체로 위와 비슷한 결과를 내놓았다.[7] 그러나 우리나라에서는 아쉽게도 이러한 주제의 연구를 찾아보기 힘들었다. 2017년 일반계 고등학교 1~2학년생 약 700명이 참여한 연구에서 수면의 질이 높을수록 학업성적이 더 우수하다는 결과를 제시한 것이 거의 유일했다.[8]

왜 잠을 잘 자야 공부를 더 잘하는 걸까? 수면은 신체의 전반적 기능을 회복시킬 뿐만 아니라 두뇌, 그중에서도 학습을 관장하는 해마가 기억을 강화하는 데 큰 도움을 준다. 해마는 낮에 학습하거나 경험한 것을 일시 저장했다가 수면 중에 대뇌피질로 보내 장기기억으로 바꾼다. 또한 우리가 잠자는 동안 불필요한 정보를 삭제하여 중요한 정보가 잘 저장되도록 한다. 따라서 낮에 공부한 것을 오래 기억하려면 그날 밤 충분한 수면을 취해야 한다. 더욱이 잠이 부족하면 뇌의 인지기능이 제대로 회복되지 못해 집중력과 주의력, 판단력이 흐려진다. 이는 학습능력과 문제해결능력의 저하로 이어져 새로운 정보를 흡수하거나 과제를 수행하는 데 어려움을 겪게 만든다.

　사실 낮 동안의 학습능력을 높이기 위해서는 숙면 못지않게 아침식사를 거르지 않는 것도 중요하다. 아침에 충분한 영양을 섭취하면 학업성적이 오른다는 데는 이견이 거의 없다.[9] 그러나 안타깝게도 2023년 기준으로 우리나라 청소년 열 명 가운데 네 명 이상이 아침을 먹지 않았다. 심지어 결식률이 빠른 속도로 상승하고 있다.

중고등학생의 주 5일 이상 아침식사 결식률 (단위: %)

자료: 교육부·질병관리청(2024).

충분한 수면을 취하고 아침식사를 거르지 않으려면, 종달새처럼 일찍 자고 일찍 일어나는 '아침형 인간'[10]이 되어야 할 듯싶다. 그런데 현실에서는 올빼미처럼 밤늦게까지 공부하는 '저녁형 인간'이 많다. 과연 공부를 잘하기 위해서는 아침형 인간이 돼야 할까?

아침형 또는 저녁형인지보다 중요한 것은 잠을 푹 잘 수 있어야

생체리듬이나 주활동시간에 따라 아침형, 저녁형과 같이 분류하는 것을 전문용어로 **일주기 유형**chronotype이라 부른다. 정말 이러한 일주기 유형에 따라서 학업성적이 달라질까?

네덜란드의 어느 고등학교 학생 740여 명을 대상으로 종달새족(아침형)과 올빼미족(저녁형)의 시험성적을 시간대별로 비교한 연구가 있었다.[11] 이 학교의 1교시 시험은 오전 8시 15분부터, 가장 늦은 8교시 시험은 오후 2시 15분부터 시작되었다. 그 결과는 어땠을까? 1교시 시험은 종달새족의 성적이 올빼미족보다 높았다. 다만 다음 교시로 갈수록 그 격차가 점점 줄어들더니 정오 무렵에 시작되는 6교시 시험에서는 차이가 거의 사라졌다. 그러니까 적어도 오전에는 종달새족과 올빼미족 간에 성적 차이가 존재한 것이다.

올빼미족의 오전 학업성과가 종달새족보다 떨어진다는 결과는 사실 다른 연구에서도 쉽게 찾아볼 수 있다.[12] 그런데 왜 올빼미족은 오전 시험에 약한 걸까? 그 이유는 생체리듬이 학교 일과시간과 맞지 않기 때문일 수도, 수면시간이 절대적으로 부족하기 때문일 수도 있다(실제로 이 연구에 참여한 학생의 주중 평균 수면시간은 8시간에 조금 못 미쳤는데, 7시간 미만으로 잔 학생들의 성적이 특히 더 나빴다). 어느 것이 더 큰 영향을 미쳤는지 알기는 어렵지만, 올빼미족이 이른 아침부터 시작되는 학교생활에 적응하는 데 어려움을 겪는다는 점만큼은 분명하다. 우리나라도 대부분 학교의 수업이 오전 8~9시경부터 시작하고 매년 수능시험 입실시각도 오전 8시 10분까지다. 이렇게 볼 때 충분한 수면시간을 확보하기 쉬운 아침형 인간이 학습에 상대적으로 더 유리할 법하다.

다만 일주기 유형과 학업성취도 간의 관계를 다룬 연구들을 종합적으로 분석해 보았더니 아침형에 가까울수록 성적이 더 좋은 것은 사실이었으나 그 상관관계가 강하지 않았다.[13] 오히려 인지능력은 저녁형일수록 소폭이나마 더 높게 나타났다. 각 분야에서 성공한 사람들을 보더라도 어느 한쪽이 더 낫다고 말하기 힘들다. 예컨대 같은 기업인이지만, 애플Apple의 최고경영자 팀 쿡Tim Cook은 아침형인 반면 테슬라Teslar의 창업자 일론 머스크Elon Musk는 저녁형인 것으로 알려져 있다. 미국의 버락 오바마Barack Obama 전 대통령은 재임 시절에 밤 1시가 넘도록 일했지만, 미셸 오바마Michelle Obama 여사는 새벽 4시 30분경에 일어났다.[14] 오바마 전 대통령 부부는 모두 젊은 시절 하버드 로스쿨Harvard Law School을 졸업한 수재였음은 널리 알려진 사실이다.

따라서 어떤 일주기 유형이 학습에 더 적합하다고 단정적으로 결론 내리기는 어렵다. 더욱이 아침형 인간이어도 너무 이른 새벽에 일어나면 수면시간이 부족할 수 있다. 반대로 저녁형 인간이어도 너무 늦지 않게 취침하면 숙면을 취할 수 있다. 결국 아침형 또는 저녁형인지, 다시 말해 언제 자고 언제 일어나느냐보다 훨씬 더 중요한 것은 밤에 얼마나 자느냐이다.

충분히 자려면 학습시간, 그중 사교육 시간을 줄일 수밖에 없어

하루는 24시간으로 정해져 있다. 단 1분도 더 늘릴 수가 없다. 아침형 인간까지는 되지 못하더라도 적어도 아침밥을 거르지 않고 밤에 푹 자려면 결국 공부하거나 노는 시간을 줄일 수밖에 없다. 우선은 노는 시간부터 줄이자. 그런데 사람이 기계도 아닌데 쉬지 않고 계속 공부만 할 수는 없지 않은가? 노는 시간을 줄일 만큼 줄였다면 이제 남은 시간은 학습시간뿐이다. 그러니까 수면시간이 턱없이 부족한 청소년기에는 잠을 줄여서 그 시간에 공부를 더 할 게 아니라 반대로 공부시간을 줄이더라도 잠은 충분히 자야 한다.

1999학년도 수능 만점자 오승은 교수도 당시 언론과의 인터뷰에서 고2 때까지 잠을 푹 잤다고 말했다.[15] 고3이 된 후에도 기숙사에서 지낸 주중에는 수면시간이 하루 5시간 정도였지만, 주말이 되면 집에 돌아와 17시간가량 잠을 몰아서 잤다고 한다. 어쩌면 수능 만점의 진정한 비결은 충분한 수면시간에 있었는지도 모른다.

문제는 밤 10시까지(적어도 법적으로는 이때까지만 학원 운영이 가능하다) 학원에 다니는 우리 청소년들에게 있어서 지금보다 한두 시간 더 자는 게 여간 어려운 일이 아니라는 점이다. 학교와 학원에서 온종일 수업을 듣느라 진이 다 빠진 채로 집에 돌아오면 밀린 숙제와 공부가 기다리고 있다. 이들을 다 끝내고 나면 자정을 훌쩍 넘기기가 일쑤다. 이러한 상황에서 하루 여덟 시간은커녕 예닐곱 시간 동안만이라도 꿈나라에 가는 것은 말 그대로 꿈같은 이야기다.

결국 충분한 수면시간을 확보하려면 학습시간을 효율적으로 써야 한다. 즉, 불필요한 공부는 없애고 학습효과가 낮은 공부는 줄여야 한다. 학교에서 보내는 시간도 결코 낭비해서는 안 되겠지만, 이 중에서 가장 큰 비중을 차지하는 학교 수업은 마음대로 건너뛸 수가 없다. 그렇다면 줄일 수 있는 학습시간은 스스로 공부하는 시간 혹은 사교육에 투입하는 시간뿐이다. 제23장(자기효능감을 갖고 자기주도적으로 공부해라)에서 살펴보았듯이, 비용과 효과를 고려할 때 둘 중에서 어떤 시간을 줄여야 할지는 너무나도 자명하다.

이렇게 볼 때 과도한 사교육의 기회비용은 비단 고액의 학원 수강료와 과외 교습비만 해당하지 않는다. 수면시간을 갉아먹음으로써 학업성적을 떨어뜨리는 것, 이것이 필요 이상으로 행해지는 사교육의 더 큰 비용인 셈이다.■

나에게 맞는 입시전략을 세워라

교육정책은 백년대계가 아니라 '백일소계'일 정도로 수시로 변해

앞에서 살펴보았듯이 2001학년도 수능은 우리나라 대입 역사상 가장 쉬웠던 시험이었다. 수능이 지나치게 쉽게 출제되면 상위권 학생들 사이의 변별력이 떨어져 입시에서 수능점수의 영향력이 하락하게 된다. 실제로 2001학년도 서울대 정시모집에서는 수능 만점자가 불합격하는 등 내신성적이 유례없이 당락을 크게 좌우하였다.

그러자 이듬해 갑자기 '불수능'이 됐다. 당연히 만점자는 단 한 명도 없었다. 수석의 원점수도 392점(당시 만점은 400점이었다)에 불과했다. 이는 지금까지도 역대 최고의 '불수능'이라 불리는 1997학년도 수능(수석의 원점수가 373.3점이었다) 이후 가장 낮은 점수였다.

사실 수능 초기는 시행착오의 연속이었다. 수능 첫해인 1994학년도에는 시험이 8월과 11월 두 차례 있었다. 그런데 8월 시험을 잘 본 학생이 11월 시험에 대거 응시하지 않자, 다음 해부터 연 1회 시행으로 바뀌었다. 수능의 난이도 또한 오락가락했다. 처음에는 해를 거듭할수록 더 어려워졌다. 1994학년도 1차 수능의 상위 50% 집단의 평균점수(100점 만점 환산 기준)는 62점이었으나, 1997학년도에는 54점까지 떨어졌다. 그런데 갑자기 1998학년도부터 문제가 쉽게 출제되더니 2001학년도에는 평균점수가 무려 84점까지 뛰어올랐다. 그러다가 2002학년도에는 다시 68점으로 고꾸라졌다.[1]

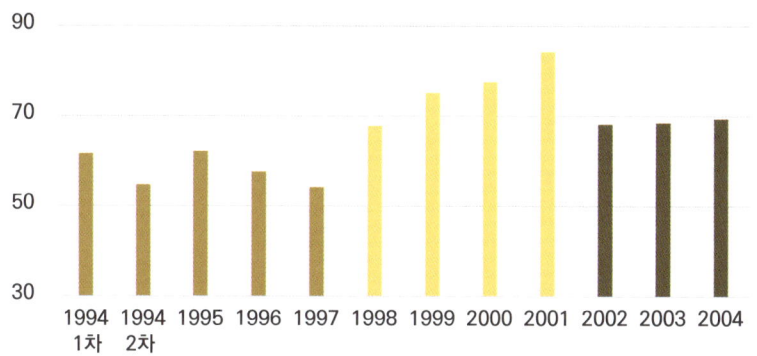

수능 상위 50% 집단의 총점 평균*   단위: 점(100점 만점)

* 2002~2004학년도는 언어, 수리, 사회탐구, 과학탐구, 외국어(영어) 영역의 원점수를 합산한 후 100점 만점으로 환산.
자료: 한국교육과정평가원 「대학수학능력시험 연도별 접수현황」과 「대학수학능력시험 연도별 채점현황」를 이용하여 직접 계산.

이처럼 수능은 한 해가 멀다 하고 바뀔 정도로 그 일관성을 찾아보기 힘들다. 사실 우리나라의 교육정책은 백년대계百年大計가 아니라 '백일소계百日小計'라고 불러야 할 만큼 시시때때로 바뀐다. 현행 대입제도의 근간이 되는 수능이 바로 그 대표적인 사례이다. 교육정책의 잦은 변화는 대부분 공교육 정상화와 사교육비 경감에 맞춰져 있다. 1990년대 중반 대학별 본고사가 폐지된 이후 대입정책이 바뀔 때마다 여기에서 크게 벗어난 적이 없다. 하지만 30여 년이 지난 지금, 과연 정책당국이 바라던 세상이 왔을까? 안타깝지만 전혀 그렇지 않다.

수능의 첫 10여 년 동안이 주로 시행착오를 겪었던 시기라면, 2005학년도부터는 선택과목의 수가 확대되는 등 수능 제도상의 변화가 본격적으로 시작됐다. EBS 교재와의 연계 출제가 시작된 것도 이때부터다. 2008학년도는 등급(1~9등급)을 제외한 표준점수와 백분위점수 표기가 사라지면서 대혼란이 일어났다. 결국 1년 만에 종전 방식으로 돌아갔다. 2012학년도부터는 과목별 '만점자 1%' 정책에 따라 '물수능' 시대가, 2013학년도부터는 시험의 난이도(A형, B형)를 고를 수 있는 '선택형 수능' 시대가 열렸다. 선택형 수능은 2015학년도 영어 과목에 이어 2017학년도에는 모든 과목에서 사라지면서 5년 만에 폐지됐다. 2018학년도부터는 변별력을 높이기 위한 '킬러 문항'이 본격적으로 등장했고 영어가 절대평가 방식의 등급제로 바뀌었다. 2022학년도부터는 문·이과 구분이 사라졌다. 현재 중3 학생(2024학년도 기준)이 응시하는 2028학년도 수능부터는 선택과목이 사라지면서 모든 학생이 사실상 동일한 시험을 보게 된다.[2] 수능 제도가 크게 변화한 것만 나열해도 이 정도다. 세부적인 출제방향까지 모두 말하자면 정말 끝이 없다.

이러한 상황에서 공부만 열심히 하면 될까? 무슨 과목을 선택할지, 어떤 과목에 더 집중해야 할지, 킬러 문항에는 어떻게 대비해야 할지 등등 자신에게 유리한 수험전략을 세워야 한다. 그런데 지금까지 설명한 교육정책 변화는 대입전형요소 가운데 하나인 수능에만 해당한다. 수시·정시 등의 전형별 모집비율, 수능점수·학생부(학교종합생활기록부) 등의 전형요소별 반영비율과 평가방법까지 모두 고려하면, 수험생의 입시전략은 더욱 복잡해질 수밖에 없다. 이렇게 볼 때 입시전략 컨설팅을 전문적으로 하는 학원이 우후죽순 생기는 현상이 그렇게 이상한 일은 아니다.

하지만 입시전략은 누가 세워야 할까? 학생은 공부만 하면 되니까 학부모가? 아니면 진학 지도를 담당하는 교사가? 아무래도 사교육시장이 정보에 더 밝을 테니까 학원이나 입시업체가? 이에 대한 정답은 없다. 다만 분명한 것은 입시의 결과는 오롯이 학생 본인이 짊어져야 한다는 사실이다. 너무나 당연한 말이지만 학부모나 교사, 사교육업체가 학생을 대신하여 대학에 가지 않는다.

입시제도는 그 속성상 자주 바뀔 수밖에... 전략적 판단이 필요해

그렇다면 입시정책은 왜 이렇게 자주 바뀌는 걸까? 정책당국이 무능해서일까? 시행착오를 반복하다 보면 완전무결한 대입제도를 설계할 수 있지 않을까? 천만의 말씀이다. 몇십 년, 아니 십 년 동안만이라도 바뀌지 않고 지속할 수 있는 입시제도를 만든다는 것은 거의 불가능에 가깝다. 그 이유는 진화생물학evolutionary biology에서 말하는 **붉은 여왕 가설**Red Queen's Hypothesis[3]로 설명할 수 있다.

붉은 여왕은 루이스 캐럴Lewis Carroll의 소설 『거울 나라의 앨리스Through the Looking-Glass』(『이상한 나라의 앨리스Alice's Adventures in Wonderland』의 속편이다)에 등장하는 인물이다. 붉은 여왕의 나라는 주변 세계가 너무 빨리 움직여 힘껏 뛰어야 겨우 제자리에 머무를 수 있는 곳이다. 마치 러닝머신 위에 있을 때 벨트 밖으로 떨어지지 않으려면 열심히 뛰어야 하는 것처럼 말이다.

진화생물학에서는 이러한 붉은 여왕에 빗대어 진화와 생존경쟁의 원리를 설명한다. 즉, 어떤 생명체가 쉴 새 없이 변하는 환경 속에서 도태되지 않으려면 끊임없이 진화해야 한다는 것이다. 이를 가장 잘 보여주는 사례가 바로 기생충과 숙주의 공존이다. 숙주 안에서 어떻게든 붙어 있어야 하는 기생충과 이를 없애려는 숙주는 각자의 생존을 위해 진화에 진화를 거듭한다.

붉은 여왕 가설을 사회현상에 적용하면 '창과 방패의 싸움'으로도 볼 수 있다. 더 예리하게 만들어 방패를 뚫어야 하는 창과 더 단단하게 만들어 창을 막아야 하는 방패는 서로 싸움에서 이기고자 제조술을 끊임없이 진일보시킨다. 그 결과, 승패가 가려지지 않아 싸움은 계속된다.

현행 교육체제 안에서 위세를 더 키우려는 사교육시장과 이를 막으려는 정책당국은 기생충과 숙주, 창과 방패의 관계와 다름없다. 이를테면 정부가 사교육비 경감 대책을 내놓으면 사교육시장은 이를 피해 갈 수 있는 묘책을 세운다. 수능에서 킬러 문항을 배제하겠다고 하자 준킬러 문항을 대비하는 사교육이 등장한 것이 그 대표적인 사례이다. 사교육을 전면 금지해도 사교육시장이 사라지지 않고 음성화되는 것도 생존을 위한 진화의 과정인 셈이다.

　더군다나 입시제도의 이해관계자에는 학생과 사교육업계, 교육당국만 있는 것이 아니다. 일선 학교와 대학, 심지어 지자체와 시민단체까지도 입시정책에 관여한다. 그래서 대입전형의 변경은 학생 간의 유불리를 바꾸는 데 그치지 않고 '누가 학생의 대입 당락을 결정할 힘을 더 많이 갖느냐'라는 정치적 역학관계에 영향을 미친다고 보는 시각도 있다.[4] 예컨대 수능의 반영비율이 올라가면 교육당국과 사교육시장의 영향력이, 학생부의 반영비율이 올라가면 고등학교의 영향력이, 논술·면접·구술고사의 반영비율이 올라가면 대학의 영향력이 커진다. 지역균형·기회균등전형의 모집인원을 놓고서는 지역 간, 계층 간의 힘겨루기가 이어진다.

　입시제도의 변화가 생존경쟁의 결과든 정치적 역학관계의 산물이든, 분명한 것은 대입전형은 수시로 변할 수밖에 없다는 점이다. 변화가 잦으면 그만큼 전략적으로 행동할 여지가 커진다. 왜냐하면 모든 사람이 변화의 내용을 완벽히 숙지하고 이에 대응하는 것이 아니기 때문이다.

　게다가 사람들은 대개 과거의 상태가 미래에도 유지될 것이라는 **정태적 기대**static expectations를 한다. 예전에 북한이 미사일을 쏘면 한반도 정세 불안을 이유로 주식이 하락장을 보이는 경우가 많았다. 이러한 경험 때문에 북한 미사일이 발사됐다는 소식이 들리면 투자자들은 으레 주가가 떨어지리라 기대한다. 그런데 만일 북한에서 갑자기 무역 개방을 추진한다면? 남북 경제협력의 가능성이 높아지니 주가에 긍정적일 수도 있지만, 갑작스럽게 정책이 바뀐 배경이 불확실하므로 부정적일 수도 있다. 그러니까 과거에 없었던 일을 접하게 되면 변화의 방향조차 종잡을 수가 없다. 이를 입시에 적용해 보자. 새로운 대입전형이 도입된 첫해에는 어떤 학생들이 얼마나 지원할지 가늠하기가 어렵다. 따라서 입시제도가 바뀌면 학생들은 기존에 축적된 정보에 의존할 수 없어 전략적으로 판단할 수밖에 없다.

2024학년도부터 모든 대학은 농어촌 학생, 저소득 학생 등을 대상으로 정원의 10% 이상을 선발하는 기회균등전형을 신설하였다.[5] 원래 이와 비슷한 제도를 운용하고 있던 서울대는 2024학년도부터 모집인원을 대폭 늘렸다.[6] 그러자 수시모집 경쟁률이 전반적으로 크게 움직였다. 학과마다 변동폭도 천차만별이었다. 가령 경영학과는 기회균등전형 경쟁률이 급등한 대신 지역균형전형 경쟁률은 다소 낮아졌다. 이는 두 전형에 모두 지원할 수 있는 학생들 가운데 일부가 기회균등전형을 선택했기 때문으로 볼 수 있다. 자유전공학부도

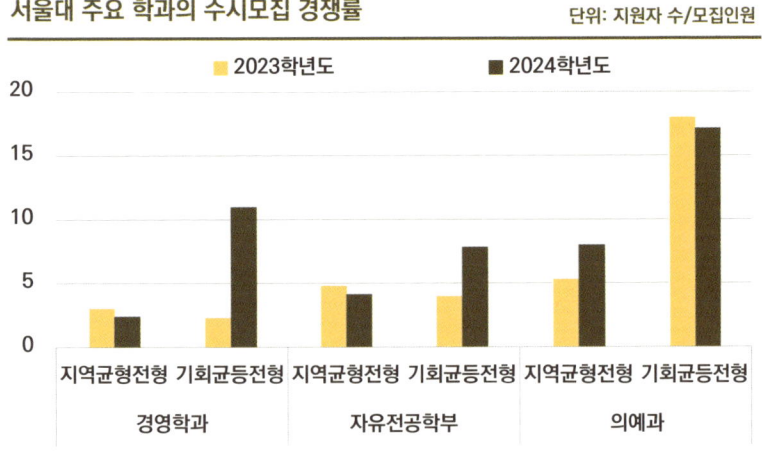

서울대 주요 학과의 수시모집 경쟁률 단위: 지원자 수/모집인원

자료: 서울대학교(2022. 9. 12, 2023. 9. 13.).

비슷했다. 그러나 의예과에서는 정반대의 현상이 나타났다. 기회균등전형 경쟁률이 소폭 낮아진 반면 지역균형전형 경쟁률은 크게 뛰어올랐다.

경쟁률보다 더 중요한 합격선을 보면 그 결과가 더욱 흥미롭다. 일반적으로 지원요건이 까다로운 전형일수록 합격선이 더 낮다. 그러니까 거주지, 소득 등에 대한 제한이 큰 기회균등전형보다 지역균형전형 합격자의 성적이 좋을 확률이 훨씬 높다.[7] 하지만 2024학년도 서울대 수시모집에서는 반대의 경우도 적지 않았다. 학생부 교과성적 등급을 기준으로 최종등록자의 상위 70%에 해당하는 성적(이를 흔히 '70% 컷cut'이라고 부른다)을 보면, 모집인원이 4명 이상인 10개 학과(또는 학부) 가운데 2개는 오히려 기회균등전형이 더 좋았다.[8] 이러한 결과는 다른 대학의 입시에서도 심심치 않게 발견된다.

입시제도가 바뀔 때 대입 경쟁률이나 합격선이 예상과 다르게 나타난다는 사실은 공부를 잘해야 하는 것만큼 입시전략도 잘 세워야 함을 시사한다. 아무리 학생부 등급과 수능점수를 잘 받아도 지원한 대학에 모두 떨어진다면 좋은 성적은 아무런 쓸모가 없다.

최적의 입시전략이란 없지만 학교생활에 충실할수록 더 유리해

입시전략을 잘 짜야 한다는 것까지는 이해하겠는데, 원하는 대학에 가고 싶으면 도대체 어떤 전략이 필요한 걸까? 안타깝지만 모두를 만족시킬 수 있는 최적의 전략이란 이 세상에 존재하지 않는다. 왜냐하면 대학입시는 누군가 합격하면 다른 누군가는 불합격하는 **제로섬 게임**zero-sum game이기 때문이다. 따라서 입시전략을 짤 때는 지원한 모든 대학에 불합격하게 될 확률을 낮추는 방향으로, 즉 보수적으로 접근할 필요가 있다. 대학 진학에 실패해서 1년이라는 시간을 낭비하지 않으려면 말이다.

현재 우리나라 입시제도상 대입 지원은 수시모집에 6군데까지, 정시모집에 3군데까지 할 수 있다. 정시모집이 끝난 다음 결원이 발생하면 대학이 추가모집을 할 수도 있으니 경우에 따라서는 10번 이상의 기회를 얻을 수도 있다.

그런데 대학 입학은 여러 장의 복권을 사서 그중 한 장이라도 당첨되기를 바라는 것과 다르다. 수시모집에서 대학에 합격하면 정시모집에 지원할 수가 없다. 먼저 산 복권이 당첨되면 다른 복권을 살 수 없다는 뜻이다. 또한 정시모집은 대학이 3개(가·나·다)의 군으로 구분돼 있어 같은 군에 속한 대학은 동시에 원서를 넣을 수가 없다. 수시·정시모집이 각각 학생을 선발하는 방식도 전혀 다르다.

수시모집은 말 그대로 수능점수가 나온 후 정시定時에 뽑기 전에 수시隨時로 학생을 선발하는 것을 말한다. 그런데 실제로는 수시모집 기간이 대강 정해져 있어 '그때그때 상황에 맞게'가 아니라 '미리' 뽑는다는 의미가 강하다. 특히 신입생 충원에 어려움을 겪고 있는 지방 대학들에게 수시모집은 학생을 미리 확보하는, 일종의 입도선매立稻先賣 역할을 한다. 그래서 2022학년도 이후 서울 소재 주요 대학의 정시모집 비율이 제17장(사교육을 많이 받으면 수능점수가 올라갈까?)에서 살펴본 것처럼 큰 폭으로 상승했음에도 불구하고 전국적으로는 오히

려 수시모집이 매년 더 늘어나고 있다.[9]

수시모집은 미리 학생을 선발하기 때문에 수능을 전형에 반영하지 않거나 사후에 최저 기준을 충족하였는지만 확인한다. 그래서 학생부가 가장 중요한 전형자료가 된다. 따라서 수시모집에 지원하려면 무엇보다 학교생활에 충실해야 한다. 교과성적을 잘 받아야 하는 것은 물론이고 비교과활동에도 신경 써야 한다. 수시모집은 '학생부교과전형'과 '학생부종합전형'이 대표적인데, 서울 소재 주요 대학[10]의 경우에는 교과성적뿐만 아니라 학생부의 내용 전반을 평가하여 학생을 선발하는 학생부종합전형의 비율이 훨씬 더 높다.

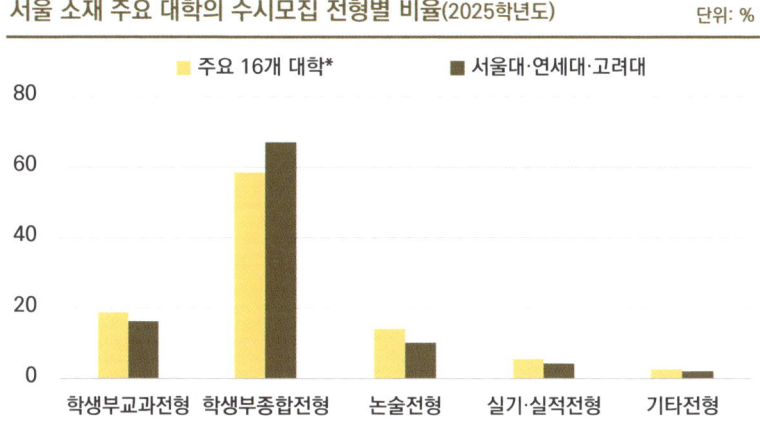

서울 소재 주요 대학의 수시모집 전형별 비율(2025학년도)   단위: %

* 주요 16개 대학은 제17장의 주 2를 참고하기 바람.
자료: 각 대학의 「2025학년도 수시모집 요강」을 이용하여 직접 계산.

간혹 학교성적이 좋지 않다는 이유로 수시모집에 지원하지 않고 수능 준비에만 몰두하는 고3 학생들이 있다. 이미 지나간 시간을 되돌릴 수 없으므로 정시모집에 집중하는 것이 꼭 나쁜 전략이라고는

할 수 없다. 하지만 카드 여섯 장을 써보지도 못하고 버린 꼴이니 수험기간 전체로 보면 처음에 전략을 잘못 짜도 한참 잘못 짠 셈이다. 학생부를 제대로 관리하지 않아 정시모집에만 지원했다가 결국 실패하면, 이듬해 또다시 수시모집을 건너뛰고 정시모집에 '올인'해야 한다. 당연한 말이지만 손에 쥔 카드가 적으면 좋은 패가 나올 확률은 현저히 줄어든다. 심지어 다음 판에도 다른 사람보다 적은 수의 카드를 갖게 된다면, 과연 게임에서 승리할 수 있을까?

제9장(공부는 유전일까? 환경일까?)에서 살펴본 것처럼 학생부 등급이 좋은 학생은 대학에 가서도 학업성적이 우수하다. 서울대 사례에서 보았듯이 20년 전이나 10여 년 전, 5년 전 모두 학생부로 선발된 지역균형전형 입학생의 학점이 더 좋았다. 최근 자료에 따르면 2024년 졸업생도 마찬가지였다.[11] 이는 서울대만의 현상이 아니다. 다른 대학도 학생부전형으로 들어온 학생의 평점평균이 더 높았다.

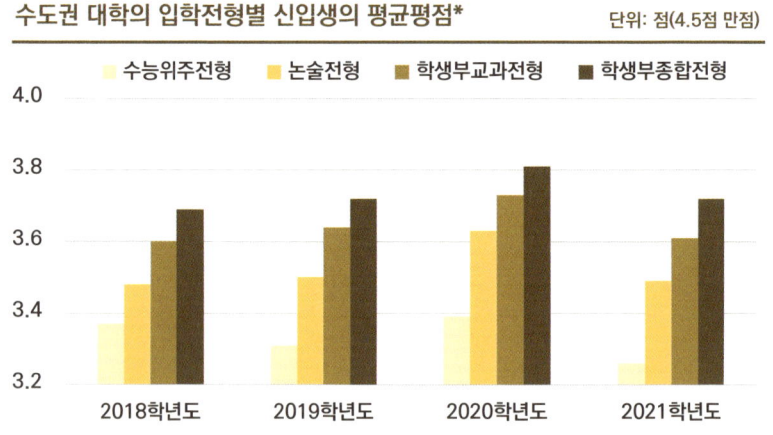

수도권 대학의 입학전형별 신입생의 평균평점*

단위: 점(4.5점 만점)

* 14개교 기준.
자료: 백광진(2022).

그렇다면 대학은 어떤 학생을 뽑고 싶을까? 당연히 학생부가 훌륭한 학생을 뽑고 싶지 않을까? 선발과정이 불투명한 '깜깜이 전형'이라는 오명 탓에 수시모집이 서울의 주요 대학들을 중심으로 큰 폭 줄었지만, 이들 대학도 여전히 수시모집에서 더 많은 학생을 선발한다. 물론 수시모집은 지역균형·기회균등전형을 통한 선발인원이 적지 않다. 하지만 이를 제외하더라도, 즉 지원자격에 제한이 없는 일반전형만 보더라도 수시·정시 일반전형의 모집인원은 서로 엇비슷하다.[12] 그중에서 소위 'SKY' 대학은 수시 일반전형이 정시 일반전형보다 10% 정도 더 많은 학생을 선발한다.

서울 소재 주요 대학의 정시·수시모집 비율(2025학년도) 단위: %

	주요 16개 대학*		서울대·연세대·고려대	
	전체	일반전형	전체	일반전형
수시모집	57.5	49	57.5	52
정시모집	42	51	42	47.5

* 주요 16개 대학은 제17장의 주2를 참고하기 바람.
자료: 각 대학의 「2025학년도 수시모집 요강」과 「2025학년도 정시모집 요강」을 이용하여 직접 계산.

이렇게 볼 때 선발과정의 공정성만 회복한다면 수시모집은 언제든지 지금보다 더 확대될 수 있다. 정시모집의 전형방법이 훨씬 간단한데도 대학들이 많은 시간과 노력을 들여 수시모집을 지속하는 것은 결국 우수한 학생을 많이 뽑고 싶기 때문이다.

따라서 성공적인 입시전략의 시작은 수시전형부터 착실히 준비하는 것이다. 이는 평소 학교 교과과정을 열심히 따라가고 학교생활에 충실히 임하는 것과 다를 바가 없다.

구체적인 입시전략은 자신의 상황과 성향에 따라 결정해야

사실 입시전략을 잘 세워야 하는 것은 우리나라 입시제도가 자주 바뀌거나 수시·정시를 합쳐 9번이나 원서를 쓸 수 있기 때문만은 아니다. 대학의 입시요강을 대강 훑어보면 느끼겠지만, 연말정산이나 부동산 청약과는 비교할 수 없을 정도로 복잡다단하다. 대학마다, 학과마다, 전형마다 지원자격과 전형일정, 전형요소, 평가방법, 수능의 응시영역·최저학력기준 등이 모두 다르다. 사실상 같은 전형인데도 학교마다 서로 다른 명칭을 쓰기도 한다. 같은 학교에서 두 개 이상의 전형에 복수 지원할 수 있는 곳도 있고, 같은 대학이 정시모집에서 가군, 나군, 다군으로 모두 쪼개진 곳도 있다. 원서 쓸 때는 문제가 없었는데, 막상 면접이나 논술고사를 보러 가려니 전형일정이 서로 겹쳐 낭패를 보는 경우도 드물지 않다.

'입알못'(입시를 잘 모르는 사람을 일컫는 속어)이라는 표현이 괜히 등장한 게 아니다. 마치 수능 공부하듯이 입시도 공부해야 제대로 된 전략, 즉 자신에게 유리한 전략을 짤 수 있다.

그렇다면 나에게 맞는 입시전략은 어떻게 세워야 할까? 일단 실력보다 더 좋은 대학에 가기 위해, 그러니까 요행을 바라고 전략을 짜서는 안 된다. 한 명이 아홉 군데나 지원할 수 있다는 말은 그만큼 경쟁이 치열하여 의외의 결과가 적게 나온 뜻이다. 입시전략의 목적은 내 수준에 맞는 대학에 성공적으로 들어가는 데 있다.

그러려면 먼저 자신의 상황을 정확하게 인지해야 한다. 내가 원하는 전공이 개설된 학교가 어디인지, 현재의 실력이라면 수능을 본 후 어느 수준의 대학에 갈 수 있는지, 학생부와 수능, 논술 가운데 어디에 더 강점이 있는지 등을 알아야 한다. 그래야 지원할 대학과 학과, 전형을 결정할 때 조금이나마 고민을 덜 수 있고, 무모하게 상향 지원하거나 필요 이상으로 하향 지원하는 것도 막을 수 있다.

또한 자신의 성향을 확실하게 파악해야 한다. 재수하는 한이 있더라도 대체로 상향 지원할 것인지, 아니면 한 곳이라도 붙기 위해 몇 군데는 하향 지원할 것인지를 미리 결정하는 것이 좋다. 그러면 원서 쓸 때 '내 마음 나도 몰라' 갈팡질팡할 일이 줄어든다. 그리고 수능에 대한 부담감이 크다면 수시모집에서 승부를 보는 편이 낫다.

자신의 상황과 성향에 맞게 지망 대학과 학과, 전형을 구체적으로 정하면, 학습의 동기가 강화되고 학습의 방향도 분명해진다. 즉, 입시전략만 잘 짜도 학습효과는 높아진다. 이렇게 볼 때 나에게 맞는 입시전략을 세워야 하는 것은 단순히 대학에 잘 가기 위해서가 아니다. 공부를 잘하기 위해서 오히려 더 필요한지도 모른다.

점수에 맞춰서 대학 가던 시절은 끝났다. 지금은 가고 싶은 대학에 맞춰서 점수를 만드는 시대다. 여기에 필요한 점수는 철저한 계획을 통해 만들어진다는 사실을 간과하지 말자.■

시험,
피할 수 없다면 즐겨라

꿈에도 나오는 시험, 그만큼 시험에 대한 스트레스가 크다는 뜻

시험장에 갔는데 내 수험번호로 배정된 자리가 없다. 시험지를 훑어보았더니 전부 모르는 문제뿐이다. 답안지를 미처 다 작성하지 못했는데 시험종료 종소리가 울린다. 집에 돌아와 가채점했더니 평소보다 점수가 훨씬 낮게 나온다.

시험을 앞둔 수험생이라면 누구나 한 번쯤 꾸어봤을 꿈의 내용이다. 신기하게도 어른이 되어서도, 수능시험을 치른 지 몇십 년이 지난 후에도 시험 치는 꿈을 꾸는 사람이 적지 않다. 이는 그만큼 어린 시절 시험 때문에 스트레스를 많이 받았다는 증거다.

사실 우리는 적어도 취업하기 전까지 끊임없이 시험을 봐야 한다. 중간고사, 기말고사, 모의고사 등 '고사^{考査}'라는 거창한 이름이

붙은 시험만 보는 게 아니다. 받아쓰기 시험, 쪽지시험, 면접시험, 실기시험, 운전면허시험, 영어능력시험, 자격증시험, 입사시험 등 각양각색의 시험이 존재한다. 경쟁이 있는 곳이라면 늘 시험이 따라다니기 마련이다.

수많은 시험이 있지만 수능만큼 긴장이 많이 되는 시험도 드물다. 그도 그럴 것이 까딱 잘못하면 1년을 통째로 날릴 수 있으니 오히려 떨지 않는 게 이상할 정도다. 그래서 수능일만 다가오면 우황청심환의 판매량이 느는 현상이 새삼스럽지도 않다(물론 우황청심환이 시험을 잘 보는 데 얼마나 도움이 되는지는 별개의 문제다).

이처럼 중요한 시험이 다가오면, 꿈에 나오거나 우황청심환을 먹어야 할 만큼 극심한 걱정과 긴장이 유발된다. 그런데 시험에 대해 심적으로 부담을 많이 느낄수록 그 결과도 더 나빠지는 게 아닐까? 다시 말해 시험 스트레스는 줄일수록 더 좋지 않을까?

시험에 대한 걱정은 적을수록 더 좋지만, 적당한 긴장은 도움 돼

2002년 교육학 분야의 저명한 학술지에 흥미로운 연구가 발표되었다. 그것은 미국의 한 대학에서 교육심리학 수업을 듣는 학부생 약 170명을 대상으로 '시험에 대한 불안test anxiety'과 시험성적 간의 관계를 살펴본 연구였다.[1] 시험에 대한 불안은 두 가지로 측정하였다. 하나는 시험을 망칠 것 같은 걱정(나쁜 성적으로 인해 벌어질 일에 대한 걱정도 포함한다)이었고, 다른 하나는 맥박의 증가, 어지러움, 공황 등의 불안정한 감정상태였다. 편의상 전자를 '걱정'으로, 후자를 '긴장'이라 부르기로 하자. 시험성적은 수업에서 치러진 세 번의 객관식 시험과 대학에 들어오기 전에 본 SAT(우리나라로 치면 수능과 비슷하다)의 점수를 이용하였다.

걱정과 긴장의 크기에 따라 각각 '걱정/긴장이 많은 집단', '걱정/긴장이 보통인 집단', '걱정/긴장이 적은 집단'으로 1/3씩 나누었다. 집단별로 시험성적을 비교해 본 결과, 시험에 대한 걱정이 많을수록 SAT 총점과 세 번의 객관식 시험점수 모두 더 낮게 나타났다. 하지만 긴장의 경우에는 그 결과가 달랐다. 시험에 대한 긴장을 적게 하는 집단보다 긴장을 보통 수준으로 하는 집단의 성적이 오히려 더 좋았다. 그러니까 시험에 대한 걱정은 안 할수록 더 좋지만, 긴장은 적당히 하는 것이 성적을 높이는 데 도움이 된 셈이다.

다만 걱정과 긴장이 시험성적에 각각 미치는 효과를 비교했더니 걱정의 영향이 훨씬 컸다. 다시 말해 시험 당일 적당히 긴장하는 것보다 시험에 대한 걱정을 줄이는 것이 더 중요하다는 뜻이다.

이러한 결과는 다른 연구에서도 크게 다르지 않다. 불안을 측정하는 방법이 연구마다 다르다는 한계가 있기는 했지만, 시험에 대한 불안이 클수록 시험점수가 더 낮아진다는 데에는 이견이 없었다.[2] 불안감이 성적에 미치는 영향은 특히 SAT와 같은 대입자격시험에서 크게 나타났다.[3] 이는 수능처럼 중요한 의미를 지니는 시험(이를 **고부담시험**high-stakes testing이라 부른다)을 앞두었을 때 시험에 대한 걱정과 두려움을 줄이는 것이 긴요함을 시사한다. 한편 적당한 긴장이 시험에 도움이 된다는 연구결과는 심리학의 **여키스-도슨 법칙**Yerkes-Dodson

Law과 일맥상통한다. 이 법칙에 따르면, 각성arousal 수준이 지나치게 높거나 낮은 것보다 중간 정도일 때 가장 높은 성과가 나타난다.[4] 쥐를 대상으로 과제를 잘못 수행할 때마다 전기 충격을 가하는 실험을 진행하였더니, 쥐들은 약간 불쾌감을 주는 정도의 자극을 받았을 때 과제 수행에 성공할 확률이 가장 높았다.

보통의 사람이라면 시험을 치를 때 어느 정도 긴장하는 것이 일반적이다. 결국 걱정과 두려움으로 대변되는 시험에 대한 불안감은 적으면 적을수록 높은 점수를 받을 확률이 더 커진다고 볼 수 있다.

시험은 줄 세우기보다 피드백을 주는 것에 더 큰 의의가 있어

그렇다면 시험에 대한 불안은 어떻게 줄일 수 있을까? 너무나 뻔한 소리이지만 무엇보다도 시험공부를 열심히 하면 된다. 시험에 대한 자신감이 생기면 그만큼 불안감은 사라진다. 모의시험에 여러 번 응시함으로써 실전 감각을 키우는 것도 좋다. 연습량이 늘어날수록 실전에 대한 부담감이 점점 줄어드는 것은 당연지사다.

하지만 시험에 대한 불안을 이보다 더 효과적으로 줄이는 방안은 시험을 바라보는 시각을 근본적으로 바꾸는 것이다. 아무리 시험을 철저히 준비했더라도 시험의 목적이 학생들을 줄 세우는 데 있다고 생각하면 불안감을 떨칠 수가 없다. 내가 잘해도 남들이 더 잘하면 나는 뒤처질 수밖에 없기 때문이다. 그런데 대입시험이나 입사시험처럼 누군가를 선발하려는 목적이 아니라면, 시험은 응시자들의 석차를 매기기보다 그들의 실력을 평가하여 각자에게 피드백을 주기 위한 의도가 더 크다고 교육학자들은 말한다. 예컨대 학교 중간고사에서 국어는 90점, 수학은 60점을 받았다면(두 시험의 평균점수는 같다고 하자), 수학 실력이 부족하니 기말고사 전까지 수학을 더 열심히 공부하라는 신호로 받아들이면 된다. 또는 대학 전공으로 자연과학·공학계열보다 인문·사회과학계열이 더 적합하다는 정보로 읽을 수도 있다. 시험에서 틀린 문제를 봤더니 지시문을 잘못 읽은 경우가 많았다면, 앞으로 같은 실수를 반복하지 않도록 주의하라는 교훈을 얻을 수도 있다. 모의고사, 즉 한국교육과정평가원의「대학수학능력시험모의평가」나 교육청의「전국연합학력평가」와 같이 성적이 다른 용도로 쓰이지 않는 시험들은 더더욱 학생에게 피드백을 주려는 목적이 강하다.

시험을 경쟁의 도구로 생각하지 말자. 시험은 내가 노력한 만큼 평가받는 것이다. 다른 사람이 몇 점을 받든, 스스로 목표한 점수에 도달했는지에만 관심을 기울이면 된다. 시험이 '남들과의 경쟁'이 아닌 '나 자신과의 싸움'이라면 시험을 앞두고 불안에 떨 필요가 없다. 사실 우리가 느끼는 불안은 대부분 주위를 의식하기 때문에 발생한다. 시험, 더 나아가 학력은 물론이고 재산이나 소득, 외모 등에서 비롯되는 불안감은 모두 남들과 비교하는 것에서부터 시작된다.

교육에서 평가는 필수 불가결한 요소이다. 즉, 교육이 있는 곳에는 시험이 늘 따라다닐 수밖에 없다. 그러니까 학생에게 시험은 숙명이다. 피할 수 없는 현실이라면 이를 긍정적으로 받아들이자. 시험은 우리를 괴롭히기 위해서가 아니라 도와주기 위해서 존재하는 것이라고 말이다.

숙명을 기꺼이 받아들여 성공한 사례로 미국의 유명 아웃도어 브랜드인 컬럼비아Columbia의 거트 보일Gert Boyle 회장을 들 수 있다. 그녀는 원래 세 아이를 둔 가정주부였으나, 회사를 경영하던 남편이 심장마비로 갑자기 사망하면서 46세의 나이에 어쩔 수 없이 회사를 물려받았다. 당시 회사는 빚더미에 앉아있었고 그녀 또한 경영 경험이 부족했던 터라 처음에는 회사를 팔려고 시도하기도 했다. 하지만 터무니없이 낮은 매각금액을 제안받자 회사를 직접 경영하기로 결심했고, 특유의 낙천적인 성격을 바탕으로 혁신적인 제품 개발에 몰두하여 결국 회사를 세계적인 브랜드로 성장시켰다.[5] 이러한 거트 보일 회장의 성공이 우리에게 전하는 메시지는 간단하다.

피할 수 없다면 즐겨라!■

인공지능 시대를 대비해라

제4차 산업혁명은 인공지능… 인공지능 시대의 서막이 올랐다!

2024년도 노벨화학상Nobel Prize in Chemistry 수상자 중 한 명은 영국의 데미스 허사비스Demis Hassabis 박사였다. 그의 수상은 노벨상 역사로 비추어볼 때 상당히 이례적인데, 48세의 비교적 젊은 나이에 수상한 데다 화학 전공자가 아닌 **인공지능**AI: artificial intelligence 전문가였기 때문이었다. 그러나 허사비스 박사가 노벨상을 받을 만한 업적을 쌓았다는 점에 이의를 제기할 사람은 거의 없을 것이다. 왜냐하면 그는 '알파폴드Alphafold'라는 AI 모델을 개발함으로써 인류의 오랜 난제였던 단백질 구조 예측에 성공했을 뿐 아니라(이 공로로 노벨상을 받았다) 무엇보다 2016년 우리나라 이세돌 9단과의 바둑 대국에서 승리를 거둔 '알파고AlphaGo'를 만든 장본인이기 때문이다.

바둑은 경우의 수가 무려 2.1×10^{170}개에 달하는데,[1] 이는 관측 가능한 우주에 있는 원자 수(대략 10^{82}개로 추정된다[2])도 훨씬 뛰어넘는다. 그래서 대국이 시작하기 전, 사람들은 이세돌 기사의 우위를 점쳤다. 비록 1997년 IBM의 슈퍼컴퓨터 '딥블루Deep Blue'가 당시 세계 체스 챔피언을 2승 3무 1패로 꺾기는 했지만, 수읽기가 제한적인 체스(경우의 수가 약 4.8×10^{44}개로 알려져 있다[3])와 달리 바둑은 모든 수를 탐색한다는 것이 사실상 불가능하기 때문이다. 하지만 대국은 놀랍게도 알파고의 4대 1 승리로 끝났다.

알파고의 승리는 **딥러닝**deep learning(대규모 데이터를 학습하는 AI 기술) 기반의 인공지능이 지닌 잠재력을 확실히 입증하는 계기가 되었다. 이후 AI 기술은 놀라운 속도로 발전하더니 2022년 11월에는 **생성형 AI**generative AI(텍스트, 이미지 등의 콘텐츠를 생산하는 인공지능)을 활용한 챗지피티ChatGPT가 세상에 공개됨으로써 마침내 본격적인 인공지능 시대의 서막이 올랐다(챗GPT는 생성형 AI인 GPT를 기반으로 하는 챗봇chatbot으로 사용자와의 대화를 통해 콘텐츠를 생산한다).

인류는 지금까지 세 번의 **산업혁명**industrial revolution을 맞이했다. 제1차 산업혁명(대략 1760~1840년)은 증기기관의 발명으로 기계화를 이루었고, 제2차 산업혁명(대략 1870~1914년)은 전기를 사용하여 대량생산 체제를 구축하였으며, 제3차 산업혁명(대략 1960년대~2000년대)은 컴퓨터와 인터넷의 등장으로 디지털화digitalization와 글로벌화globalization를 이끌었다.

그렇다면 제4차 산업혁명은 언제부터 시작되고 무엇이 주도할까? 전문가들은 제4차 산업혁명이 현재 진행되고 있으며 그 중심에 바로 인공지능이 있다는 데 입을 모은다.[4] 흥미로운 것은 '제4차 산업혁명'이라는 용어가 쓰이기 시작한 시기와 알파고가 세상을 깜짝 놀라게 한 해가 모두 2016년이라는 사실이다.[5]

AI를 활용한 교육이 점점 늘어나지만 AI의 역기능도 적지 않아

최근 인공지능을 활용한 분야는 빠른 속도로 확산하고 있다. 교육도 예외가 아닌데, 새로 출시하는 교육 프로그램을 보면 거의 예외 없이 'AI'라는 수식어가 있을 정도다. 심지어 2025학년도부터 우리나라 초중고의 일부 과목에서 사용될 교과서의 명칭도 'AI 디지털교과서'이다.

AI 디지털교과서는 인공지능을 기반으로 학생의 실력을 진단·분석하여 학생 수준에 맞는 최적의 학습내용을 맞춤형으로 제공하는 디지털 방식의 교과서이다. 교과서는 태블릿PC 안에 들어간다. 모든 학생이 똑같은 종이 교과서로 공부하는 현재와는 차원이 다른 셈이다. 가히 '교사가 이끄는 교실혁명'이라고 부를 만하다.

인공지능을 활용한 교육 프로그램은 특히 외국어 학습에서 두드러진다. 제22장(외국어는 필요하다고 느낄 때 집중학습해라)에서 언급하였듯이 인공지능을 활용하면 사실상 원어민과의 회화도 실시간으로 가능하다. 원어민보다 더 뛰어난 영어능력을 가진 로봇을 365일 24시간 내내 옆에 두고 있다고 과언이 아니다. 뿐만 아니라 인공지능은 번역이나 교정·교열 능력도 탁월하다. 한글을 영어로 바꿔야 하거나 영어 에세이essay를 첨삭 받아야 할 때 굳이 전문번역가나 교열전문가를 찾아갈 필요가 없다.

인공지능이 특히 어학 분야에서 월등한 능력을 보이는 것은 챗GPT뿐 아니라 구글Google의 바드Bard, 마이크로소프트Microsoft의 코파일럿Copilot 등 현재 널리 쓰이는 생성형 AI 챗봇이 모두 **거대언어모델**LLM: large language model을 토대로 하고 있기 때문이다. 거대언어모델은 책, 논문, 웹페이지 등에 수록된 대규모의 텍스트 데이터를 학습하여 자연어natural language(인간이 일상적으로 사용하는 언어)를 이해하고 자연어로 된 콘텐츠를 생성한다. 자연어보다 단순한 프로그래밍 언어를 처리하는 능력은 말할 것도 없다.

문제는 인공지능이 언어를 읽고 쓰는 능력이 워낙 뛰어나다 보니 이를 교육에 도입했을 때 순기능만 있지 않다는 것이다. 가장 우려스러운 점은 학생들이 과제를 스스로 하지 않고 인공지능에 맡길 수 있다는 사실이다. 인공지능은 초등학생의 간단한 과제는 물론이고 대학생의 복잡한 과제마저도 척척 해낸다. 어떤 대학생이 인공지능으로 작성한 과제물을 냈더니 'A+' 학점을 받았다든지, 교수가 인공지능을 활용한 것으로 의심되는 과제물을 찾아내 'F' 학점을 줬다든지 하는 뉴스가 심심치 않게 들리는 것도 이 때문이다.

실제로 2023년 7~8월 전 세계 대학생 약 1만 2천 명을 대상으로 설문조사를 실시한 결과에 따르면, 인공지능을 과제 작성에 직접 활용한다는 응답이 전체의 약 16%, 과제 작성에 필요한 자료를 검색할 때 활용한다는 응답이 전체의 약 20%를 차지하였다.[6] 우리나라는 두 비율 모두 10% 안팎이었다. 전 세계 평균보다는 낮은 편이었지만,

인공지능이 생성한 답변을 사용했다는 사실만으로도 부정행위로 볼 여지가 있기 때문에 결코 무시할 수 있는 수준은 아니다.

인공지능이 작성한 과제물을 제출하는 행위를 비판적으로 볼 수밖에 없는 까닭은 이것이 도덕적으로 바람직하지 않기 때문만이 아니다. 과제는 수업에서 배운 내용을 자기주도적으로 학습하고 문제해결능력과 분석적·창의적 사고력을 키우는 데 그 목적이 있다. 인공지능이 과제를 대신하게 되면 이러한 기회가 박탈된다. 우리가 공부하는 이유는 훌륭한 성적을 받아서 좋은 대학과 직장에 가기 위해서가 아니라 다양한 학습과정을 통해 자신의 역량을 키우기 위해서다. 챗GPT와 같은 AI 모델은 사용자와의 대화를 통해 계속 학습하므로 사람의 과제를 대신해 주게 되면 인공지능만 더 똑똑해진다. 더욱이 생성형 AI는 부정확하거나 존재하지 않는 정보를 만들 수 있다는 한계, 즉 **할루시네이션**hallucination(의학적으로는 '환각'의 의미로 쓰인다)이라는 심각한 문제를 안고 있다. 즉, 생성형 AI 챗봇은 세상에 존재하지도 않는 학자나 논문을 마치 유명하다는 듯 말하거나 거짓 정보를 사실인 양 답변하는 경우가 적지 않다. 이 때문에 미국에서는 챗GPT로 찾은 판례를 법원에 제출했다가 일부 내용이 허위임이 드러나 해당 변호사가 벌금형을 선고받은 사례도 있었다.[7]

따라서 인공지능을 교육에 활용할 때는 세심한 주의를 기울여야 한다. 단순히 학습의 보조도구로써, 즉 학습의 편의성과 효율성을 높이는 목적으로 이용하는 것이 아니라면, 인공지능은 순기능보다 역기능이 많을 수 있다는 사실을 명심해야 한다.

미래의 AI는 현재의 고소득·고학력 직업을 대체할 확률이 높아

생성형 AI는 텍스트로 된 콘텐츠를 만드는 데 그치지 않는다. 그림을 그리거나 음악을 만들고 심지어 영화나 TV광고 같은 영상물을 제작하기도 한다. 최근 딥페이크deepfake('딥러닝deep learning'과 '가짜fake'의 합성어)가 심각한 사회문제로 대두된 것도 바로 인공지능이 이미지·음성·영상을 합성하는 능력이 뛰어난 데에서 비롯된다.

이처럼 인공지능이 가진 놀라운 능력은 미래의 사회를 크게 변화시킬 것으로 보인다. 특히 사람이 하던 일을 인공지능이 대체함으로써 직업의 세계에 지각 변동이 일어날 가능성이 높다.

지금까지의 산업혁명은 주로 인간의 육체적 노동을 대폭 줄이는 역할을 했다. 그런데 이제 막 시작한 제4차 산업혁명은 인간의 정신적 노동마저도 획기적으로 감소시킬 것으로 예상된다. 쉽게 말해 그동안 기계와 전기, 컴퓨터가 사람의 몸을 대신했다면, 앞으로는 인공지능이 사람의 머리도 대신하는 것이다.

실제로 2023년 한국은행에서 발표한 보고서에 따르면, 우리나라 18개 산업 중에서 정보통신업(예: 컴퓨터 프로그래밍)이나 전문·과학·기술 서비스업(예: 연구개발, 법무·회계·시장조사·경영컨설팅 서비스)처럼 고도의 전문지식이 필요한 업종이 인공지능에 의해 대체될 가능성이 큰 것으로 나타났다.[8] 반면 숙박·음식점업, 예술·스포츠·여가 서비스업, 도매·소매업 등 육체적 노동이 필요한 업종은 인공지능이 대체하기 어려웠다.

이 보고서는 임금·교육 수준별로도 인공지능에 의한 대체 가능성을 살펴보았는데, 그 결과 역시 마찬가지였다. 전문직이 많이 분포하는 고소득·고학력 일자리일수록 인공지능이 업무를 대체할 가능성이 더 컸다. 예를 들어 대표적인 고소득 직종인 의사, 회계사, 펀드매니저fund manager, 변호사 등이 인공지능의 위협을 크게 받을 것으로 예상됐다. 주로 비정형화된 인지적·분석적 업무를 담당하는 일자리일수록 인공지능에 의한 대체 가능성이 더 컸다. 이는 기계와 로봇, 컴퓨터가 반복적이고 단순한 업무를 대체한 것과 거의 정반대의 결과다.

미국의 800여 개 직업을 대상으로 진행된 연구에서도 우리나라와 비슷한 결과를 제시하였다.[9] 임금이 많고 요구되는 학력이 높으며 창의성이 필요한 일자리일수록 생성형 AI에 의해 대체될 확률이 더 높았다. 즉, 숙련된 화이트칼라white-collar(사무직 노동자)가 인공지능으로부터 더 큰 타격을 받을 것으로 예상됐다.

글로벌 교육기업 피어슨Pearson이 5개국(미국·영국·호주·인도·브라질)의 5천여 개 일자리를 대상으로 분석한 결과도 위의 연구와 별반 다르지 않았다.[10] 2032년까지 생성형 AI가 각 일자리의 업무를 얼마나 대신할 수 있는지를 계산해 본 결과, 블루칼라blue-collar(비사무직 노동자)의 업무는 인공지능이 단 1%도 대체할 수 없는 경우가 많았다. 반면 화이트칼라 일자리 중 일부는 업무의 약 30%를 인공지능이 대신할 수 있었다.

지금까지 살펴본 연구결과들을 종합해 보면, 인공지능 시대의 노동시장은 그동안 우리가 경험했던 바와 전혀 다른 방향으로 흘러갈 가능성이 크다. 그러니까 생성형 AI가 인간의 노동력을 대체하게 되면, 청년들은 명문대를 졸업한 후 전문직과 대기업 사무직 일자리를 얻는 것을 더 이상 선호하지 않게 될지도 모른다. 그 대신 상대적으로 일자리가 풍부한 생산직이나 서비스직을 찾게 될 수도 있다. 아직도 걸음마 단계인 **휴머노이드 로봇**humanoid robot(인간을 빼닮은 로봇)이 사람과 똑같이 움직일 수 있을 만큼 기술 개발이 이루어지지 않는 한, 인공지능의 힘만으로는 인간의 육체적 노동을 대체하기 어렵기 때문이다.

물론 미래는 어떻게 변할지 아무도 모른다. 인공지능의 활용이 늘면서 이와 관련된 화이트칼라 일자리가 큰 폭으로 늘어날 수도 있고, 로봇공학이 인공지능보다 더 빠른 속도로 발전하여 블루칼라 일자리가 더 많이 사라질 수도 있다. 인공지능의 발전이 예상보다 더디어져서 노동시장에 큰 영향을 주지 않을 가능성도 없지 않다. 다만 분명한 것은 현재 머리를 많이 쓰는 직업들이 앞으로 다가올 인공지능의 위협으로부터 결코 자유롭지 않다는 사실이다.

AI과의 경쟁에서 이길 수 있는 자신만의 강점을 계발해야 해

2022년 11월 처음 공개된 챗GPT는 GPT-3.5를 바탕으로 하였다. 그로부터 석 달여가 지난 2023년 3월, 후속 버전인 GPT-4 기반의 챗GPT가 발표됐다. 이때 챗GPT의 개발사인 오픈AIOpenAI는 GPT-3.5와 GPT-4의 성능을 비교한 흥미로운 자료를 함께 공개했다. 바로 GPT가 미국에서 가장 어려운 시험 가운데 하나로 알려진 변호사시험bar exam 문제를 푼 결과였다. 미국 변호사시험은 우리나라와 비슷하게 대부분 로스쿨 졸업생에게만 응시자격이 주어진다.

GPT-3.5는 백분위점수가 10점, 즉 하위 10%의 성적을 거두는 데 그쳤지만, GPT-4의 백분위점수는 무려 90점, 즉 상위 10%에 해당하는 성적이었다.[11] 매우 놀라운 결과였다. 인공지능이 변호사를 대체하게 될 날이 머지않았다는 전망이 나올 정도였다. 하지만 그로부터 몇 달 뒤 전해진 것은 챗GPT가 변호사업에서 크게 활약하고 있다는 소식이 아니라 앞서 소개하였듯이 챗GPT의 거짓 판례로 변호사가 벌금형을 받았다는 뉴스였다.

그렇다면 인공지능이 인간의 정신적 노동을 대체하는 것은 무리일까? 지금 인공지능에 커다란 한계가 있다고 해서 이 약점이 앞으로도 계속 이어지리라는 보장은 없다. 획기적인 기술이 개발되면 인공지능의 능력은 현재와 비교할 수 없을 정도로 급상승하여 인간과 맞먹게 될지도 모른다(이러한 인공지능을 **강인공지능**strong AI이라 부른다). 문제는 그 시기가 언제 오느냐가 아니라 그때가 되면 인간이 해야 할 최종적 판단까지 인공지능에게 모두 넘길 수 있느냐이다. 예를 들어 자동차의 자율주행 기술이 완벽해지면 운전석을 없애고 모든 조작을 인공지능에게 맡길 것인가 하는 점이다. 이때부터는 기술의 문제가 아니다. 사회적 합의가 필요하다. 인공지능이 아무리 소송에 필요한 서류를 잘 작성해도 인공지능에게 변호사 자격을 부여하는 것은 다른 차원의 문제다.

따라서 인공지능의 역할은 당분간 인간의 정신적 노동을 일부 대신하는 데 그칠 가능성이 크다. 지금까지의 연구결과를 보면 언어

능력이 많이 요구되는 직업들, 예컨대 대학교수와 학자(특히 인문사회계열), 법조인, 통·번역가의 업무가 인공지능에 의해 대체될 확률이 높다. 그런데 인공지능이 모든 권한을 갖지 못한다면, 학술연구나 소송, 번역의 최종 결과물은 사람의 손을 거칠 수밖에 없다. 결국 학자와 변호사, 번역가가 사라지는 게 아니라 그들의 업무량을 인공지능이 덜어줄 뿐이다. 대신 노동생산성이 높아졌으니 노동시장 전체로 보면 해당 직업의 종사자 수가 줄어들 것이다. 다시 말해 인공지능을 잘 활용하여 업무 효율이 높은 사람, 인공지능이 못하는 일을 척척 해내는 사람만이 살아남을 것이다.

이렇게 볼 때 인공지능은 인간에게 조력자가 될 수도, 경쟁자가 될 수도 있다. 인공지능과 경쟁하는 관계가 되지 않으려면 자신의 분야에서 탁월한 실력을 갖춰야 한다. 아직 전공과 직업이 정해지지 않은 학생이라면, 제15장(IQ가 지능의 전부일까?)에서 살펴본 것처럼 자신의 강점 지능을 꾸준히 개발하고 이를 살릴 수 있는 진로를 선택하여야 한다. 인공지능 시대의 미래는 불확실하지만, 이 시대를 헤쳐 나가야 하는 방법은 의외로 명확하다.

GPT-4는 대입자격시험인 SAT에서도 1,400점대 점수를 받았다.[12] 머지않아 1,600점 만점을 받게 될 날이 올지도 모른다. 이렇게 볼 때 인공지능 시대를 살아가는 데 필요한 것은 인공지능도 쉽게 할 수 있는, 문제의 정답을 찾는 능력이 아니다. 답이 없는 새로운 문제를 접하더라도 이를 해결할 수 있는 능력, 이것이 자신의 자리를 굳건히 지키는 원동력이 될 것이다. 이 능력을 키우는 것이 곧 교육의 수익률을 높이는 길임은 두말할 필요가 없다.■

에필로그

교육은 공부시키는 것이 아니라 사람을 사람답게 키우는 것

　　교육의 '교^教'는 '가르치다'를, '육^育'은 '기르다'를 뜻한다. 즉, 동양에서의 교육은 '가르쳐서 (사람답게) 키우다'라는 의미이다. 반면 영어 'educate'는 라틴어의 'ex'와 'ducere'가 더해져 만들어졌는데, 여기서 'ex'는 영어의 'out'(밖으로), 'ducere'는 'lead'(이끌다)를 의미한다. 그러니까 서양에서의 교육은 '(사람의 잠재능력을) 밖으로 이끌어낸다'라는 뜻을 지닌다. 이렇듯 교육의 어원을 살펴보면 동서양을 막론하고 그 어디에도 공부시키는 데 초점이 맞춰져 있지 않다. 그런데도 우리는 '교육'이라고 하면 우선 '공부'부터 떠올린다.

　　교육열, 아니 정확히 말하자면 '공부열'이 유독 높은 나라들은 공통점이 있다. 즉, 한자^{漢字} 문화권이고 제2차 세계대전 이후 경제가 빠른 속도로 성장했다. 우리나라를 비롯하여 일본, 중국, 대만, 싱가포르 등이 모두 같다. 옛 과거제科擧制의 유산인 듯한 각종 시험 제도를 통해 다수의 고급인력을 단기간에 배출했고, 이를 바탕으로 높은 경제성장을 이룩했다. 오늘날 동아시아 국가들이 '산업의 쌀'이라고 불리는 반도체에서 세계적인 경쟁력을 갖게 된 것은 결코 우연이 아니다.

그러나 시험에 따른 치열한 경쟁이 불러온 부작용 또한 만만치 않다. 2024년 『세계행복보고서World Happiness Report』에 따르면, 행복지수 상위 20위권 안에 들어가는 동아시아 국가는 단 한 군데도 없다. 동유럽 붕괴 이후 오랜 분쟁을 겪고 있는 코소보Kosovo(29위)보다도 순위가 낮다. 우리나라는 전체 143개국 가운데 52위로 동아시아 국가들 가운데서도 하위권이다.

모든 사람은 각자 저마다의 재능을 갖고 있다. 그런데 이것을 공부 하나만으로 재단해 버리면, 경쟁은 살벌해질 수밖에 없고 사회는 그만큼 더 삭막해질 것이다. 더욱이 이 사회는 공부하는 사람만을 필요로 하지 않는다. 우리가 자동차를 이용하려면, 누군가는 학교에서 자동차공학을 공부해야겠지만, 다른 누군가는 사무실에서 자동차를 디자인해야 하고, 또 다른 누군가는 공장에서 자동차와 그 부품을 생산해야 한다. 이 중에서 누구 하나도 없으면 안 된다. 모두 고도의 전문성을 갖고 있기 때문에 한 사람이 다른 사람을 대체하기란 여간 어려운 일이 아니다.

따라서 각자의 고유한 잠재력을 인정하고 그것을 키우는 것, 그리고 이를 통해 사회에서 제 역할을 다하는 독립적인 개인을 만드는 것, 이것이 바로 교육의 목표이자 역할이다. 공부에만 무모하게 많은 돈을 써서 교육의 수익률이 낮다는 것은 결국 그 사회가 잘못 돌아가고 있다는 증거이다. 개개인이 가진 재능과 관심사에 맞게 교육이 이루어진다면, 교육의 수익률은 얼마든지 높아질 수 있고 그만큼 사회는 더 풍요로워진다. 과열 경쟁이 사라지는 것은 물론이다.

이 책에서 우리나라의 사교육을 비판적으로 바라본 것은 결코 사교육 그 자체가 나쁘기 때문이 아니다. 공교육이 제 기능을 못 하면 사교육시장이 커지는 것은 당연하다. 그런데 과연 공교육이 부실한 탓에 과도한 사교육이 이루어지고 있을까? 우리나라의 초중고 학생 1인당 교육재정이나 교사의 질적 수준은 세계 어느 나라와 비교해도 손색이 없다. 그러니까 우리나라 공교육에 문제가 있더라도 그것이 교육의 질이 낮아서라고 보기는 힘들다.

우리나라의 모든 고등학교를 과학고 수준으로 만들어도 사교육시장은 별로 타격을 받지 않을 것이다. 모든 대학교를 서울대 수준으로 만들어도 우리는 그 안에서 다시 서열을 매기는 데 여념이 없을 것이다. 공부로 줄 세우는 문화가 사라지지 않는 한, 아무리 정책당국과 전문가들이 훌륭한 정책과 대안을 내놓아도 우리나라의 교육 현실은 크게 달라질 리가 없다. 우리나라의 사교육은 바로 이러한 줄 세우기와 결부되었기 때문에 순기능보다 역기능이 훨씬 크다.

다양성이 존중받는 사회, 이것이 우리 사회가 나아가야 할 방향이자 동시에 교육이 추구해야 할 가치다. 그래야 세계적인 영화감독이나 축구선수, 가수뿐만 아니라 요리사, 건축가, 성악가, 화가, 농구선수 등도 앞으로 나올 수 있다. 머리도 좋고 손재주도 좋은데, 왜 우리나라에는 에르메스Hermès, 샤넬Chanel과 같은 명품 브랜드가 없을까? 아마도 학생들이 국영수 공부를 하는 만큼 패션과 디자인에 관심과 노력을 쏟는다면, 머지않아 우리나라에서도 세계적인 명품 브랜드가 쏟아질지도 모른다. 그러려면 무엇보다 수능 공부와 대학 진학을 모든 학생에게 강요해서는 안 된다.

이 책이 말하고자 하는 바를 한 문장으로 요약하자면 '지금처럼 공부하지 마라'이다. 이 말을 '공부만 하지 마라'든 '공부를 지금과 같은 식으로 하지 마라'든, 어느 쪽으로 해석해도 좋다. 그렇게 되어야 교육의 수익률도 높아지고 우리 사회도 더욱 건강해진다. 전 세계가 혀를 내두를 정도로 높은 공부열을 가진 나라에 살고 있는 까닭에 이 책의 절반 이상이 공부 이야기에 집중됐지만, 독자들에게 진정으로 전하고 싶은 것은 공부 이외의 분야에 보다 관심을 가졌으면 하는 바람이다. 단행본 한 권에 상당히 많은 내용을 담은 탓에 행여 필자들의 생각이 잘못 전해질까 봐 이 점을 다시 한번 강조하며 이 책을 마치고자 한다.

끝으로 지금까지 긴 글을 읽어주신 독자 여러분께 깊은 감사의 마음을 전한다.♥

주

제1부 사교육 공화국의 민낯

제1장 사교육시장, 도대체 얼마나 클까?
1. 통계청의 「서비스업동향조사」를 참조.
2. 통계청의 「가계동향조사」를 참조.
3. 차성현 등의 「유아 사교육 실태 및 영향 분석」(2010)을 참조. 다만 이 자료와 「초중고 사교육비조사」는 사교육의 포괄범위가 서로 다를 수 있음에 유의하기 바란다.
4. 2024년 말 현재 OECD에 가입한 국가는 모두 38개국이다. 다만 2012년 당시에는 라트비아와 리투아니아, 콜롬비아, 코스타리카가 가입하기 전이었기 때문에 OECD 회원국이 34개국이었다.

제2장 사교육비를 다 모으면 아파트 한 채 값?
1. 통계청의 「가계동향조사」를 참조.
2. 서울특별시 강남구의 『2019 강남구 사회조사 및 사회지표』(2019)를 참조. 이 조사는 2019년을 끝으로 작성이 중지되었다.
3. 향후 물가상승률과 이자율이 같다고 가정할 때 12년 동안 쓴 사교육비의 현재가치는 월평균 사교육비에 단순히 144개월(12년×12개월)을 곱한 것과 같다. 미래의 사교육비는 물가상승률만큼 할증되지만 이를 현재가치로 환산할 때는 이자율만큼 할인되므로 물가상승률과 이자율이 같다면 할증 효과와 할인 효과는 상쇄되어 12년 동안 쓴 사교육비의 현재가치를 쉽게 구할 수 있다.
4. 한국부동산원의 「전국주택가격동향조사」에서 중위단위매매·전세가격(단위면적당 매매·전세가격의 중간값^{median})을 이용하여 계산하였다.

제3장 사교육을 이끄는 학원, 얼마나 많을까?
1. %p(퍼센트포인트$^{percent\ point}$)는 두 백분율 간의 차이를 나타낼 때 쓰는 단위이다. 전체 사교육비에서 학원 수강료가 차지하는 비율이 60%에서 70%에서 상승할 때, 두 비율 간의 차이(=70%-60%)는 '10%'가 아니라 '10%p'라고 표기한다. 왜냐하면 학

원 수강료 비율이 60%에서 10% 늘어나면 70%가 아니라 66%(=60%×1.1)가 되기 때문이다.

2 2023년 말 기준으로 전체 250개 시군구 중에서 학령인구(6~17세)가 1만 명 미만인 98개 지역은 제외하였다. 학령인구가 지나치게 적을 경우 통계가 왜곡될 가능성이 있기 때문이다. 한편 경기도 부천시는 2024년부터 원미구, 소사구, 오정구 등 3개의 행정구로 분할되었으므로 여기서는 하나의 시군구로 간주하였다.

3 서울특별시교육청의 「서울시 사설학원 통계」를 참조.

제4장 사교육의 메카, 서울 강남구 대치동

1 박영채의 「서울대 합격생, 사교육 접근성 높은 서울·강남권 비중 높다」(2023. 6. 23.)와 강득구 국회의원실의 「강득구 의원, "2024 의대 정시모집 합격자 중 41.9%가 서울 소재 고등학교 출신"」(2024. 4. 4.)을 참조. 서울대와 전국 의대 신입생 중에서 강남구 고등학교 출신 학생이 차지하는 비중의 추이는 다음과 같다. 서울대: 2021년 11.2%, 2022년 12.0%, 2023년 13.1%. 전국 의대: 2022년 16.3%, 2023년 19.1%, 2024년 20.8%.

2 강남구 소재 고등학교의 졸업생 비율은 한국개발교육원의 「교육기본통계」를 이용하여 계산. 한편 강남구 소재 고등학교들이 서울대와 전국 의대 정시모집 합격자를 많이 배출한 데에는 강남구 출신 'N수생'(재수생, 삼수생 등을 통칭하는 말)이 많은 점도 크게 작용한다. 실제로 서울대와 전국 의대 합격자 가운데 N수생이 차지하는 비율은 근래 들어 꾸준히 상승하고 있다. 자세한 내용은 제18장(재수를 하면 더 좋은 대학에 갈까?)을 참고하기 바란다.

3 1980년 7월 전두환 신군부는 소위 '7.30 교육개혁 조치'를 통해 대학별 본고사 폐지, 대입 정원 확대, 사교육 금지 등의 정책을 전격적으로 발표했다. 미술, 피아노, 태권도 등의 예체능을 제외한 일반 교과에 대한 학원 수강 및 과외교습을 일절 금지한 이 조치는 1989년 방학 중의 학원 수강을, 1991년 학기 중의 학원 수강을 허용하면서 점차 완화되었다가 2000년 헌법재판소가 위헌결정을 내림으로써 역사 속으로 완전히 사라졌다.

4 오기노 치히로의 「'강남8학군' 지역의 형성: 장소형성에 나타난 한국적 특성」(2004)과 국정브리핑 특별기획팀의 『대한민국 교육 40년: 공교육 정상화·대학 발전·평생학습사회를 향한 전진』(2007)을 참조.

5 서울특별시교육청의 「서울교육통계연보」와 조혜연의 「2023 서울대 등록자 톱100 고교. 서울과고 외대부고 경기과고 하나고 대원외고 톱5」(2023. 2. 27.)를 이용하여 계산. 2023년에 서울대 합격자(최종등록자 기준)를 가장 배출한 서울 강남구의 고등학교는 휘문고(전국 6위)였으며 그다음이 중동고(전국 12위)였다. 두 학교 모두 자사고이다.

6   대치동 학원가의 조성에 관한 자세한 내용은 서울역사박물관의 『대치동: 사교육 1번지』(2018)를 참고하기 바란다.
7   동별 면적은 서울특별시의 「서울시 토지현황(지목별/법정동별) 통계」를 참조. 여기서 모든 동은 행정동이 아닌 법정동을 기준으로 한다. 강남구 신사동의 경우에는 법정동과 행정동의 관할구역이 상이하므로 이에 유의하기 바란다.
8   이진호의 「'입시 컨설팅' 학원 4년새 네 배로 늘어…서울 126개」(2019. 9. 16.)를 참조.
9   교육부의 「학원교습소 정보」를 이용하여 계산. 입시 컨설팅 학원을 분류하는 기준이 주 8에서 참고한 자료와 다를 수 있음에 유의하기 바란다.

제5장 천정부지로 오르는 학원비

1   소비자가 주로 구매하는 450여 개 품목의 가격을 가중평균하여 산출한다. 이때 기준연도(예: 2015년, 2020년)의 물가지수는 100으로 한다. 만일 현시점의 소비자물가지수가 105라면, 전반적인 물가수준이 기준연도에 비해 5% 상승하였음을 의미한다. 소비자물가지수에 포함되는 품목의 종류와 그 가중치, 기준연도는 5년마다 변경된다.
2   2015년 1월부터 2024년 12월까지의 학원비 누적 상승률을 계산해 보면, 초등학생 대상 학원 18.5%, 중학생 대상 학원 20.5%, 고등학생 대상 학원 20.9%로 고등학생 학원비가 가장 많이 올랐다.
3   세종의 경우 2019년 이전 물가지수가 존재하지 않아 여기서는 16개 시도를 기준으로 한다.
4   통계청의 「가계동향조사」를 참조.
5   미국의 비영리 교육기관인 노스웨스트평가협회^{NWEA: Northwest Evaluation Association}가 주관하는 시험으로 유치원생부터 고등학교 3학년생까지의 학업성취도를 측정할 수 있다. 우리나라를 비롯한 아시아 지역의 국제학교 가운데 70%가량이 재학생의 학업성취 평가와 신입생 선발에 이 시험을 활용하는 것으로 알려져 있다. 흔히 'MAP'이라는 약칭으로 불린다.

제6장 늘어나는 사교육, 떨어지는 학업성취도

1   다만 2019~2023년 중 초중고 학생 수는 4% 감소하였다. 따라서 이 기간의 사교육비 총액 증가요인을 가격요인(사교육 물가상승)과 물량요인(사교육 참여율 및 참여시간 증가, 초중고 학생 수 감소)으로 엄밀하게 분해하면, 전체 변동분(29%)에서 12% 만큼의 변동은 가격요인이, 4%만큼의 변동은 물량요인이 설명한다고 볼 수 있다.

제7장 입시제도에 따라 춤추는 사교육시장

1 교육부의 「사교육 경감대책」(2023. 6. 26.)을 참조.
2 2023학년도 상반기 기준. 2023학년도 하반기 기준으로는 3,270개소이다.

제8장 과도한 입시경쟁에 내몰리는 아이들

1 통계청의 「사회조사」에 따르면, 13~19세 청소년이 자살 충동을 느낀 가장 큰 이유는 학교성적, 진학 등 공부와 관련된 문제였으며 그 비율은 33%(2024년 기준)에 달했다.
2 2021년부터 OECD 회원국이 된 코스타리카를 포함한다.
3 청소년 자살률 상위 10개국의 인구 100명당 민간인 보유 총기 수(2017년 기준)를 보면 아이슬란드 31.7정, 에스토니아 5.0정, 뉴질랜드 26.3정, 일본 0.3정, 한국 0.2정, 호주 14.5정, 리투아니아 13.6정, 미국 120.5정, 핀란드 32.4정, 노르웨이 28.8정이다(자료: Small Arms Survey 홈페이지). 한편 아이슬란드와 에스토니아, 리투아니아, 핀란드, 노르웨이 등의 고위도 국가들은 적은 일조량도 높은 자살률의 원인이 될 수 있다. 위도와 자살률 간의 관계는 Seongjun An(안성준) 등의 "Global Prevalence of Suicide by Latitude: A Systematic Review and Meta-Analysis"(2023)를 참고하기 바란다.

제2부 교육의 불편한 진실

제9장 공부는 유전일까? 환경일까?

1 Robert Plomin & Sophie von Stumm의 "The New Genetics of Intelligence"(2018)를 참조.
2 Claire M. A. Haworth 등의 "A Twin Study of the Genetics of High Cognitive Ability Selected from 11,000 Twin Pairs in Six Studies from Four Countries"(2009)와 Claire M. A. Haworth 등의 "The Heritability of General Cognitive Ability Increases Linearly from Childhood to Young Adulthood"(2010)를 참조.
3 Thomas J, Bouchard Jr. 등의 "Sources of Human Psychological Differences: The Minnesota Study of Twins Reared Apart"(1990)와 Ulric Neisser 등의 "Intelligence: Knowns and Unknowns"(1996), Thomas J. Bouchard Jr.의 "The Wilson Effect: The Increase in Heritability of IQ with Age"(2013)를 참조.

4   Robert Plomin & J. C. DeFries의 "Genetics and Intelligence: Recent Data"(1980)를 참조.

5   Nancy L. Segal & Yoon-Mi Hur(허윤미)의 "Personality Traits, Mental Abilities and Other Individual Differences: Monozygotic Female Twins Raised Apart in South Korea and the United States"(2022)를 참조.

6   Raquel Lozano-Blasco 등의 "Types of Intelligence and Academic Performance: A Systematic Review and Meta-Analysis"(2022)를 참조.

7   Meredith C. Frey & Douglas K. Detterman의 "Scholastic Assessment or g?: The Relationship Between the Scholastic Assessment Test and General Cognitive Ability"(2004)를 참조.

8   Katherine A. Koenig 등의 "ACT and General Cognitive Ability"(2008)를 참조.

9   미국 북동부 지역의 8개 사립대로 하버드대Harvard University, 예일대Yale University, 펜실베이니아대University of Pennsylvania, 프린스턴대Princeton University, 컬럼비아대Columbia University, 브라운대Brown University, 다트머스대Dartmouth University, 코넬대Cornell University(이상 설립연도 순)를 말한다. 이들 대학에다 듀크대Duke University, 매사추세츠공대Massachusetts Institute of Technology(약칭 MIT), 스탠퍼드대Standford University, 시카고대University of Chicago(이상 설립연도 순) 등을 더해 총 12개 명문대를 '아이비플러스Ivy Plus'라고 부르기도 한다.

10 Elaine M. Allensworth & Kallie Clark의 "High School GPAs and ACT Scores as Predictors of College Completion: Examining Assumptions About Consistency Across High Schools"(2020)를 참조.

11 미국의 고등학교는 대학교와 마찬가지로 A~F로 성적을 부여하는 것이 일반적이다. 따라서 여기서 말하는 고등학교 내신성적은 4.0점 만점으로 환산한 평점평균을 말한다. 다만 많은 학교가 내신에 석차를 병기하므로 대학에서 학생을 선발할 때 이를 활용할 수 있다.

12 Michael Kurlaender & Kramer Cohen의 "Predicting College Success: How Do Different High School Assessments Measure Up?"(2019)을 참조. 다만 오히려 SAT·ACT 점수가 대학교 1학년 학업성적을 더 잘 예측한다는 연구결과도 존재한다(자세한 내용은 John Friedman 등의 "Standardized Test Scores and Academic Performance at Ivy-Plus Colleges"(2024)를 참고하기 바란다). 두 연구가 정반대의 결과를 나타낸 것은 분석한 대학과 기간이 서로 달랐기 때문으로 보이는데, 최근 미국 고등학교의 성적 인플레이션 현상이 심해지면서 내신의 변별력이 약해진 영향도 있을 것으로 추측된다.

13 서울대 지역균형선발전형은 학교장으로부터 추천받은 고등학교 졸업(예정)자를 대상으로 하므로 실제로는 합격자를 지역별로 안분하여 선발하지 않는다. 다만 각 학교는

학생 수와 상관없이 2명까지 추천할 수 있기 때문에 인구가 적은 중소도시나 농어촌 지역에 상대적으로 유리한 측면이 있다.
14 백순근 · 양정호의 「지역균형선발의 성과와 과제: 서울대 사례」(2009)를 참조.
15 정종우 등의 「입시경쟁 과열로 인한 사회문제와 대응방안」(2024)을 참조.
16 한편 유전자와 학업성취 간의 관계를 살펴본 연구에 따르면, 유전자 변이가 최종 학력을 설명하는 비율은 11~13% 정도에 불과한 것으로 나타났다. 자세한 내용은 James J. Lee 등의 "Gene Discovery and Polygenic Prediction from a Genome-Wide Association Study of Educational Attainment in 1.1 million Individuals"(2018)를 참고하기 바란다.
17 정확하게 말하면, '1만 시간의 법칙'이라는 표현은 Malcomm Gladwell의 *Outliers: The Story of Success*(2008)에서 에릭손 연구팀의 논문을 인용하면서 처음 사용되었다.
18 K. Anders Ericsson 등의 "The Role of Deliberate Practice in the Acquisition of Expert Performance"(1993)를 참조. 다만 이 논문에서 20세까지의 연습시간은 그래프로만 보여줄 뿐이며 정확한 수치를 언급한 것은 18세까지의 연습시간이다. 18세까지의 연습시간은 오케스트라 단원이 7,336시간, 실력이 탁월한/우수한/평범한 학생이 각각 7,410시간, 5,310시간, 3,420시간이었다.
19 Brooke N. Macnamara 등의 "Deliberate Practice and Performance in Music, Games, Sports, Education, and Professions: A Meta-Analysis"(2014)를 참조.

제10장 남자는 수학을, 여자는 언어를 더 잘할까?
1 이와 같은 수학 영역의 유형 구분은 2022학년도 수능부터 폐지되었다. 현재는 응시생마다 수학 선택과목이 다르다.
2 수능의 국어 및 수학 영역은 표준점수의 백분위에 따라 총 9등급으로 나뉘지만, 영어 영역은 2018학년도부터 절대평가가 도입됨에 따라 원점수를 기준으로 10점 구간별로 등급이 매겨진다. 통상 영어 영역의 1~2등급(80점 이상) 비율이 20%를 넘는 점을 고려하여 국어는 1~2등급(상위 11%)을, 영어는 1등급(90점 이상)만을 상위권으로 간주하였다.
3 OECD 회원국 중에서 룩셈부르크가 참여하지 않았다.
4 자세한 내용은 Lise Eliot 등의 "Dump the "Dimorphism": Comprehensive Synthesis of Human Brain Studies Reveals Few Male-Female Differences Beyond Size"(2021)를 참고하기 바란다.
5 Pasquale Rinaldi 등의 "Gender Differences in Early Stages of Language Development. Some Evidence and Possible Explanations"(2021)를 참조.

6 설문조사 결과는 OECD의 *PISA 2018 Results (Volume II): Where All Students Can Succeed*(2019)를 참조. 별도의 언급이 없는 한 모든 통계는 OECD 회원국 평균을 기준으로 한다.

7 Alyssa J. Kersey 등의 "Gender Similarities in the Brain During Mathematics Development"(2019)를 참조. 여기에서 사용된 기술의 정확한 명칭은 '기능적 자기공명영상fMRI: functional magnetic resonance imaging'으로 이 기술은 외부 자극에 따른 뇌의 혈류 변화를 관찰할 수 있어 신경과학에서 널리 쓰이는 연구방법이다.

8 세계경제포럼World Economic Forum(스위스 다보스에서 열려 다보스포럼Davos Forum이라 부르기도 한다)에서 매년 발표하는 「글로벌 성별격차지수Global Gender Gap Index」에 따르면, 2023년 기준으로 전 세계 146개국 중에서 아이슬란드는 1위, 노르웨이는 2위, 핀란드는 3위, 스웨덴은 5위, 슬로베니아는 29위를 기록하는 등 대부분 최상위권에 포진하고 있다(자료: World Economic Forum의 *Global Gender Gap Report 2023*).

9 Gijsbert Stoet & David C. Gear의 "The Gender-Equality Paradox in Science, Technology, Engineering, and Mathematics Education"(2018)과 이 논문의 일부를 정정한 "Corrigendum: The Gender-Equality Paradox in Science, Technology, Engineering, and Mathematics Education"(2020)을 참조. 다만 이들 연구결과에 대해 반론을 제기하는 학자들도 있다. 자세한 내용은 Sarah S. Richardson 등의 "Is There a Gender-Equality Paradox in Science, Technology, Engineering, and Math (STEM)? Commentary on the Study by Stoet and Geary (2018)"(2020)을 참고하기 바란다.

10 Drusilla K. Brown 등의 "The Effects of Multinational Production on Wages and Working Conditions in Developing Countries"(2004)를 참조.

11 강훈상의 「"느린 수학자"…여성 첫 필즈상 '이란 수학천재' 암으로 요절」(2017. 7. 16.)을 참조. 필즈상 수상 당시 유방암으로 투병 중이던 그녀는 안타깝게도 2017년, 마흔의 젊은 나이에 세상을 떠났다.

12 임슬기・이수형의 「수학 성취도에서의 성별 격차: 동태적 변화와 원인 분석」(2019)을 참조.

13 전국 4년제 대학의 의학계열 재학생에서 여학생이 차지하는 비율을 보면, 2015년 31.2%, 2018년 35.2%, 2021년 35.9%, 2024년 36.2%로 계속 상승하고 있다(자료: 한국교육개발원 「교육기본통계」).

제11장 대학에 꼭 가야 할까?

1 '대학 진학률'보다 '대학 취학률'이 더 정확한 표현이나, 우리나라 학생들은 대부분 고

등학교에서 대학교로 곧바로 또는 1~2년 안에 진학하고 고등학교 취학률이 90% 중반에 달하기 때문에 둘 간의 큰 차이가 없다고 봐도 무방하다.

2   노동생산성은 노동숙련도와 같은 노동의 질에 의해서만 결정되는 것이 아니라 기계, 토지 등 자본의 영향도 받는다. 앞에서 언급한 사과 농장을 예로 든다면, 숙련도가 동일한 인부를 똑같은 수만큼 고용하더라도 로봇, 드론과 같은 기계를 활용하거나 토양이 비옥한 농장에서 수확량이 상대적으로 더 많을 수밖에 없다. 뿐만 아니라 한 나라의 산업구조, 기업의 조직문화 등도 노동생산성에 영향을 미친다. 이를테면 부가가치가 높은 산업의 비중이 높을수록, 노동시간이 짧을수록 노동생산성은 높게 나타난다.

3   이주호 등의 「한국은 인적자본 일등 국가인가?: 교육거품의 형성과 노동시장 분석」 (2014)을 참조.

4   OECD의 *Do Adults Have the Skills They Need to Thrive in a Changing World?: Survey of Adult Skills 2023*(2024)를 참조. OECD 29개 회원국(38개 원국 중 그리스, 룩셈부르크, 슬로베니아, 멕시코, 아이슬란드, 코스타리카, 콜롬비아, 튀르키예, 호주 등 9개국 제외)과 2개 비회원국(싱가포르, 크로아티아)이 본 조사에 참가하였다. 우리나라의 학력 과잉 비율(31%)은 영국(잉글랜드 기준, 37%), 일본(35%), 이스라엘(34%), 뉴질랜드(33%) 다음으로 높았으며, 이는 OECD 평균(23%)보다 8%p 높은 수치다.

5   교육부의 「2024년 4월 대학정보공시 분석 결과 발표」(2024. 4. 30.)를 참조.

제12장 명문대를 나오면 돈을 더 많이 벌까?

1   고은지의 「2025학년도 수시 서울-지방 경쟁률 격차 12.75대 1… 5년새 최고」(2024. 9. 29.)를 참조.

2   각 대학평가기관의 홈페이지를 참조. QS와 THE의 순위는 물리학·천문학physics & astronomy 기준이다.

3   물론 우리나라도 중앙일보 등에서 매년 대학평가 결과를 발표하고 있지만, 수험생과 학부모들이 이를 참고하여 지방 대학을 결정하는 경우는 거의 없다고 봐도 무방하다.

4   김진영의 「수학능력 시험 실시 10년간 대학의 서열 변화」(2006)를 참조.

5   경제학과의 경우 1991학년도에는 서울대, 연세대, 고려대, 서강대, 성균관대, 한양대, 이화여대, 중앙대, 한국외대, 서울시립대, 경희대 등의 순이었고 2024학년도에는 서울대, 연세대, 고려대, 서강대, 성균관대(글로벌경제학과 기준)·한양대, 중앙대, 서울시립대, 이화여대(인문계열 기준), 경희대, 한국외대 등의 순이었다. 경영학과의 경우 1991학년도에는 서울대, 연세대, 고려대, 서강대, 성균관대, 한국외대, 한양대, 서울시립대, 경희대, 이화여대, 중앙대 등의 순이었으며 2024학년도에는 서울대, 연세대, 고려대, 서강대, 성균관대, 한양대, 중앙대, 서울시립대·한국외대, 경희대, 이화

여대(인문계열 기준) 등의 순이었다. 경제학과, 경영학과 모두 상위 5개 학과에는 순위 변동이 전혀 없었고 6~11위에만 약간의 변동이 있었다.

6   이지영·고영선의 「대학서열과 생애임금격차」(2023)를 참조. 이 논문에서 대학 서열은 1998~2000학년도 입학생(의학·예체능계열 제외)의 학과별 수능 평균점수에 따라 다음과 같이 구분하였다. 1위 그룹: 1~16위 대학, 2위 그룹: 17~32위 대학, 3위 그룹: 33~65위 대학, 4위 그룹: 66~94위 대학, 5위 그룹: 95~143위 대학. 여기서는 편의상 1~5위 그룹을 각각 상위, 중상위, 중위, 중하위, 하위 그룹으로 부르기로 한다. 각 그룹에 속하는 대학명은 원 논문을 참고하기 바란다.

7   통계청의 2023년도 「고용형태별근로실태조사」의 연령별·학력별 임금 통계를 이용하여 추정하였는데, 이와 같은 방법에는 다음의 두 가지 전제가 깔려있다. 첫째, 미래가치에 대한 할인율 또는 미래의 이자율이 미래의 임금상승률과 같다. 매년 임금이 오르기 때문에 미래의 연봉은 현재보다 많지만, 이를 현재가치로 환산할 때는 이 이자율로 할인한다. 따라서 미래가치에 대한 할인율과 향후 임금상승률이 같다면, 미래가치에 대한 할인 효과와 임금상승 효과가 상쇄되어 향후 30년간의 누적 근로소득을 현재 시점의 연령별 임금만을 이용하여 간단하게 계산할 수 있다. 둘째, 대졸 근로자의 연령별 임금은 전체 근로자의 연령별 임금에 대졸 임금 프리미엄을 곱한 것과 같다. 여기서 대졸 임금 프리미엄은 대졸 근로자 평균임금에서 전체 근로자 평균임금을 뺀 후 다시 전체 근로자 평균임금으로 나눈 것으로 그 값이 약 0.23(23%)이다.

8   졸업장 효과를 영어에서 'sheepskin effect'라고 부르는 것은 과거에 대학 졸업증서, 즉 학위기를 양피지sheepskin에 인쇄하였기 때문이다.

9   김영철의 「행복은 성적 순이 아니잖아요?: '학력(학벌)'의 비경제적 효과 추정」(2016)을 참조. 이 논문에서 학벌은 상위권 대학(총 10개교) 졸업, 중상위권 대학(총 30개교) 졸업, 중위권 대학(총 40개교) 졸업, 기타 4년제 대학 졸업, 전문대 졸업, 고등학교 졸업, 중학교 졸업 이하 등 7단계로 구분하였다. 4년제 대학의 분류는 각 대학 학과별 입학생의 수능 평균점수를 활용하였다. 각 분류에 속하는 대학명은 원 논문을 참고하기 바란다.

10 하성환의 「두 편의 유서와 성찰, 우리 사회가 나아갈 길」(2021. 11. 26.)을 참조.

11 나경태의 「연구중심대학 지향…학부 줄고 대학원생 늘어」(2017. 3.)를 참조. 대학별 본고사와 졸업정원제 도입은 제4장 주3에서 설명한 '7.30 교육개혁 조치'의 일환이었다.

12 중앙일보의 「서울법대 배짱 합격/제적 당하자 하소연(주사위)」(1990. 3. 15.)를 참조.

13 김희삼·이삼호의 「고등교육의 서열과 노동시장 성과」(2008)를 참조.

14 엄밀하게 말하면, 흔히 '금융공기업'이라고 불리는 기관들은 「공공기관의 운영에 관한 법률」상의 '공기업'과 그 성격이 다르다. 공공기관은 크게 공기업, 준정부기관, 기타공공기관으로 구분되는데, 한국은행과 금융감독원, 한국거래소, 한국예탁결제원

은 공공기관에 해당하지 않는다. 또한 예금보험공사와 한국주택금융공사는 준정부기관으로, 한국수출입은행과 한국산업은행은 기타공공기관으로 분류된다. 따라서 여기서 말하는 '금융공기업'은 정확한 표현이라고 보기 어렵다.

15 다만 그 차이가 미미하여 통계적으로 유의하지 않았다. 이는 통계학의 관점에서 봤을 때 블라인드 채용 이후 SKY 출신 비율이 상승하였다고 결론 내릴 수 없다는 뜻이다.

16 오늘날의 대학교는 고등교육기관이면서 동시에 연구기관으로서의 지위를 누린다. 학부 중심 대학은 고등교육기관으로서의 역할에 특화된 대학으로 볼 수 있다. 이러한 학교들은 연구 기능을 수행하는 대학원이 없거나 그 규모가 매우 작은 편이다. 한편 우리나라에서는 'college'가 주로 인문대학, 사회과학대학, 자연과학대학 등의 단과대학을 의미하지만 여기서는 독립된 대학을 가리킨다. 본문에서 후술할 영국에서도 'college'는 독립된 대학 또는 연합대학collegiate university의 일부를 의미한다. 연합대학에 관해서는 아래의 주 22를 참고하기 바란다.

17 현재는 그랑제꼴 연합대학인 파리문리대Université Paris Sciences et Lettres(약칭 PSL대)의 일부이다. 파리문리대는 2019년 정식 출범하였다.

18 독일은 전통적으로 대학의 평준화를 중시하여 엘리트 대학의 개념이 존재하지 않는다. 다만 독일 정부는 대학의 연구역량 강화를 위해 2006년과 2012년, 2019년 총 3회에 걸쳐 우수 대학을 선정하여 이들 대학에 재정을 지원하고 있다. 세 차례 모두 우수 대학에 선정된 학교는 총 6개교인데, 아래의 주 19에서 언급한 5개교와 콘스탄츠대Universität Konstanz이다.

19 독일의 전공별 1위 대학은 다음과 같다. 영문학: 베를린자유대Freie Universität Berlin, 경제학: 뮌헨대Ludwig-Maximilians-Universität München, 물리학: 뮌헨공대Technische Universität München, 화학공학: 카를스루에공대KIT: Karlsruher Institut für Technologie, 의학: 하이델베르크대Universität Heidelberg.

20 2024학년도 카이스트와 포스텍의 입학정원은 각각 970명, 320명이었다. 이에 반해 종합대학인 서울대, 연세대(미래캠퍼스 제외), 고려대(세종캠퍼스 제외)의 입학정원은 각각 3,451명, 3,495명, 3,992명이었다(자료: 한국대학교육협의회 대학정보공시센터 「신입생 충원 현황」).

21 Sudden Trust & Social Mobility Commission의 *Elitist Britain 2019: The Educational Backgrounds of Britain's Leading People*(2019)을 참조.

22 흔히 '런던대' 또는 '런던대학교'로 번역되는 University of London과 구별하기 위해 여기서는 University College London을 우리말로 '런던대학'이라고 옮기고 가급적 'UCL'이라는 약칭을 쓰기로 한다. 참고로 런던대University of London는 LSE, UCL, 킹스칼리지를 포함하여 총 17개의 학교로 구성된 연합대학collegiate university이다. 연합대학은 나라마다, 심지어 같은 나라 안에서 학교마다 그 성격이 다르다. 이를테면 옥스퍼드대와 케임브리지대도 여러 개의 대학college으로 구성된 연합대학이지만 교육

제도가 중앙 집중화되어 있는 반면, 런던대는 각 대학의 자율성을 폭넓게 인정한다.

23 이들 6개 대학은 영국 동남부의 세 도시, 즉 런던과 옥스퍼드, 케임브리지에 모두 소재하고 있는데, 이들 지역을 선으로 이을 경우 삼각형을 이룬다. 런던의 첫 글자와 옥스브리지를 조합하여 '록스브리지Loxbridge'라고 부르기도 한다.

24 서튼트러스트Sutton Trust는 1997년 설립된 영국의 교육자선단체로 교육에 관한 다양한 연구를 진행했는데, 그중 하나가 연구역량과 대학평가 결과가 우수한 대학을 선별하는 것이었다. 2000년 발표된 서튼트러스트 13Sutton Trust 13은 이렇게 선정된 영국 내 상위 13개 대학을 말한다. 옥스퍼드대와 케임브리지대, ICL, LSE, UCL, 더럼대Durham University, 세인트앤드루스대University of Saint Andrews, 버밍엄대University of Birmingham, 브리스톨대University of Bristol, 에딘버러대University of Edinburgh, 노팅엄대University of Nottingham, 워릭대University of Warwick, 요크대University of York가 여기에 포함된다. 2011년에는 서튼트러스트 30Sutton Trust 30가 발표되었는데, 여기에는 서튼트러스트 13 외에 17개교가 추가되었다.

25 영국 내 연구 중심 대학들의 협력체로 현재 총 24개 대학이 가입되어 있다. 과거에는 명문대 집단을 의미하였으나, 최근에는 일부 대학의 연구역량이 상위권에 크게 뒤처짐에 따라 그 의미가 다소 퇴색되었다는 평가를 받는다.

26 Jack Britton 등의 "How Much Does It Pay to Get Good Grades at University?"(2022)를 참조.

27 평점평균GPA: grade point average 방식을 사용하는 우리나라 또는 미국 대학과 달리 영국은 대학 성적을 백분율로 표기한다. 학위 수여 시 학업성취도에 따라 학위의 등급이 달라지는데, 학업성취도 70% 이상이 1등급 학위first-class honours degree를, 60~69%가 2-1등급 학위upper second-class honours degree(약칭 2:1 또는 2.1)를, 50~59%가 2-2등급 학위lower second-class honours degree(약칭 2:2, 또는 2.2)를, 40~49%가 3등급 학위third-class honours degree를 받는다. 3등급 학위보다 낮은 학업성취도로 졸업할 때에는 보통 학위ordinary degree가 주어진다. 2022~2023학년도 졸업생의 경우 30%가 1등급 학위를, 48%가 2-1등급 학위를, 20%가 2-2등급 학위를, 3%가 3등급 학위 이하를 받았다(자료: Higher Education Statistics Agency 홈페이지). 다만 본문에서 분석한 2012~2015년 졸업생의 경우에는 19%만 1등급 학위를 받았다.

28 Robert de Vries의 "Earning by Degrees: Differences in the Career Outcomes of UK Graduates"(2014)를 참조.

29 영국 학생청Office for Students의 English Higher Education 2023: The Office for Students Annual Review(2023)를 참조.

30 Simone Burkhart & Jan Kercher의 "Abbruchquoten Ausländischer Studierender('Dropout Rates of International Students' in Enlgish)"(2014)를 참조.

31 한국대학교육협의회 대학정보공시센터의 「중도탈락 학생 현황」을 참조. 방송통신대

학과 사이버대학을 제외하고 계산하였다.

32 사회과학 중심의 히토츠바시대一橋大學와 이공계에 특화된 도쿄공대東京工業大學(2024년 10월부터 도쿄의과치과대東京醫科齒科大學와 합병하여 도쿄과학대東京科學大學로 변경되었다)도 도쿄대, 교토대에 버금가는 최상위권으로 본다. 우리나라의 'SKY'처럼 일본에서도 이들 4개 대학명에서 한 글자씩 따서 만든 '동경일공東京一工'이라는 표현이 존재한다. 다만 종합대학만 놓고 보면 제국대학帝國大學을 전신으로 하는 7개 국립종합대학이 가장 들어가기 어려운데, 본문의 5개교가 바로 여기에 해당한다. 나머지 2개 국립종합대학인 홋카이도대北海道大學와 규슈대九州大學는 지리적 접근성이 다소 떨어진다는 약점이 있다.

33 흔히 이들 5개 대학을 각 학교명에서 한 글자씩 따서 '칭베이자오푸저清北交復浙'라고 부른다. 중국 내에서 가장 영향력 있는 중국교우회망中國校友會網의 2024년 대학순위에서도 이들 5개교가 1~5위를 차지하였다. 베이징대(100점), 칭화대(99.4점), 푸단대(79.6점), 저장대(79.6점), 상하이교통대(79.1점) 순으로 종합점수가 높았다(자료: 中國校友會網 홈페이지).

34 '지방거점국립대'라는 명칭은 전국 10개 국립대 총장 협의체인「국가거점국립대학교총장협의회」에서 유래한다. 이 협의회는 1996년에 설립된「5개국립대협의회」를 모체로 한다. 여기에 참여한 10개 국립대 중에서 서울대를 제외한 부산대, 경북대, 전남대, 전북대, 충남대, 충북대, 강원대, 경상국립대, 제주대 등 9개 대학을 통상 지방거점국립대라고 부른다.

제13장 공부를 잘하면 의대에 가야 할까?

1 국내 대학 또는 대학원을 통해 치과의사가 되는 경로는 다음과 같이 세 가지가 있다. 첫째, 고등학교 졸업 후 6년제 치과대학 학사과정(예과 2년+본과 4년)에 진학한다. 둘째, 대학교 졸업 후 4년제 치의학전문대학원(석사과정 4년)에 진학한다. 셋째, 고등학교 졸업 후 7년제 학·석사 통합과정(학사과정 3년+석사과정 4년)에 진학한다. 이 중에서 서울대는 세 번째 방식을 채택하고 있다.

2 한국대학교육협의회 대학정보공시센터의「신입생 충원 현황」을 참조. 방송통신대학과 사이버대학을 제외하고 계산하였다.

3 한국교육과정평가원의「대학수학능력시험 연도별 응시현황」을 참조.

4 항렬行列이 같을 때 주로 이름의 끝자리에 같은 글자, 즉 돌림자를 쓰는 것처럼 의사와 판·검사, 변호사 등의 사회적으로 명망 높은 직업들이 모두 '사'자로 끝난다고 하여 흔히 이들을 '사자 돌림' 직업이라고 부른다. 다만 '사'의 한자 표기는 직업마다 다르다. 의사는 '師'로, 판사와 검사는 '事'로, 변호사는 '士'로 끝난다.

5 여기서 진료과목은 정확히 말하면 전문의 자격증에 따른 의사의 전문과목을 의미한

다. 전문의는 자신의 전문과목이 아닌 분야의 환자도 진료할 수 있으나 전문과목과 진료과목이 동일한 것이 일반적으로 여기서는 편의상 둘을 구분하지 않기로 한다. 한편 병상이 30개 이상인 의료기관을 병원, 30개 미만인 의료기관을 의원으로 부르는데, 병상을 보유한 의원은 환자에 대한 외래 진료뿐 아니라 수술이 가능한 의료기관임을 의미한다.

6 통계청의 「일자리행정통계」를 참조.
7 다만 「보건의료인력실태조사」의 결과는 코로나19 확산 초기인 2020년을 기준으로 하고 있는데, 당시 '사회적 거리두기'의 시행으로 소아청소년과 내원 환자가 크게 줄어든 데에 따른 영향도 있다.
8 대한전공의협의회의 「2022년 전공의 실태조사 결과」(2023)를 참조.
9 한국야구위원회의 「2024 KBO 리그 평균 연봉 '역대 최고' 1억 5,495만원」(2024. 3. 11.)를 참조. 신인과 외국인 선수를 제외하고 계산하였다.
10 통계청의 「경제활동인구조사」를 이용하여 계산.
11 이정찬 등의 「2020 전국의사조사」(2021)를 참조.
12 한국대학교육협의회 대학정보공시센터의 「중도탈락 학생 현황」을 참조.
13 한국대학교육협의회 대학정보공시센터의 「중도탈락 학생 현황」을 참조.
14 서울대 의대, 연세대 의대, 가톨릭대 의대, 성균관대 의대, 울산대 의대를 일컫는다. 이들 의대의 부설병원 또는 교육협력병원을 통상 '빅5 종합병원' 또는 5대 상급종합병원이라고 부른다. 5대 상급종합병원은 서울아산병원(울산대 의대 교육협력병원), 세브란스병원(연세대 의대 부속병원), 삼성서울병원(성균관대 의대 교육협력병원), 서울대학교병원(서울대 의대 부설병원), 서울성모병원(가톨릭대 의대 부설병원)이다.
15 Hong-Im Shin(신홍임) & Woo Taek Jeon(전우택)의 ""I'm Not Happy, but I Don't Care": Help-Seeking Behavior, Academic Difficulties, and Happiness"(2011)를 참조.
16 박범석의 「의과대학생과 일반대학생의 삶의 질과 관련 요인 비교분석」(2014)을 참조.

제14장 대학 진학의 최종 목표는 취업일까?

1 한국보건의료인국가시험원(www.kusiwon.or.kr)과 한국교육개발원의 「교육기관(고등교육기관 및 직업계고) 졸업자 취업통계」를 참조. 다만 의대 정원 확대가 발표된 후 실시된 최근의 의사 국시 실기시험에서는 합격률이 77%(2024년 10월 발표)에 불과했다. 의사 국시는 매년 가을 실기시험을 먼저 치른 후 이듬해 1월 필기시험을 거쳐 최종합격자를 선발한다.

2 한국교육개발원의「교육기관(고등교육기관 및 직업계고) 졸업자 취업통계」를 참조.
3 OECD 29개 회원국과 2개 비회원국이 조사에 참여하였다. 자세한 내용은 제11장의 주 4를 참고하기 바란다.
4 전공-직업 불일치 비율이 가장 낮은 것으로 나타난 폴란드는 부정확한 응답이 많아 통계의 신뢰도가 높지 않음에 유의하기 바란다. 즉, 폴란드의 실제 전공-직업 불일치 비율은 이보다 훨씬 높을 가능성이 크다.
5 최영준의 「전공 불일치가 불황기 대졸 취업자의 임금에 미치는 장기 효과 분석」(2022)을 참조.
6 안준홍·이태의 「대학 전공과 직무 불일치가 노동시장 진입 초기 임금에 미치는 영향」(2023)을 참조. 다만 전공-직업 불일치가 임금이 미치는 영향은 계열별로 크게 달랐다. 예컨대 의약계열은 전공-직업 불일치로 임금이 19%나 줄어든 반면 인문·자연과학·예체능계열은 소폭이나마 늘었다. 이는 인문·자연과학·예체능계열과 관련성이 큰 일자리가 많지 않고 이들의 평균임금이 낮은 데 기인하는 것으로 보인다.
7 최문석·송일호의 「청년층의 교육 및 전공불일치가 임금 및 직장만족도에 미치는 영향」(2019)을 참조.
8 1990년대 후반부터 2000년대 초반에 걸쳐 인터넷 관련 기업들의 주가가 폭등한 현상을 일컫는다. '닷컴'은 이들 기업의 영업이 주로 '.com'으로 끝나는 웹사이트에서 이루어진 데에서 유래한다. 인터넷의 높은 성장가능성을 믿고 많은 투자자가 정보통신기술 분야의 벤처기업에 대해 무분별하게 투자하면서 인터넷 관련 기업의 주가가 마치 거품이 부풀어 오르듯 큰 폭으로 올랐다. 그러나 가시적인 성과가 나타나지 않자 거품이 꺼지면서 주가가 급락했다. 닷컴버블 붕괴는 미국의 나스닥(NASDAQ: National Association of Securities Dealers Automated Quotations) 시장에서 시작되어 전 세계적으로 확산되었는데, 우리나라 주식시장도 큰 충격을 받았다. 예컨대 코스닥(KOSDAQ: Korea Securities Dealers Automated Quotations) 종합주가지수(종가 기준)는 2000년 3월 10일 2,834.44에서 2003년 3월 17일 346.40으로 3년여 만에 무려 88%나 떨어졌다. 닷컴버블 붕괴는 단순히 주가 폭락을 넘어 정보통신산업의 장밋빛 전망이 신기루에 가까웠음을 보여준 사건이라고 할 수 있다. 우리나라에서는 '닷컴버블' 대신 'IT버블'이라는 표현을 쓰기도 한다.
9 한국교육과정평가원의 「대학수학능력시험 연도별 접수현황」을 참조.
10 삼일회계법인과 삼정회계법인, 안진회계법인, 한영회계법인(이상 2023사업연도 매출액 순)을 일컫는다. 이들은 세계 4대 회계법인과 각각 제휴를 맺고 있다.
11 이는 2018년 11월부터 '신(新)외감법'(「주식회사 등의 외부감사에 관한 법률」)이 시행되면서 회계감사 강화, 회계법인 간 경쟁 심화 등으로 회계사에 대한 수요가 크게 늘어났기 때문이다. 다만 근래 들어서는 신외감법의 영향이 많이 줄어든 것으로 보인다.

제15장 IQ가 지능의 전부일까?

1 아인슈타인의 어린 시절에 관한 이야기는 Denis Briand의 *The Unexpected Einstein: The Real Man Behind the Icon*(2005)과 Walter Isaacson의 *Einstein: His Life and Universe*(2007)를 참고하기 바란다.

2 Howard Gardner의 *Multiple Intelligences: New Horizons*(2006)와 이를 우리말로 옮긴 문용린·유경재 역의 『다중지능』(2007)을 참조. 가드너 교수는 다중지능 개념을 1983년 『마음의 틀Frames of Mind: The Theory of Multiple Intelligence』에서 처음 주장하였는데, 이때에는 다중지능이 7가지였다. 이후 1999년 『다중지능: 인간 지능의 새로운 이해Intelligence Reframed: Multiple Intelligence for the 21st century』에서 여덟 번째 지능으로 자연친화지능을 추가한 데 이어 존재에 관한 근원적 질문을 숙고하는 '실존지능'이라는 아홉 번째 지능의 가능성을 제시했다. 그는 2006년 『다중지능 Multiple Intelligences: New Horizons』에서도 대체로 기존의 견해를 유지하면서 실존지능이 경험적 증거가 부족하다며 이를 0.5개의 지능으로 간주할 것을 제안했다. 한편 가드너 교수는 2023년 한국교육방송공사(EBS)의 TV프로그램 〈위대한 수업〉에 출연하여 9~10가지의 다중지능이 존재할 수 있다고 언급하였다. 그러나 다중지능이론을 지지하는 학자들은 대체로 8개의 다중지능에 동의하고 있으므로 여기서도 이러한 견해를 따르기도 한다.

3 Howard Gardner의 *Multiple Intelligences: New Horizons*(2006)를 참조.

4 IQ를 측정하는 지능검사는 다양한 방식이 있는데, 그중 IQ가 평균 100과 표준편차 15인 정규분포를 따른다고 가정하는 웩슬러Wechsler 방식이 세계적으로 가장 널리 쓰이고 있다. 이 방식에서 IQ가 190 이상일 확률은 9.865×10^{-10}(9억 8,650만 명당 1명)으로 세계 인구를 80억 명으로 가정할 때 현재 약 8명이 190 이상의 IQ를 갖고 있을 것으로 추산된다.

5 레오나르도 다 빈치는 〈모나리자〉, 〈최후의 만찬〉 등을 그린 화가일 뿐 아니라 해부학, 천문학, 지질학 등을 연구한 과학자이기도 했다. 또한 그는 비행기, 헬리콥터, 군사 장비, 건축물 등에 대한 설계도를 남긴 발명가이자 건축가였다.

6 Howard Gardner의 *Multiple Intelligences: New Horizons*(2006)를 참조.

제16장 영어는 일찍 배울수록 더 잘할까?

1 정확하게 말하면 1988년 2월생까지는 중학교 1학년 때, 1988년 3월생부터는 초등학교 3학년 때 영어 과목을 정식으로 배우기 시작했다. 1~2월생이 전년 3~12월생까지 같이 취학하는 제도는 2009년(2002년생이 입학하던 해)부터 없어졌다.

2 물론 2000년대 초반 영어유치원이 유행한 데에는 공급 측면에서의 원인도 있었다. 1990년대 초반 사교육 금지 조치가 해제된 데 이어 사교육시장이 개방되면서 외국자

본이 대거 유입된 것도 영어유치원이 단기간에 우리나라에서 큰 인기를 끌게 된 주요 원인 중 하나이다. 이렇게 볼 때, 영어유치원은 1990년대 중후반부터 급성장한 우리나라 사교육시장의 대표적인 사례라 볼 수 있다.

3 학계에서는 '영어조기교육'보다 '조기영어교육'이라는 표현을 선호한다. 이는 영어교육학계를 중심으로 '영어교육'이라는 용어가 일찍이 사용되어 온 데다 'early (childhood) English education'이라는 영어표현의 어순을 따른 데에서 비롯된 것으로 보인다. 그러나 '영어를 조기에 교육하다'가 '조기에 영어교육을 하다'보다 더 자연스럽게 들리므로 '영어조기교육'이 대중의 언어습관에 더 부합하는 표기라고 볼 수 있다.

4 언어습득에 결정적 시기가 존재한다는 '결정적 시기 가설critical period hypothesis'은 1967년 언어학자 에릭 레네버그Eric H. Lenneberg의 저서 『언어의 생물학적 기초Biological Foundations of Language』에서 처음 제기되었다. 학자에 따라서는 결정적 시기를 대신하여 민감기senstive period라는 용어를 쓰기도 한다.

5 이와 관련된 선구자적인 연구로 Jacqueline S. Johnson & Elissa L. Newport의 "Critical Period Effects in Second Language Learning: The Influence of Maturational State on the Acquisition of English as a Second Language"(1989)를 들 수 있다. 이 연구는 미국에 온 지 3년 이상이 된 46명의 한국인과 중국인을 대상으로 정확한 문법에 대한 이해력을 측정하였는데, 미국에 '도착한 시점의 연령AOA: age of arrival'이 7세 이하인 경우에는 원어민과 차이가 없었으나 그 이후로는 연령이 높아질수록 이해력이 더 낮아졌다. 특히 15세가 넘어가면 나이와 상관없이 이해력이 크게 떨어지는 것으로 나타났다.

6 Peter W. Jusczyk 등의 "Infants' Sensitivity to the Sound Patterns of Native Language Words"(1993)와 James Emil Flege 등의 "Effects of Age of Second-Language Learning on the Production of English Consonants"(1995)를 참조.

7 Hak-Sun Han(한학선)의 "The Effect of Age on Children's Second Language Acquisition"(2007)을 참조.

8 Mi-Jeong Song(송미정)의 "Retesting the Critical Period Hypothesis: Is Age a Strong Predictor of Ultimate Attainment in SLA?"(2006)와 같은 저자의 "Beyond the Critical Period Hypothesis: The Effect of Amount of Native Language Use on Ultimate Attainment in SLA"(2008)를 참조.

9 자세한 내용은 Carmen Muñoz의 "A New Look at "Age": Young and Old L2 Learners"(2019)를 참고하기 바란다.

10 그는 어릴 때부터 영어와 프랑스어를 모두 사용하였기 때문에 엄밀하게 말하면 한국어는 그의 '제3언어'에 해당한다.

11 Simone E. Pfenninger & David Singleton의 "The Age Factor in the Foreign

Language Class: What Do Learners Think?"(2016)를 참조.

12 대표적인 연구로 Carmen Muñoz의 "The Effects of Age on Foreign Language Learning: The BAF Project"(2006), Carmen Muñoz 등의 "Different Starting Points for English Language Learning: A Comparative Study of Danish and Spanish Young Learners"(2018) 등이 있다. 이들 연구도 교육과정 개편 전후로 영어교육이 시작되는 연령이 달라지는 점에 착안하여 진행되었다.

13 이승은・조지현의 「취학 전 영어교육경험이 우리나라 중학생의 영어성적과 영어학습태도에 미치는 영향」(2019)을 참조.

14 독립변인(취학 전 영어교육 경험 유무)이 종속변인(중학교 영어성적)에 미치는 영향을 정확하게 측정하기 위해서는 초등학교 이후 영어 사교육 경험, 영어 학습시간, 지능(특히 언어능력), 전반적인 학업성적 등 다른 독립변인들을 적절히 통제하여야 한다. 그러나 이 연구는 이러한 통제변인에 대한 고려 없이 독립변인(조작변인)과 종속변인 간의 상관관계 분석만 실시하였다. 연구결과에 따르면 두 변인 간의 상관관계가 5% 유의확률 수준에서 통계적으로 유의하였는데, 회귀분석 등 보다 엄밀한 방법을 사용하였다면 둘 간의 관계가 통계적으로 유의하지 않았을 가능성이 크다.

15 Simone E. Pfenninger & David Singleton의 "Beyond Age Effects in Instructional L2 Learning: Revisiting the Age Factor"(2017)를 참조. 사람이 90년 동안 하루 1시간씩 주 5회 영어를 배운다면 총학습시간은 영어권 국가에 거주하면서 하루 13시간씩 5년 동안 영어에 노출되는 시간과 거의 같다.

16 대표적으로 John B. Carrol의 "Foreign Language Proficiency Levels Attained by Language Majors near Graduation from College"(1967), H. H. Stern의 "The Time Factor and Compact Course Development" (1985), 이병민의 "EFL 영어학습 환경에서 학습시간의 의미"(2003) 등의 연구를 들 수 있다.

17 설소대는 혀를 입 바닥에 고정해주는 역할을 하는데, 이것이 지나치게 짧은 경우 혀가 원활하게 움직이지 못해 ㄹ, ㅅ, ㅈ 등을 발음하는 데 어려움을 겪는다. 이를 교정하기 위해서는 설소대를 잘라주는 수술을 해야 한다. 그런데 2010년대 초중반 영어의 'R'이나 'L' 발음을 정확하게 하기 위한 목적의 설소대 수술이 유행한 적이 있었다. 건강보험심사평가원에 따르면, 간단한 설소대 수술을 받은 9세 이하의 환자 수가 2010년 1,518명에서 2015년 3,054명으로 5년 만에 갑자기 2배로 뛰었다. 설소대 수술이 영어 발음을 좋게 한다는 이야기는 의학적으로 전혀 근거가 없을 뿐만 아니라 불필요한 수술로 인해 부작용을 낳을 수도 있다.

18 박연의 네덜란드 본명은 '얀 얀스 벨테브레이'Jan Jansz Weltevree'이다. Weltevree에서 '박'을, Jan에서 '연'을 따서 '박연'이라는 이름을 지었다.

19 물론 언어능력이 뛰어난 아이들은 '이중언어 사용bilingualism'를 통해 모국어와 외국어 모두 유창한 실력을 갖출 수도 있다. 즉, 영어유치원을 다니더라도 한국어를 습득

하는 데 아무런 문제가 없을 수 있다. 그러나 이는 소수의 사례에 해당할 뿐, 평균적인 아이들은 두 언어를 동시에 배우게 되면 한 언어만 쓰는 또래에 비해 모국어 능력이 떨어질 수밖에 없다. 제2언어 습득의 결정적 시기로 비교적 늦은 '17.4세 이전'을 제시한 Joshua K. Hartshorne 등의 "A Critical Period for Second Language Acquisition: Evidence from 2/3 million English Speakers"에서도 이중언어 사용자는 두 언어에 걸쳐 언어 입력과 사용이 분산되기 때문에 단일언어 사용자보다 모국어 어휘가 다소 제한되거나 문법의 정확성이 낮아질 가능성이 있다고 보았다.

20 김유정·이선영의 「조기영어교육이 7세 아동의 모국어(한국어) 나레이티브에 미치는 영향: 복잡성, 정확성, 유창성 및 어휘사용양상을 중심으로」(2015)를 참조.
21 김민진의 「조기영어교육경험이 유아의 사회언어학적 능력 발달에 미치는 영향」(2012)을 참조.
22 김형재의 「조기영어교육 경험에 따른 유아의 한국어 어휘력, 실행기능, 스트레스 및 문제행동의 차이」(2012)를 참조.

제17장 사교육을 많이 받으면 수능점수가 올라갈까?

1 각 대학은 「고등교육법」(제34조의5 제4항)에 따라 매 입학연도가 시작되기 1년 10개월 전까지 '대학입학전형 시행계획'을 수립·공표하여야 한다. 예컨대 2027학년도 대입전형 계획은 2025년 4월까지 공개되어야 한다. 2019년 11월 교육부가 「대입제도 공정성 강화 방안」을 발표할 당시 이미 2021학년도 대입전형 계획이 공표된 상태였기 때문에 정시 비중 확대는 2022학년도 대입전형에서부터 적용되었다. 다만 앞서 2018년 8월 교육부가 각 대학에 2022학년도부터 수능 위주의 전형 비율을 30% 이상으로 확대할 것을 권고한 바 있어 정시 비중이 점차 오르는 상황이었다.
2 다만 4년제 대학 전체로 보면 수시모집 비중이 2020년대 들어서도 꾸준히 오르고 있는데, 이는 신입생 확보에 어려움을 겪는 비수도권 대학이 수시모집을 계속 확대하고 있기 때문이다. 한편 본문의 "서울 소재 주요 16개 대학"은 정부가 「대입제도 공정성 강화 방안」에 따라 2023학년도까지 수능 위주의 전형 비율을 40% 이상으로 확대할 것을 권고한 학교로 건국대(서울), 경희대, 고려대(서울), 광운대, 동국대(서울), 서강대, 서울대, 서울시립대, 서울여대, 성균관대, 숙명여대, 숭실대, 연세대(서울), 중앙대, 한국외대, 한양대(서울, 이상 가나다순)를 말한다. 이들 대학은 2021학년도 대입전형 계획상 학생부종합전형과 논술전형 위주로 신입생을 선발하는 비중이 다른 학교에 비해 높은 편이었다.
3 대표적으로 김한나 등의 「대입전형 준비 유형이 사교육비 지출에 미친 영향 분석: 가구소득과 학업성취도의 차별적 효과를 중심으로」(2024), 윤민종의 「사교육은 "수시" 탓? 대학 입학 전형에 따른 사교육비 차이 탐색」(2021) 등이 있다. 반대의 주장을 펼치는 연구도 일부 있으나, 대입 수시전형보다 정시전형을 준비하는 데 더 많은 사교

육비를 지출한다는 견해가 우세하다.

4   그리스의 고등학교 3학년생은 졸업 직전 '범그리스시험Panhellenic Exams'라 불리는 대학입학자격시험을 치르는데, 이 시험의 점수가 사실상 대학의 학과별 입학 합격선cutline을 결정한다. 의학과, 법학과 등 인기 학과의 경우에는 범그리스시험의 합격선이 매우 높게 형성된다.

5   중국 정부는 2023년 7월 23일 초등학생과 중학생의 학업부담 경감과 사교육 규제를 골자로 하는 쌍젠雙減정책을 발표하였다. 그러자 미국 나스닥NASDAQ 시장에 상장된 신둥팡의 주가가 하루 만에 54% 폭락하였다. 신둥팡의 주가는 2022년 3월까지 하락세가 이어지며 6.40달러에서 0.86달러로 무려 87% 떨어졌다.

6   '그림자교육'이라는 용어는 David Lee Stevenson & David P. Baker의 "Shadow Education and Allocation in Formal Schooling: Transition to University in Japan"(1992)에서 처음 사용되었다.

7   최정원 · 김진영의 「1980년대 사교육 금지의 장기적 효과」(2022)를 참조.

8   김희삼의 「학업성취도, 진학 및 노동시장 성과에 대한 사교육의 효과 분석」(2010)을 참조.

9   이광현 · 권용재의 「사교육비와 사교육 시간이 학업성취도에 미치는 효과 분석: 분위회귀분석을 이용한 접근」(2011)을 참조.

10   윤유진 · 김현철의 「사교육, 방과후학교, EBS 참여가 학업성취에 미치는 효과분석」(2016)을 참조.

11   박혜랑 · 김현철의 「과목별 성적이동성과 사교육의 효과」(2022)를 참조.

12   2010년 이후 발표된 대표적인 연구로 김민선 · 백일우의 「사교육에 대한 시간 및 비용 투자에 따른 효과 분석: 서울 중학생의 학업성취도 분위별 효과를 중심으로」(2016), 김성식 · 송혜정의 「학교특성에 따른 사교육 참여와 효과 차이 분석」(2013) 등을 들 수 있다.

13   통계청 · 교육부의 「초중고사교육비조사」에 따르면, 2023년 기준으로 학교성적 상위 10% 이내의 학생은 월평균 사교육비로 61만 6천 원을 썼다. 반면 상위 11~30%는 58만 1천 원, 31~60%는 52만 1천 원, 61~80%는 44만 원, 81~100%는 33만 6천 원으로 성적이 하락할수록 사교육비 지출도 함께 줄어드는 모습을 보였다.

14   김정욱 · 배호중의 「어머니의 심리적 요인이 사교육비 지출에 미치는 영향」(2021)을 참조.

15   김형준의 「사교육의 잠재적 기능과 교육경쟁의 동학: 중산층 학부모의 사례를 중심으로」(2017)를 참조.

16   2024년 말 현재 8개의 영재학교가 존재한다. 서울과학고, KAIST 부설 한국과학영재학교(구 부산과학고), 대구과학고, 광주과학고, 대전과학고, 경기과학고 등 과학고

에서 영재학교로 전환한 6개교와 세종과학예술영재학교, 인천과학예술영재학교 등 과학예술영재학교로 설립된 2개교가 있다. 이들 학교는 모두 고등학교에 준하는 교육기관이다.

17 한국대학교육협의회 대학정보공시센터의 「신입생의 출신 고등학교 유형별 현황」을 참조.

18 카이스트 입학처에서 공식 발표한 자료를 기준으로 한다. 한편 이승섭 등의 『카이스트는 어떤 학생을 원하는가: 카이스트 입학처가 밝히는 학생 선발과 교육의 모든 것』(2017)에 따르면, 2013학년도 입학생을 기준으로 1학년 때의 성적은 일반고 출신(3.13점)이 과학고·영재학교 출신(각각 3.34점, 3.38점)보다 낮지만 4학년이 되면 일반고 출신(3.56점)이 과학고·영재학교 출신(각각 3.53점, 3.34점)을 앞지른다. 두 자료의 통계상 차이는 기준이 서로 다른 데에서 비롯된다.

19 김대식·김두식의 『공부 논쟁』(2014)과 이승섭 등의 『카이스트는 어떤 학생을 원하는가: 카이스트 입학처가 밝히는 학생 선발과 교육의 모든 것』(2017)을 참조.

20 김미리의 「"인생도, 수학도 성급히 결론 내지 마세요"」(2022. 1. 1.)를 참조. 참고로 허준이 교수의 중고등학교 시절에는 영재학교가 없었다.

21 흔히 'IMO'로 더 잘 알려진 국제수학올림피아드는 대학에 입학하지 않는 학생을 대상으로 하는 세계에서 가장 권위 있는 수학경시대회이다. 1959년부터 매년 개최되고 있으며, 가장 최근 대회인 제65회 IMO에는 108개국 총 609명이 참가했다(자료: Interanatonal Mathematical Olympiad 홈페이지). 사교육시장에서 주로 'KMO'로 일컬어지는 한국수학올림피아드는 IMO에 출전할 한국대표(6명)를 선발하기 위한 목적으로 매년 실시된다. KMO는 대표 선발을 위해 여러 단계의 시험을 치르는데, 시험마다 많은 응시생에게 상을 수여하기 때문에 KMO 입상자는 해마다 천 명 이상 나온다.

제18장 재수를 하면 더 좋은 대학에 갈까?

1 다만 2025학년도에는 재학생 응시인원이 늘어났는데, 이는 2006년 출생아 수(45.2만 명)가 2005년(43.9만 명)보다 많았기 때문이다(자료: 통계청 「인구동향조사」). 2007년 출생아 수(50.0만 명)는 이보다 더 많으므로 이들이 수능을 치르는 2026학년도에는 N수생 비율이 다소 낮아질 가능성이 높다.

2 이는 2024학년도 수능에 응시한 N수생의 20%가 넘는다.

3 계산과정은 다음과 같다. 편의상 24세 대졸자는 2024년에, 25세 대졸자는 2025년에 취업하여 56세가 되는 2056년부터 임금피크제가 적용되고 60세가 되는 2060년에 정년을 맞는다고 하자. 시간이 지날수록 두 취업자 간 임금격차는 임금상승률만큼 더 늘어나지만 이를 현재가치로 환산할 때는 할인율만큼 줄어들므로, 향후 임금상승률

과 할인율이 같다면 시간 흐름에 따른 할증 효과와 할인 효과가 상쇄되어 계산이 간단해진다. 이를 이용하여 2024년 말 기준 임금격차의 현재가치를 계산해 보면, 2024년에는 초임(4,000만 원)만큼, 2025년부터 2055년까지는 경력에 따른 차이, 즉 매년 200만 원씩 총 6,200만 원(200만 원×31년)만큼, 임금피크제 기간인 2056년부터 2060년까지는 매년 100만 원씩 총 500만 원(100만 원×5년)만큼 임금격차가 발생한다. 따라서 2024~2060년 동안 발생하는 총임금격차는 현재가치로 1억 700만 원(4,000만 원+6,200만 원+500만 원)이 된다.

4 남궁지영·박희진,「대학생의 학습성과 요인 분석: 재수경험에 따른 차이를 중심으로」(2018)를 참조.

제3부 교육의 수익률을 높이는 전략

제19장 숨겨진 재능을 발굴해라

1 여기서 각각의 컴퓨터, 즉 다중지능은 IQ와 마찬가지로 정규분포를 갖는다고 가정한다.

2 「일자리행정통계」는 임금근로자(고용계약에 따라 임금을 받는 근로자)와 비임금근로자(자영업자, 프리랜서)의 일자리를 모두 포함하여 근로자가 점유하고 있는 일자리를 대상으로 한다. 즉, 구인 중인 빈 일자리는 통계에서 제외된다. 또한 1년 중 6개월간만 일하는 경우 0.5개의 일자리로 간주하고 1명의 취업자가 1개 이상의 일자리를 차지할 수 있기 때문에 일자리 수와 「경제활동인구조사」상의 취업자 수는 서로 다른 것이 일반적이다. 예컨대 2022년 일자리 수는 총 2,645만 개였지만 취업자 수(연평균)는 이보다 많은 2,809만 명이었다. 한편 「일자리행정통계」상 대기업과 중소기업의 구분은 「중소기업기본법 시행령」상의 매출액 요건을 기준으로 한다. 이 기준을 충족할 때는 중소기업으로, 이를 초과할 때는 대기업으로 본다. 정부, 학교, 비영리법인 등과 같이 영리 목적의 조직이 아닌 경우에는 비영리기업으로 분류한다.

3 통계청의 「사회조사」(2024년 기준)를 참조.

4 국무조정실의 「청소년삶실태조사」를 참조.

5 앞에서 언급한 주요 전문직 자격시험 가운데 응시자격으로 학위를 요구하는 의사·치과의사·한의사·약사·수의사 국가고시는 제외한다.

6 장승수 변호사에 관한 자세한 이야기는 그의 자서전 『공부가 가장 쉬웠어요: 막노동꾼 출신 서울대 수석 합격자 장승수 이야기』를 참고하기 바란다.

7 이 영화는 줄리아 차일드의 자서전인 『줄리아의 즐거운 인생 My Life in France』을 토대로 하고 있으나, 일부 내용은 그녀의 실제 삶과 다른 가공의 이야기이다.

8   FashionUnited의 "Most Valuable Fashion Brand"(www.fashionunited.com)를 참조.

제20장 뇌를 효율적으로 개발해라

1   교육부의 「당·정, '고등학교 무상교육 실현 방안' 확정」(2019. 4. 9.)을 참조. 이 자료에 포함되어 있지 않은 콜롬비아와 코스타리카도 초등교육과 중등교육(중고등학교 교육)에 대해 무상교육을 실시하고 있다.

2   아인슈타인의 뇌에 대한 대표적인 연구로 Marian C. Diamond 등의 "On the Brain of a Scientist: Albert Einstein"(1985)이 있다. 이 연구는 토머스 하비가 갖고 있던 아인슈타인의 뇌 조각을 이용하여 진행되었다.

3   다만 뇌 무게는 나이가 들면서 감소한다. 20세 남성의 평균 뇌 무게가 1.4kg일 때 65세 남성은 1.3kg이다(자료: Lori L. Beason-Held & Barry Horwitz의 "Aging Brain," 2002). 참고로 아인슈타인은 76세에 사망했다.

4   Marie T. Banich & Rebecca J. Compton의 *Cognitive Neuroscience*(2023)를 참조.

5   Marian C. Diamond 등의 "The Effects of an Enriched Environment on the Histology of the Rat Cerebral Cortex"(1964)와 Edward L. Bennett 등의 "Chemical and Anatomical Plasticity of Brain: Changes in Brain Through Experience, Demanded by Learning Theories, Are Found in Experiments with Rats"(1964)를 참조.

6   그 밖에 뉴런의 기능을 보조하는 교세포glial cell가 있다.

7   Eleanor A. Maguire 등의 "Navigation-Related Structural Change in the Hippocampi of Taxi Drivers"(2000)를 참조.

8   Kirsty L. Spalding 등의 "Dynamics of Hippocampal Neurogenesis in Adult Humans"(2013)를 참조.

9   Elizabeth Bates 등의 "Differential Effects of Unilateral Lesions on Language Production in Children and Adults"(2001)를 참조. 다만 이 연구가 제시한 결과만으로 '어릴수록 뇌 손상에서 더 빨리 회복한다'라고 단언하기는 어렵다. 어느 부위를 다치느냐에 따라 오히려 어릴 때 입은 뇌 손상이 더 치명적일 수도 있다. 자세한 내용은 Vicky Anderson 등의 "Do Children Really Recover Better? Neurobehavioural Plasticity After Early Brain Insult"(2011)와 Alex Fornito 등의 "The Connectomics of Brain Disorders"(2015)를 참고하기 바란다.

10 Daphne Maurer & Terri L. Lewis의 "Visual Acuity: The Role of Visual Input in Inducing Postnatal Change"(2001)와 같은 저자의 "Sensitive Periods in Visual

Development"(2013)를 참조.

11 Craig M. Bennett & Abigail A. Baird의 "Anatomical Changes in the Emerging Adult Brain: a Voxel-Based Morphometry Study"(2006)를 참조. 다만 이 연구는 다음과 같은 점에서 한계가 있다. 첫째, 대학에 진학하지 않았거나 집에서 가까운 대학에 들어간 19세 성인을 실험의 대조군으로 설정하지 않았다. 따라서 이 연구의 실험군에서 나타난 변화가 19세 전후로 나타나는 일반적인 특징일 가능성을 완전히 배제하기 어렵다. 둘째, 실험의 대조군으로 설정된 대학원생은 집을 떠난 지가 오래되었기 때문에 실험에 참여할 당시 그들의 생활환경에 큰 변화가 있었던 것이 아니다. 다시 말해 대학원생의 뇌에서 별다른 변화가 관찰되지 않은 것이 순전히 나이 때문인지가 불분명하다. 그럼에도 불구하고 이 연구는 10대 후반에도 환경적 요인이 뇌에 적지 않은 영향을 미칠 수 있음을 밝혔다는 점에서 그 의의가 크다.
12 P. Shaw 등의 "Intellectual Ability and Cortical Development in Children and Adolescents"(2006)를 참조.
13 Robert Sanders의 "Enrichment Is Key to Children's Intelligence and Creativity, Says New Book Coauthored by UC Berkeley Brain Researcher Marian Diamond"(1998. 5. 11.)를 참조.

제21장 적어도 40대까지는 자기계발에 힘써라

1 R. S. Wilson 등의 "The Relation of Cognitive Activity to Risk of Developing Alzheimer's Disease"(2007)를 참조.
2 대표적으로 Yaakov Stern의 "Cognitive Reserve in Ageing and Alzheimer's Disease"(2012) 등의 연구를 들 수 있다.
3 David A. Snowdon의 "Aging and Alzheimer's Disease: Lessons from the Nun Study"(1997)를 참조. 로마가톨릭교회 수녀를 대상으로 진행된 노화 및 알츠하이머병에 관한 연구(이를 흔히 '수녀 연구$^{Nun\ Study}$'라고 부른다)는 1986년부터 시작되었는데, 여기에는 메리 수녀를 비롯하여 총 678명이 참여하였다. 이들은 사후에 뇌를 기증함으로써 알츠하이머병의 신경병리학적 연구에 크게 기여하였다.
4 통계청의 「생활시간조사」는 1999년부터 5년마다 실시되고 있다. 2024년 「생활시간조사」 결과는 2025년 7월경 발표된다.
5 다만 우리나라는 1990년대 후반부터 대학 진학이 크게 늘었기 때문에 45~55세 또는 55~65세 인구는 고등교육을 받은 비율이 상대적으로 낮은 편이다.
6 가장 근래에 실시된 PISA 2022에서 우리나라는 OECD 37개 회원국 가운데 읽기 영역 1~7위, 수학 영역 1~2위, 과학 영역 2~5위를 차지하였다(PISA의 국가별 순위는 2006년부터 측정오차를 고려하여 구간으로 제공된다). 2000년부터 2022년까지

우리나라가 기록한 가장 낮은 등위가 읽기 6위(2000년), 수학 1~4위(2015년, 2018년), 과학 5~9위(2006년)일 정도로 우리나라 15세 학생의 학업성취도는 OECD 국가들 가운데 최상위권을 유지하고 있다(자료: 교육부·한국교육개발원(2024), OECD "PISA Data Explorer").

7 오은하 등의 「성인의 어휘 능력 조사 결과 분석: 어휘 등급과 응답자 수준 비교를 중심으로」(2023)를 참조. 15점 만점의 어휘력 측정시험에서 연령대별 평균점수는 20대 9.1점, 30대 10.0점, 40대 10.8점, 50대 9.8점, 60대 이상이 9.6점이었다. 다만 이 연구는 같은 세대를 오랜 시간에 걸쳐 추적 조사한 종단연구longitudinal study가 아니라 같은 시점에 여러 세대를 동시에 조사한 횡단연구cross-sectional study이므로 이 결과를 연령에 따른 어휘력 변화로 해석하는 데에는 한계가 존재한다. 그러나 20~40대 간의 점수 차가 상당히 컸던 점으로 미루어 볼 때, 청년층에서 중년층으로 갈수록 어휘력이 점점 향상됨은 분명해 보인다.

8 K. Warner Schaie의 *Developmental Influences on Adult Intelligence: The Seattle Longitudinal Study*(2013)를 참조

9 잡코리아의 「성과 높은 동료의 공통점 2위 '계속 공부해', 1위는?」(2019. 11. 12.)을 참조.

10 문영만의 「재직자의 교육훈련이 임금, 직무만족도, 이직에 미치는 영향」(2019)을 참조.

11 한국교육개발원의 「평생학습개인실태조사」의 평생학습 참여율, 참여자의 연평균 자기부담학습비를 이용하여 계산하였다. 이때 평생학습은 대학, 대학원 등의 교육기관을 통한 형식교육이 아닌 비형식교육을 기준으로 한다.

12 〈모나리자〉를 소장하고 있는 프랑스 루브르박물관Musée du Louvre에 따르면, 1452년에 태어난 레오나르도 다 빈치는 이 그림을 1503년, 즉 51세부터 그리기 시작했다. 다만 1519년 그가 사망할 때까지 〈모나리자〉를 완성하지 못했다고 본다.

제22장 외국어는 필요하다고 느낄 때 집중학습해라

1 다만 문법과 독해 중심의 영어교육이 무조건 잘못된 방향이라고 볼 수는 없다. 세계화의 진전으로 오늘날에는 영어 말하기와 듣기, 쓰기가 모두 중요해졌지만, 국가 간 교류가 활발하지 않았던 과거에는 영어로 된 자료를 읽고 이해하는 것이 영어교육의 가장 중요한 목표였다. 당연한 말이지만, 언어의 네 가지 기술(말하기·듣기·읽기·쓰기)을 골고루 발달시키려면 많은 노력과 비용이 수반될 수밖에 없다. 따라서 문법과 독해 위주로 영어교육이 이루어진 것은 가장 우선적으로 필요한 읽기 능력을 함양하기 위한 '선택과 집중'의 결과였다.

2 글로벌 교육기업 EF(Education First)의 영어능력지수English Proficiency Index 기준. 다

만 이 자료는 표본추출 등이 통계학적으로 엄밀하지 않아 그 대표성을 담보하기 어려우므로 참고용으로만 볼 필요가 있다.

3 한국어는 한국어족으로, 일본어는 일본어족으로 분류된다. 이는 영어와 프랑스어, 독일어, 스페인어가 모두 인도유럽어족에 포함되는 것과 대조적이다.

4 미국 국무부Department of State 산하의 외교관 교육훈련기관인 Foreign Service Institute는 한국어와 일본어, 중국어(북경어, 광동어), 아랍어를 미국인이 가장 배우기 어려운 '초고난도 언어super-hard languages'로 분류하고 있다.

5 三隅隆司(이와마 요코)・ウスビ・サコ(우수비 사코)의「グローバル教育・政策を讀む 各國に學ぶ (上): 小學校英語, 韓國は日本より130時間長く 海外留・3倍差(글로벌 교육・정책을 보고 각국에서 배우다 (상): 초등학교 영어, 한국이 일본보다 130시간 더 길고 해외 유학은 3배 차이)」(2023. 2. 20.)를 참조.

6 김지하・최문홍의「한국과 일본의 중등학교 영어 교과서 비교 연구」(2018)를 참조. 이 연구는 한국과 일본의 중학교 1학년 및 고등학교 1학년 교과서를 비교・분석하였다.

7 영어교과서의 단어와 문장 수로 난이도를 측정했을 때, 한국의 중1 교과서는 미국의 초등학교 3학년, 고1 교과서는 중학교 1학년 수준에 달했다. 반면 일본의 중1 교과서는 미국의 초등학교 1학년, 고1 교과서는 5학년 수준에 머물렀다.

8 Raquel Serrano & Carmen Muñoz의 "Same Hours, Different Time Distribution: Any Difference in EFL?"(2007)을 참조.

9 Barbara F. Freed 등의 "Context of Learning and Second Language Fluency in French: Comparing Regular Classroom, Study Abroad, and Intensive Domestic Immersion Programs"(2004)를 참조.

10 Raquel Serrano 등의 "Analyzing the Effect of Context of Second Language Learning: Domestic Intensive and Semi-intensive Courses vs. Study Abroad in Europe"(2011)을 참조. 이 연구에서 살펴본 영어교육과정은 앞서 살펴본 바르셀로나대학교 연구에서 분석한 대상과 일부 중복된다. 두 연구는 모두 바르셀로나대학교 연구팀에서 수행했다.

11 첫 번째와 두 번째 영어능력 평가의 간격은 과정별로 영어에 대한 추가적인 노출시간을 같게 만드는 기간으로 정했다. 이에 따라 집중과정과 교환학생 프로그램에 속한 학생들은 첫 번째 시험일로부터 15일 지난 시점에, 준집중과정을 듣는 학생들은 2개월 15일 지난 시점에 두 번째 시험에 응시했다.

12 다만 말하기 영역에서의 두 프로그램 간 효과 차이는 통계적으로 유의하였으나 쓰기 영역에서는 통계적으로 유의하지 않았다. 이는 쓰기 영역에서 나타난 둘 간의 효과 차이가 상당히 작아 통계학의 관점에서 봤을 때 집중과정의 효과가 더 크다고 말

할 수 없음을 의미한다.

13 Raquel Serrano 등의 "Examining L2 Development in Two Short-Term Intensive Programs for Teenagers: Study Abroad vs. "at Home""(2016)을 참조.
14 Bongsun Song(송봉선) & Tae-Young Kim(김태영)의 "The Dynamics of Demotivation and Remotivation Among Korean High School EFL Students"(2017)를 참조.
15 Sook Kyung Jung(정숙경)의 "Demotivating and Remotivating Factors in Learning English: A Case of Low Level College Students"(2011)를 참조.
16 대표적인 연구로 Rong Wu & Zhonggen Yu의 "Do AI Chatbots Improve Students Learning Outcomes? Evidence from a Meta-Analysis"(2024)가 있다.

제23장 자기효능감을 갖고 자기주도적으로 공부해라

1 'Mindset'은 마음가짐이나 사고방식, 태도를 의미한다. 여기서는 드웩 교수의 *Mindset: The New Psychology of Success*(2006)를 우리말로 옮긴 김준수 역의 『마인드셋』(2017)에 따라 'mindset'을 영어 발음 그대로 '마인드셋'으로 번역하였다.
2 Susana Claro 등의 "Growth Mindset Tempers the Effects of Poverty on Academic Achievement"(2016)를 참조.
3 Robert Rosenthal & Lenore Jacobson의 "Pygmalion in the Classroom"(1968)을 참조. 로젠탈 교수의 이름을 따서 '피그말리온 효과' 대신 '로젠탈 효과Rosenthal effect'라고 부르기도 한다. 다만 이 연구의 실험결과를 재현할 수 없다는 비판도 존재한다. 이에 대해서는 Lee Jussim & Kent D. Harber의 "Teacher Expectations and Self-Fulfilling Prophecies: Knowns and Unknowns, Resolved and Unresolved Controversies"(2005)를 참조.
4 자기효능감 개념은 Albert Bandura의 "Self-Efficacy: Toward a Unifying Theory of Behavioral Change"(1977)에서 처음 등장하였다.
5 자기효능감과 학업성취 간의 관계에 관한 선구자적 연구로는 Albert Bandura의 *Social Foundations of Thought and Action: A Social Cognitive Theory*(1986), Barry J. Zimmerman 등의 "Self-Motivation for Academic Attainment: The Role of Self-Efficacy Beliefs and Personal Goal Setting"(1992) 등을 꼽을 수 있다.
6 진경애 등의 「초등 국어, 수학, 영어 학업 성취에 영향을 미치는 정의적·메타 인지적 변인 탐색」(2016)을 참조.
7 다만 6학년 국어 과목의 경우에는 자기효능감과 학업성적 간의 관계가 통계적으로 유의하지 않았다. 이는 통계학의 관점에서 봤을 때 자기효능감이 6학년 국어 과목

의 학업성취에 긍정적인 영향을 미친다고 보기에는 그 영향력이 매우 작은 수준임을 의미한다.

8 임선아·정윤정의 「메타분석을 통한 자기효능감이 학업성취에 미치는 효과 검증」(2013) 등을 참고하기 바란다.

9 Sunyoung Park(박선영)의 "Self-Directed Learning in the Workplace"(2008), 김희삼의 「왜 사교육보다 자기주도학습이 중요한가?」(2011), Anna J. C. Hsu 등의 "From Academic Achievement to Career Development: Does Self-Regulated Learning Matter?"(2022) 등의 연구가 있다.

10 Albert Bandura의 "Self-Efficacy: Toward a Unifying Theory of Behavioral Change"(1977)와 *Social Foundations of Thought and Action: A Social Cognitive Theory*(1986), Self-Efficacy: *The Exercise of Control*(1997), Albert Bandura & Dale H. Schunk의 "Cultivating Competence, Self-Efficacy, and Intrinsic Interest Through Proximal Self-Motivation"(1981) 등을 참조.

제24장 자신만의 학습법을 찾고 충분한 수면을 취해라

1 1954학년도에 시행된 '대학입학자 선발 연합고시'와 1962~1963학년도의 '대학입학자격 국가고사'도 일제고사 형태였으나 모두 조기 폐지되었다. 한편 '예비고사'라는 명칭은 각 대학에서 자체적으로 치른 시험을 '본고사'라고 불렀던 데에서 유래한다. 초창기 예비고사는 대입자격시험에 가까웠으나 이후 변별력이 높아지면서 대입 당락에 큰 영향을 미치는 시험으로 변모했다. 1980년대 들어 대학별 본고사가 폐지됨에 따라 1982학년부터는 '대학입학학력고사'(흔히 '학력고사'라 부른다)로 이름이 바뀌었다.

2 1969~1993학년도 대입시험(예비고사, 학력고사)은 응시율(응시인원/접수인원)이 97%라고 가정할 때 총 1,250만 명 내외가 응시했던 것으로 추정된다. 1994~2025학년도 수능에는 총 2,070여만 명이 응시했다(자료: 한국교육과정평가원의 「대학수학능력시험 연도별 응시현황」). 따라서 현재까지 대입시험 누적 응시인원은 3,320여만 명에 달한다.

3 씨제이이이엔엠CJ E&M의 tvN 예능프로그램 〈유 퀴즈 온 더 블록〉 제226회(2024. 1. 3.)를 참조.

4 이집트의 프롤레마이오스 1세Ptolemy I가 기하학을 쉽게 배울 방법이 없냐고 묻자, 유클리드(고대 그리스어로는 '에우클레이데스'라고 부른다)가 '기하학에는 왕도가 없습니다'라고 대답했다는 이야기가 전해진다. 다만 정확한 사료가 없어 실제로 그가 이러한 말을 했는지는 불분명하다.

5 Max Hirshkowitz 등의 "National Sleep Foundation's Sleep Time Duration

Recommendations: Methodology and Results Summary"(2015)와 Shalini Paruthi 등의 "Consensus Statement of the American Academy of Sleep Medicine on the Recommended Amount of Sleep for Healthy Children: Methodology and Discussion"(2016)을 참조. 미국 국립수면재단의 연령별 권장 수면 시간은 다음과 같다. 생후 3개월 이하: 14~17시간, 4~11개월: 12~15시간, 1~2세: 11~14시간, 3~5세: 10~13시간, 6~13세: 9~11시간, 14~17세: 8~10시간, 18~64세: 7~9시간, 65세 이상 7~8시간. 미국수면의학회의 권장 수면시간은 다음과 같다. 생후 4~11개월: 12~16시간, 1~2세: 11~14시간, 3~5세: 10~13시간, 6~12세: 9~12시간, 13~18세: 8~10시간.

6   Kana Okano 등의 "Sleep Quality, Duration, and Consistency Are Associated with Better Academic Performance in College Students" (2019)를 참조.

7   자세한 내용은 Julia F. Dewald 등의 "The Influence of Sleep Quality, Sleep Duration and Sleepiness on School Performance in Children and Adolescents: A Meta-Analytic Review"(2010)를 참고하기 바란다.

8   이준석 등의 「남녀 고등학생들에서 수면과 학업성적 간의 관계」(2019)를 참조.

9   아침식사와 학업성취 간의 관계에 관한 대표적인 연구로는 Gail G. Rampersaud 등의 "Breakfast Habits, Nutritional Status, Body Weight, and Academic Performance in Children and Adolescents"(2005), Katie Adolphus 등의 "The Effects of Breakfast on Behavior and Academic Performance in Children and Adolescents"(2013) 등이 있다.

10 '아침형 인간'이라는 표현은 일본 작가 사이쇼 히로시税所弘의 저서 『'아침형 인간'의 성공철학「朝型人間」の成功哲學』(1993)에서 유래했다. 이 책의 한국어 번역본 『아침형 인간』이 2003년 국내에 소개되면서 '아침형 인간'이라는 용어가 널리 쓰이기 시작했다. 다만 『아침형 인간』은 수면시간을 줄여서 아침에 일찍 일어날 것을 강조하기 때문에 현재 통용되고 있는 '아침형 인간'과는 그 의미가 다소 다르다고 볼 수 있다.

11 Vincent van der Vinne 등의 "Timing of Examinations Affects School Performance Differently in Early and Late Chronotypes"(2015)를 참조.

12 예를 들어 Tristan Enright & Roberto Refinetti의 "Chronotype, Class Times, and Academic Achievement of University Students"(2017), Giulia Zerbini & Martha Merrow의 "Time to Learn: How Chronotype Impacts Education"(2017), Andrea P. Goldin 등의 "Interplay of Chronotype and School Timing Predicts School Performance"(2020)가 있다.

13 Franzis Preckel 등의 "Chronotype, Cognitive Abilities, and Academic Achievement: A Meta-Analytic Investigation"(2011)을 참조. 이 연구는 일주기 유형과 학업성취도 간의 상관관계 분석을 실시하였다. 이 때문에 저녁형에 가까울수

록 학업성적이 더 낮다는 연구결과가 실제로는 수면 부족에서 비롯되었을 가능성을 배제하기 어렵다.
14 Susannah Butter의 "Are You an Early Bird like Michelle or a Night Owl like Barack?"(2013. 9. 24.), Michael D. Shear의 "Obama After Dark: The Precious Hours Alone"(2016. 7. 2.) 등을 참조.
15 홍석철의 「'수능 첫만점' 한성과학고 오승은양 공부비결」(1998. 12. 16.)를 참조.

제25장 나에게 맞는 입시전략을 세워라

1 2002학년도 수능부터는 성적표에 영역별 원점수는 공개되었으나 총점은 기재되지 않았다. 따라서 2002학년도 수능의 총점 평균은 각 계열(인문, 자연, 예체능)의 영역별 원점수 평균을 합산한 후 이를 계열별 응시생 수로 가중평균하여 구했다. 총점 평균을 계산하는 방식이 2001학년도 이전 수능과 다름에 유의하기 바란다.
2 2028학년도부터 달라지는 수능에 관한 자세한 내용은 교육부의 「2028 입시부터 국어·수학·사회·과학 선택과목 없는 통합형 수능, 내신 5등급 체제 확정」(2023. 12. 27.)을 참고하기 바란다.
3 '붉은 여왕 가설'은 미국의 진화생물학자인 리 반 발렌Leigh Van Valen 박사가 "A New Evolutionary Law"(1973)에서 처음 제안하였다.
4 백순근의 「대입전형 제도 변경은 제로섬게임」(2021. 2.)을 참조.
5 이 전형은 2021년 9월 개정된 「고등교육법」에 따라 장애인, 농어촌 학생, 특성화고 졸업자, 기초생활수급자, 차상위계층, 한부모가족의 자녀, 국가보훈대상자, 서해 5도 학생, 아동복지보호 대상자, 북한이탈주민, 만학도 등을 대상으로 대학 진학의 기회를 차등적으로 보상하는 데 그 목적이 있다. 「고등교육법 시행령」에 따라 2024학년도부터 모든 대학은 전체 모집인원의 10% 이상을 기회균등전형으로 선발하여야 한다(단, 비수도권 대학은 신입생 충원의 어려움을 고려하여 해당 지역의 고등학교 졸업(예정)자를 선발한 경우 이를 전체 모집인원의 5% 한도에서 기회균등전형 모집인원에 포함할 수 있다). 그런데 많은 대학이 이미 기회균등전형과 유사한 제도를 운용하고 있었기 때문에 실질적으로는 전형 신설보다 모집인원 확대의 효과가 더 컸다.
6 서울대는 수시모집으로 2023학년도까지 농어촌 학생을 대상으로 '기회균등특별전형 I (농어촌)'을 실시하였다가 2024학년도부터 지원자격과 모집인원을 확대한 '기회균등특별전형(사회통합)'을 신설하였다(다만 용어의 혼란을 막기 위해 특별한 언급이 없는 한 이들 전형을 모두 '기회균등전형'으로 통일하여 부르기로 한다). 2023학년도 기회균등전형의 모집인원은 86명(정원외)였으나, 2024학년도 기회균등전형은 183명(정원내 179명, 정원외 4명)이었다. 기회균등전형 모집인원이 대부분 정원에 포함됨에 따라 수시모집의 다른 전형은 모집인원이 소폭 감소했다. 예컨대 지역균

형전형 모집인원은 2023학년도 562명, 2024학년도 506명이었다(자료: 서울대학교의 「(연도별) 대학 신입학생 수시모집 안내」).

7 서울대 지역균형전형은 학교장 추천을 받은 고등학교 졸업(예정)자를 대상으로 한다. 따라서 기회균등전형과 비교했을 때 지원자격의 제한이 거의 없다고 봐도 무방하다. 한편 제9장의 주 13에서 설명하였듯이, 지역균형전형은 명칭과 달리 합격자를 지역별로 안배하지 않으나 학생 수가 많은 학교와 적은 학교 모두 2명까지만 추천할 수 있어 인구가 적은 지역에 유리한 측면이 있다.

8 한국대학교육협의회 대입정보포털 '어디가'(www.adiga.kr)를 참조. 서울대 수시모집 중 지역균형전형과 기회균등전형은 학생부 교과성적 위주의 '학생부교과전형'이 아니라 학생부의 내용을 종합적으로 평가하는 '학생부종합전형'이다. 또한 학생부에 대한 서류평가점수(70점 만점)뿐만 아니라 면접점수(30점 만점)도 당락에 큰 영향을 미친다. 따라서 실제 합격선은 지역균형전형이 더 높더라도 학생부 교과성적 등급은 기회균등전형이 더 좋을 수도 있다. 하지만 두 전형의 학생선발기준이 동일하고 학생부 교과성적이 중요한 평가항목임을 고려할 때 학생부 등급 70% 컷이 지니는 의미는 작지 않다. 한편 서울대를 비롯한 대부분의 대학은 모집인원이 3명 이하일 때 개인정보 보호를 위해 합격자의 성적을 공개하지 않는다. 서울대 인문계열은 모집인원이 4명 이상이었으나 여러 학과를 통합하여 학생을 선발한 데다 지역균형전형과 기회균등전형 간 모집단위가 정확하게 일치하지 않아 비교에서 제외하였다.

9 전국 대학의 수시모집 비율 추이는 다음과 같다. 2022학년도 75.7%, 2023학년도 78.0%, 2024학년도 79.0%, 2025학년도 79.6%, 2026학년도 79.9%(자료: 한국대학교육협의회의 「(연도별) 대학입학전형시행계획 발표」).

10 제17장(사교육을 많이 받으면 수능점수가 올라갈까?)에서 언급한 '서울 소재 주요 16개 대학'을 말한다. 자세한 내용은 제17장의 주 2를 참고하기 바란다.

11 한지훈의 「"지역 비례로 뽑은 서울대생 학점, 모든 계열서 평균보다 높다"」(2024. 11. 3.)를 참조. 2024년 2월 서울대 졸업생의 평점평균을 살펴본 결과, 지역균형전형으로 들어온 학생은 평균 3.67점(4.3점 만점)으로 졸업하여 전체 학생 평균(3.61점)보다 성적이 좋았다. 이는 계열(인문·사회과학·자연과학·공학·예체능·의학계열)별로 보았을 때도 마찬가지였다.

12 각 대학의 2025학년도 수시·정시모집 요강 참조. 일반고와 자사고, 특목고 출신 학생들이 누구나 지원할 수 있는 전형이라면 명칭과 상관없이 모두 일반전형으로 간주하였다.

제26장 시험, 피할 수 없다면 즐겨라

1 Jerrell C. Cassady & Ronald E. Johnson의 "Cognitive Test Anxiety and Academic Performance"(2002)를 참조.

2   Ray Hembree의 "Correlates, Causes, Effects, and Treatment of Test Anxiety"(1988), Nathaniel von der Embse 등의 "Test Anxiety Effects, Predictors, and Correlates: A 30-Year Meta-Analytic Review"(2018) 등을 참고하기 바란다.

3   Nathaniel von der Embse 등의 "Test Anxiety Effects, Predictors, and Correlates: A 30-Year Meta-Analytic Review"(2018)를 참조.

4   Robert M. Yerkes & John D. Dodson의 "The Relation of Strength of Stimulus to Rapidity of Habit-Formation"(1908)을 참조.

5   거트 보일 회장에 관한 자세한 이야기는 그녀의 자서전 *One Tough Mother: Success in Life, Business and Apple Pies*(2005)를 참고하기 바란다.

제27장 인공지능 시대를 대비해라

1   John Tromp & Gunnar Farnebäck의 "Combinatorics of Go"(2016)를 참조. 참고로 억億이 10^8, 조兆가 10^{12}, 경京이 10^{16}, 해垓가 10^{20}이다. 한자어로 가장 큰 수를 가리키는 말은 무량대수無量大數인데, 그 크기가 10^{64}이다. 따라서 바둑에서 나올 수 있는 경우의 수는 무량대수보다도 2.1×10^{104}배나 더 크다. 말 그대로 이루 헤아릴 수 없을 정도로 큰 숫자인 셈이다.

2   Harry Baker의 "How Many Atoms Are in the Observable Universe?"(2021. 7. 10.)를 참조.

3   John Tromp의 "Chess Position Ranking"(2021)을 참조.

4   물론 현재가 제4차 산업혁명의 초입에 해당하는지, 아니면 제3차 산업혁명의 연장선에 놓여있는지에 대한 정확한 판단은 후세의 역사가에게 맡겨야 한다. 분명한 것은 근래 들어 인공지능이 제4차 산업혁명의 주역이 될 것이라는 이야기가 부쩍 늘어나고 있다는 점이다.

5   '제4차 산업혁명'이라는 용어는 2016년 1월 열린 세계경제포럼World Economic Forum에서 이 포럼의 창시자인 클라우스 슈밥Klaus Schwab 교수가 공식적으로 처음 사용하였다. 그는 포럼이 열리기 직전 『클라우스 슈밥의 제4차 산업혁명The Fourth Industrial Revolution』이라는 책을 냈다. 한편 알파고가 이세돌 9단을 꺾은 것은 2016년 3월의 일이다. 슈밥 교수가 이보다 먼저 '제4차 산업혁명'을 제창했다는 점에서 이 용어의 등장과 알파고의 승리가 같은 해에 일어났다는 사실은 우연의 일치라고 볼 수 있다.

6   Chegg.org의 "Global Student Survey"(2023)를 참조. 다만 표본추출이 엄밀하지 않은 등 표본의 대표성이 확보되지 않아 이 비율은 참고용으로만 볼 필요가 없다. 또한 챗GPT가 공개된 지 8개월 정도 지난 시점에 설문조사가 이루어졌기 때문에 현재는 이보다 더 많은 대학생이 과제 작성에 인공지능을 활용할 가능성이 크다.

7   Dan Mangan의 "Politics Judge Sanctions Lawyers for Brief Written by A.I.

with Fake Citations"(2023. 6. 22.)를 참조.
8   한지우 · 오삼일의 「AI와 노동시장 변화」(2023)를 참조.
9   Edward W. Felten 등의 "Occupational Heterogeneity in Exposure to Generative AI"(2023)를 참조.
10 Pearson의 "How Gen AI Proof Is Your Job?"(2023. 11. 27.)을 참조.
11 OpenAI의 "GPT-4 Technical Report"(2023)를 참조. GPT가 본 시험은 미국의 여러 주에서 공동으로 사용하는 표준 변호사시험인 'Uniform Bar Examination(UBE)'이다. 이 시험은 다음의 3가지 영역으로 구성된다. 총 6시간 동안 객관식 200개 문항을 푸는 Multistate Bar Examination(MBE), 30분짜리 에세이 문제 6개로 구성된 Multistate Essay Examination(MEE), 90분짜리 사례 문제 2개로 구성된 Multistate Performance Test(MPT). 각 영역의 배점은 200점, 120점, 80점으로 시험의 만점은 400점이다(자료: National Conference of Bar Examiners 홈페이지). UBE에서 GPT-3.5는 213점을, GPT-4는 293점을 획득했다. 백분위점수 차이에 비해 원점수 차이는 크지 않은 편인데, 이는 응시생 대부분이 각 주에서 정한 합격기준(260~272점)을 통과하는 데에 목표를 두기 때문이다. 한편 점수를 산출하는 과정에서 GPT-4의 성적이 과대 평가되었다는 비판도 있다. 이와 관련해서는 Eric Martínez의 "Re-evaluating GPT-4's Bar Exam Performance"(2024)를 참고하기 바란다.
12 OpenAI의 "GPT-4 Technical Report"(2023)를 참조. GPT-4는 SAT 읽기 및 쓰기 영역에서 710점(상위 7%), 수학 영역에서 700점(상위 11%)의 성적을 거두었다. 각각의 영역은 800점 만점이다.

참고문헌

강득구, 「강득구 의원, "2024 의대 정시모집 합격자 중 41.9%가 서울 소재 고등학교 출신"」, 보도자료, 강득구 국회의원실, 2024. 4. 4.

강창희·박윤수, 「사교육이 학생의 인지·비인지 역량 발달에 미치는 영향: 자기주도 학습과의 비교를 중심으로」, 『노동경제논집』 제38권 제4호, 2015.

강훈상, 「"느린 수학자"…여성 첫 필즈상 '이란 수학천재' 암으로 요절」, 『연합뉴스』, 2017. 7. 16.

건강보험심사평가원 보건의료데이터개방시스템, opendata.hira.or.kr.

건국대학교, 「2025학년도 수시모집요강」, 건국대학교, 2024. 5.

건국대학교, 「2025학년도 정시모집요강」, 건국대학교, 2024. 8.

경희대학교, 「수시 신입생 모집요강 2025」, 경희대학교, 2024.

경희대학교, 「정시 신입생 모집요강 2025」, 경희대학교, 2024.

고려대학교, 「2025학년도 수시모집요강(서울캠퍼스)」, 고려대학교, 2024.

고려대학교, 「2025학년도 정시모집요강(서울캠퍼스)」, 고려대학교, 2024.

고용노동부, 「고용형태별근로실태조사」, 통계청 국가통계포털.

고은지, 「2025학년도 수시 서울-지방 경쟁률 격차 12.75대 1… 5년새 최고」, 『연합뉴스』, 2024. 9. 29.

광운대학교, 「2025학년도 신입학 수시 모집요강」, 광운대학교, 2024.

광운대학교, 「2025학년도 신입학 정시 모집요강」, 광운대학교, 2024. 9.

교육부, 「2024년 4월 대학정보공시 분석 결과 발표」, 보도자료, 교육부, 2024. 4. 30.

교육부, 「2028 입시부터 국어·수학·사회·과학 선택과목 없는 통합형 수능, 내신 5등급 체제 확정」, 보도자료, 교육부, 2023. 12. 27.

교육부, 「국가수준 학업성취도 평가 결과」, e-나라지표.

교육부, 「당·정, '고등학교 무상교육 실현 방안' 확정」, 보도자료, 교육부, 2019. 4. 9.

교육부, 「사교육 경감대책」, 보도자료, 교육부, 2023. 6. 26.

교육부, 「학원교습소정보」, 교육부 나이스교육정보개방포털.

교육부·질병관리청, 「제19차(2023년) 청소년건강행태조사 통계」, 질병관리청, 2024.

교육부·한국교육개발원, 「2015 고등교육기관 졸업자 건강보험 및 국세DB 연계 취업통계연보」, 한국교육개발원, 2016.

교육부·한국교육개발원, 「2016 고등교육기관 졸업자 건강보험 및 국세DB 연계 취업통계연보」, 한국교육개발원, 2017.

교육부·한국교육개발원, 「2017 고등교육기관 졸업자 취업통계연보」, 한국교육개발원, 2018.

교육부·한국교육개발원, 「2018 고등교육기관 졸업자 취업통계연보」, 한국교육개발원, 2019.

교육부·한국교육개발원, 「2019 고등교육기관 졸업자 취업통계연보」, 한국교육개발원, 2020.

교육부·한국교육개발원, 「2020 고등교육기관 졸업자 취업통계연보」, 한국교육개발원, 2021.

교육부·한국교육개발원, 「2021 고등교육기관 졸업자 취업통계연보」, 한국교육개발원, 2022.

교육부·한국교육개발원, 『2022 고등교육기관 졸업자 취업통계연보』, 한국교육개발원, 2023.

교육부·한국교육개발원, 『2024년 간추린 교육통계』, 한국교육개발원, 2024.

국립중앙도서관, www.nl.go.kr.

국무조정실, 「청소년삶실태조사」, 통계청 국가통계포털.

국세청, 「100대 생활업종 사업자 현황」, 국세청 국세통계포털.

국정브리핑 특별기획팀, 『대한민국 교육 40년: 공교육 정상화·대학 발전·평생학습사회를 향한 전진』, 한스미디어, 2007.

국제교류진흥회, 「News Letter」 제1호, 국제교류진흥회, 1997. 8.

금융감독원 공인회계사시험, 「연도별 합격자 현황」, 금융감독원.

김대식·김두식, 『공부 논쟁』, 창비, 2014.

김미리, 「"인생도, 수학도 성급히 결론 내지 마세요"」, 『조선일보』, 2022. 1. 1.

김민선·백일우, 「사교육에 대한 시간 및 비용 투자에 따른 효과 분석: 서울 중학생의 학업성취도 분위별 효과를 중심으로」, 『교육재정경제연구』 제25권 제3호, 2016.

김민진, 「조기영어교육경험이 유아의 사회언어학적 능력 발달에 미치는 영향」, 『유아교육학논집』 제16권 제5호, 2012.

김병욱, 「김병욱의원, 서울대 지역균형 선발전형 학생이 정시 일반전형 학생보다 학년 높아질수록 학업성취도 높아」, 보도자료, 김병욱 국회의원실, 2016. 10. 11.

김성식·송혜정의 「학교특성에 따른 사교육 참여와 효과 차이 분석」, 『교육평가연구』 제26권 제5호, 2013.

김영철, 「행복은 성적 순이 아니잖아요?: '학력(학벌)'의 비경제적 효과 추정」, 『경제학연구』 제64집 제2호, 2016.

김유정·이선영, 「조기기영어교육이 7세 아동의 모국어(한국어) 나레이티브에 미치는 영향: 복잡성, 정확성, 유창성 및 어휘사용양상을 중심으로」, 『이중언어학』 제60호, 2015.

김정욱·배호중, 「어머니의 심리적 요인이 사교육비 지출에 미치는 영향」, 『교육과학연구』 제52권 제2호, 2021.

김지하·최문홍, 「한국과 일본의 중등학교 영어 교과서 비교 연구」, 『교육문화연구』 제24-3호, 2018.

김진영, 「수학능력 시험 실시 10년간 대학의 서열 변화」, 『공공경제』 제11권 제1호, 2006.

김한나·이보미·박경은·최영진·김수정·정동욱, 「대입전형 준비 유형이 사교육비 지출에 미친 영향 분석: 가구소득과 학업성취도의 차별적 효과를 중심으로」, 『교육재정경제연구』 제33권 제2호, 2024.

김형재, 「조기영어교육 경험에 따른 유아의 한국어 어휘력, 실행기능, 스트레스 및 문제행동의 차이」, 경성대학교 대학원 박사학위논문, 2012.

김형준, 「사교육의 잠재적 기능과 교육경쟁의 동학 : 중산층 학부모의 사례를 중심으로」, 『문화와 사회』 제23권, 2017.

김희삼, 「왜 사교육보다 자기주도학습이 중요한가?」, KDI정책포럼 제231호, 한국개발연구원, 2011.

김희삼, 『학업성취, 진학 및 노동시장 성과에 대한 사교육의 효과 분석』(연구보고서 2010-05), 한국개발연구원, 2010.

김희삼, 『학업성취도 분석을 통한 초중등교육의 개선방향 연구』(연구보고서 2012- 09), 한국개발연구원, 2012.

김희삼·이삼호, 「고등교육의 서열과 노동시장 성과」, KDI정책포럼 제196호, 한국개발연구원, 2008.

나경태, 「연구중심대학 지향…학부 줄고 대학원생 늘어」, 『서울대 총동창신문』 제468호, 2017. 3.

남궁지영·박희진, 「대학생의 학습성과 요인 분석: 재수경험에 따른 차이를 중심으로」, 『교육정치학연구』 제25집 제4호, 2018.

농림축산검역본부, 「532명 응시한 2024년도 수의사국가시험, 합격률은 96.8%」, 보도자료, 농림축산검역본부, 2024. 1. 18.

대성학원, 「'90 학력고사 기준 주요 전기대 진학지도 기준표」, 대성학원, 1990.

대성학원, 「2024학년도 대입 지원가능 대학·학과 참고자료(대성)」, 대성학원, 2023.

대한전공의협의회, 「2022년 전공의 실태조사 결과」, 대한전공의협의회, 2023.

동국대학교, 「2025학년도 동국대학교 수시모집요강」, 동국대학교, 2024. 5.
동국대학교, 「2025학년도 동국대학교 정시모집요강」, 동국대학교, 2024. 8. 31.
문영만, 「재직자의 교육훈련이 임금, 직무만족도, 이직에 미치는 영향」, 「노동정책연구」 제19권 제2호, 2019.
박가열·이은수, 『2021 한국의 직업정보: 2021 KNOW 연구보고서』, 한국고용정보원, 2022.
박범석, 「의과대학생과 일반대학생의 삶의 질과 관련 요인 비교분석」, 가천대학교 의학전문대학원 석사학위논문, 2014.
박영채, 「서울대 합격생, 사교육 접근성 높은 서울·강남권 비중 높다」, 「매일신문」, 2023. 6. 23.
박혜랑·김현철, 「과목별 성적이동성과 사교육의 효과」, 「아시아교육연구」 제23권 제3호, 2022.
백광진, 「지역균형선발의 성과와 과제: 서울대 사례」, 『제2차 2028 대입개편 전문가 포럼』, 교육부·한국대학교육협의회, 2022.
백순근, 「대입전형 제도 변경은 제로섬게임」, 「서울대 총동창신문」 제515호, 2021. 2.
백순근·양정호, 「지역균형선발의 성과와 과제: 서울대 사례」, 『제27회 대학교육 정책포럼 자료집』, 한국대학교육협의회, 2009.
법무부, 「2006년도 제48회 사법시험 최종합격자 출신대학별 현황」, 법무부, 2006. 11. 28.
법무부, 「2007년 시행 제49회 사법시험 최종합격자 통계」, 법무부, 2007. 11. 29.
법무부, 「2008년 시행 제50회 사법시험 최종합격자 통계」, 법무부, 2008. 11. 25.
법무부, 「2009년 시행 제51회 사법시험 최종합격자 통계」, 법무부, 2009. 11. 24.
법무부, 「연도별 사법시험 최종합격자 출신대학별 현황」, 법무부, 2006. 10. 30.
법무부, 「제13회 변호사시험 합격자 1,745명 발표」, 보도자료, 법무부, 2024. 4. 16.
법원행정처, 「제29회 법무사 제2차 시험 합격자 현황」, 대한민국 법원 시험정보, 2024. 1. 31.
보건복지부, 「보건의료인력실태조사」, 통계청 국가통계포털.
서강대학교, 「2025학년도 수시 모집요강」, 서강대학교, 2024. 5. 31.
서강대학교, 「2025학년도 정시 모집요강」, 서강대학교, 2024. 9. 2.
서울대학교, 「2015학년도 서울대학교 정시모집 선발 결과」, 보도자료, 서울대학교, 2015. 1. 15.
서울대학교, 「2016학년도 서울대학교 정시모집 선발 결과」, 보도자료, 서울대학교, 2016. 1. 14.
서울대학교, 「2017학년도 서울대학교 정시모집 선발 결과」, 보도자료, 서울대학교, 2017. 1. 23.
서울대학교, 「2018학년도 서울대학교 정시모집 선발 결과」, 보도자료, 서울대학교, 2018. 1. 29.
서울대학교, 「2019학년도 서울대학교 정시모집 선발 결과」, 보도자료, 서울대학교, 2019. 1. 28.
서울대학교, 「2020학년도 서울대학교 정시모집 선발 결과」, 보도자료, 서울대학교, 2020. 2. 3.
서울대학교, 「2021학년도 서울대학교 정시모집 선발 결과」, 보도자료, 서울대학교, 2021. 2. 5.
서울대학교, 「2022학년도 서울대학교 정시모집 선발 결과」, 보도자료, 서울대학교, 2022. 2. 3.
서울대학교, 「2023학년도 서울대학교 수시모집 지원서 접수현황」, 서울대학교, 2022. 9. 12.
서울대학교, 「2023학년도 대학 신입학생 수시모집 안내」, 서울대학교, 2022. 5. 31.
서울대학교, 「2023학년도 서울대학교 정시모집 선발 결과」, 보도자료, 서울대학교, 2023. 2. 2.
서울대학교, 「2024학년도 대학 신입학생 수시모집 안내」, 서울대학교, 2023. 5. 30.
서울대학교, 「2024학년도 서울대학교 수시모집 지원서 접수현황」, 서울대학교, 2023. 9. 13.
서울대학교, 「2024학년도 서울대학교 정시모집 선발 결과」, 보도자료, 서울대학교, 2024. 2. 1.
서울대학교, 「2025학년도 대학 신입학생 수시모집 안내」, 서울대학교, 2024. 5.
서울대학교, 「2025학년도 대학 신입학생 정시모집('나'군) 안내」, 서울대학교, 2024. 8.
서울시립대학교, 「2025학년도 수시모집 신입생 모집요강」, 서울시립대학교, 2024.

서울시립대학교, 「2025학년도 정시모집 신입생 모집요강」, 서울시립대학교, 2024. 9. 2.
서울여자대학교, 「서울여자대학교 2025 수시 모집요강」, 서울여자대학교, 2024.
서울여자대학교, 「서울여자대학교 2025 정시모집안내」, 서울여자대학교, 2024.
서울역사박물관, 「대치동: 사교육 1번지」, 서울역사박물관, 2018.
서울특별시, 「서울시 토지현황(지목별/법정동별) 통계」, 서울특별시 열린데이터광장.
서울특별시 강남구, 「2019 강남구 사회조사 및 사회지표」, 서울특별시 강남구청, 2019.
서울특별시교육청, 「서울교육통계연보」, 서울특별시교육청.
서울특별시교육청, 「서울시 사설학원 통계」, 서울특별시 열린데이터광장.
서울특별시교육청, 「서울시 학원 교습비 등 정보공개(2024. 1. 1. 기준)」, 서울특별시교육청.
성균관대학교, 「2025학년도 수시모집 성균관대학교 학생모집안내」, 성균관대학교, 2024.
성균관대학교, 「2025학년도 정시모집 성균관대학교 학생모집안내」, 성균관대학교, 2024. 8.
숙명여자대학교, 「2025학년도 숙명여자대학교 신입생 정시모집요강」, 숙명여자대학교, 2024.
숙명여자대학교, 「숙명여자대학교 2025학년도 신입생 수시 모집요강」, 숙명여자대학교, 2024.
숭실대학교, 「2025학년도 숭실대학교 신입학 수시 모집요강」, 숭실대학교, 2024. 5. 31.
숭실대학교, 「2025학년도 숭실대학교 신입학 정시 모집요강」, 숭실대학교, 2024. 8. 31.
씨제이이엔엠(CJ E&M), 〈유 퀴즈 온 더 블록〉 제226회, tvN, 2024. 1. 3.
안준홍·이태, 「대학 전공과 직무 불일치가 노동시장 진입 초기 임금에 미치는 영향」, 『노동경제논집』 제46권 제2호, 2023.
여성가족부, 「청소년종합실태조사」, 통계청 국가통계포털.
연세대학교, 「2025학년도 연세대학교 수시모집요강」, 연세대학교, 2024.
연세대학교, 「2025학년도 연세대학교 정시모집요강」, 연세대학교, 2024.
오기노 치히로, 「'강남8학군' 지역의 형성: 장소형성에 나타난 한국적 특성」, 『지리학논집』 별호58, 서울대학교 국토문제연구소, 2004.
오은하·편지윤·서혁, 「성인의 어휘 능력 조사 결과 분석: 어휘 등급과 응답자 수준 비교를 중심으로」, 『국어교육연구』 제83집, 2023.
윤민종, 「사교육은 "수시" 탓? 대학 입학 전형에 따른 사교육비 차이 탐색」, 『교육학연구』 제59권 제6호, 2021.
윤유진·김현철, 「사교육, 방과후학교, EBS 참여가 학업성취에 미치는 효과분석」, 『교육행정학연구』 제34권 제1호, 2016.
이광현·권용재, 「사교육비와 사교육 시간이 학업성취도에 미치는 효과 분석: 분위회귀분석을 이용한 접근」, 『교육재정경제연구』 제20권 제3호, 2011.
이병민, 「EFL 영어학습 환경에서 학습시간의 의미」, 『외국어교육』 제10권 제2호, 2003.
이승섭·주현규·강선홍, 『카이스트는 어떤 학생을 원하는가: 카이스트 입학처가 밝히는 학생 선발과 교육의 모든 것』, 메디치, 2017.
이승은·조지현, 「취학 전 영어교육경험이 우리나라 중학생의 영어성적과 영어학습태도에 미치는 영향」, 『인문사회 21』 제10권 제3호, 2019.
이정찬·박정훈·김계현, 「2020 전국의사조사」, 연구보고서 2021-14, 대한의사협회 의료정책연구소, 2021.
이주호·정혁·홍성창, 「한국은 인적자본 일등 국가인가?: 교육거품의 형성과 노동시장 분석」, KDI FOCUS 제46호, 한국개발연구원, 2014.
이준석·김근태·조용원, 「남녀 고등학생들에서 수면과 학업성적 간의 관계」, 『대한신경과학회지』 제37권 제3호, 2019.
이지영·고영선, 「대학서열과 생애임금격차」, 『경제학연구』 제71집 제2호, 2023.

이진호, 「'입시 컨설팅' 학원 4년새 네 배로 늘어⋯서울 126개」, 『뉴스1』, 2019. 9. 16.

인사혁신처 사이버국가고시센터, www.gosi.go.kr.

임선아·정윤정, 「메타분석을 통한 자기효능감이 학업성취에 미치는 효과 검증」, 『교육학연구』 제51권 제3호, 2013.

임슬기·이수형, 「수학 성취도에서의 성별 격차: 동태적 변화와 원인 분석」, 『교육과정평가연구』 제22권 제2호, 2019.

잡코리아, 「성과 높은 동료의 공통점 2위 '계속 공부해', 1위는?」, 잡코리아, 2019. 11. 12.

장승수, 『공부가 가장 쉬웠어요: 막노동꾼 출신 서울대 수석 합격자 장승수 이야기』 제2판, 김영사, 2022.

정종우·이동원·김혜진, 「입시경쟁 과열로 인한 사회문제와 대응방안」, BOK 이슈노트 제2024-26호, 한국은행, 2024.

조혜연, 「2023 서울대 등록자 톱100 고교. 서울과고 외대부고 경기과고 하나고 대원외고 톱5」, 『베리타스알파』 제400호, 2023. 2. 27.

중앙대학교, 「2025 중앙대학교 수시모집요강」, 중앙대학교, 2024.

중앙대학교, 「2025 중앙대학교 정시모집요강」, 중앙대학교, 2024.

중앙일보, 「서울법대 배짱 합격/계적 당하자 하소연(주사위)」, 『중앙일보』, 1990. 3. 15.

지명훈, 「"과학고 한수위" vs "일반고가 초월" 카이스트 대논쟁」, 『동아일보』, 2017. 8. 9.

진경애·신택수·김성경·최영인, 「초등 국어, 수학, 영어 학업 성취에 영향을 미치는 정의적·메타 인지적 변인 탐색」, 『교육과정평가연구』 제19권 제1호, 2016.

진학사, 「재수하면 성공할까? 10명 중 5명은 성적 안 올라~」, 진학사, 2024. 2. 19.

질병관리청, 「청소년건강행태조사」, 통계청 국가통계포털.

차성현·김순남·김지경·박선욱·전경원·민병철, 「유아 사교육 실태 및 영향 분석」, 연구보고 RR 2010-33, 한국교육개발원, 2010.

최문석·송일호, 「청년층의 교육 및 전공불일치가 임금과 직장만족도에 미치는 영향」, 『사회과학연구』 제26권 제2호, 2019.

최영준, 「전공 불일치가 불황기 대졸 취업자의 임금에 미치는 장기 효과 분석」, 『경제분석』 제28권 제3호, 2022.

최운열, 「금융공공기관, 블라인드 채용 도입 후 명문대 집중 현상 일부 완화」, 보도자료, 최운열 국회의원실, 2019. 6. 27.

최정원·김진영, 「1980년대 사교육 금지의 장기적 효과」, 『노동경제논집』 제45권 제4호, 2022.

통계청, 「가계동향조사」, 통계청 국가통계포털.

통계청, 「경제활동인구조사」, 통계청 국가통계포털.

통계청, 「사망원인통계」, 통계청 국가통계포털.

통계청, 「사회조사」, 통계청 국가통계포털.

통계청, 「생활시간조사」, 통계청 국가통계포털.

통계청, 「서비스업동향조사」, 통계청 국가통계포털.

통계청, 「소비자물가조사」, 통계청 국가통계포털.

통계청, 「인구동향조사」, 통계청 국가통계포털.

통계청, 「일자리행정통계」, 통계청 국가통계포털.

통계청, 「지역별고용조사」, 통계청 국가통계포털.

통계청·교육부, 「초중고사교육비조사」, 통계청 국가통계포털.

하멜(Hamel, Hendrick), 『하멜표류기: 낯선 조선 땅에서 보낸 13년 20일의 기록』, 김태진 역, 서해문집, 2003.

하성환, 「두 편의 유서와 성찰, 우리 사회가 나아갈 길」, 『한겨레:온』, 2021. 11. 26.

한국고용정보원, 『2012 한국직업사전』 통합본 제4판, 한국고용정보원, 2012.

한국고용정보원, 『2020 한국직업사전』 통합본 제5판, 한국고용정보원, 2020.
한국교육개발원, 「교육기관(고등교육기관 및 직업계고) 졸업자 취업통계」, 통계청 국가통계포털.
한국교육개발원, 「교육기본통계」, 한국교육개발원 교육통계서비스.
한국교육개발원, 「평생교육개인실태조사」, 통계청 국가통계포털.
한국교육과정평가원, 「2012학년도 수능 성적 분석 결과 발표」, 보도자료, 한국교육과정평가원, 2012. 6. 14.
한국교육과정평가원, 「2013학년도 수능 성적 분석 결과 발표」, 보도자료, 한국교육과정평가원, 2013. 6. 21.
한국교육과정평가원, 「2014학년도 수능 성적 분석 결과 발표」, 보도자료, 한국교육과정평가원, 2014. 8. 20.
한국교육과정평가원, 「2015학년도 수능 성적 분석 결과 발표」, 보도자료, 한국교육과정평가원, 2015. 8. 19.
한국교육과정평가원, 「2016학년도 수능 성적 분석 결과 발표」, 보도자료, 한국교육과정평가원, 2016. 5. 24.
한국교육과정평가원, 「2017학년도 수능 성적 분석 결과 발표」, 보도자료, 한국교육과정평가원, 2017. 9. 27.
한국교육과정평가원, 「2018학년도 수능 성적 분석 결과 발표」, 보도자료, 한국교육과정평가원, 2018. 10. 3.
한국교육과정평가원, 「2019학년도 수능 성적 분석 결과 발표」, 보도자료, 한국교육과정평가원, 2019. 12. 3.
한국교육과정평가원, 「2020학년도 수능 성적 분석 결과 발표」, 보도자료, 한국교육과정평가원, 2020. 12. 23.
한국교육과정평가원, 「2021학년도 수능 성적 분석 결과 발표」, 보도자료, 한국교육과정평가원, 2021. 12. 9.
한국교육과정평가원, 「2022학년도 수능 성적 분석 결과 발표」, 보도자료, 한국교육과정평가원, 2022. 12. 8.
한국교육과정평가원, 「2023학년도 수능 성적 분석 결과 발표」, 보도자료, 한국교육과정평가원, 2023. 12. 7.
한국교육과정평가원, 「2024학년도 수능 성적 분석 결과 발표」, 보도자료, 한국교육과정평가원, 2024. 12. 9.
한국교육과정평가원, 「2025학년도 대학수학능력시험 채점 결과」, 보도자료, 한국교육과정평가원, 2024. 12. 5.
한국교육과정평가원, 「대학수학능력시험 연도별 응시현황」, 한국교육과정평가원.
한국교육과정평가원, 「대학수학능력시험 연도별 접수현황」, 한국교육과정평가원.
한국교육과정평가원, 「대학수학능력시험 연도별 채점현황」, 한국교육과정평가원.
한국교육방송공사(EBS), 〈위대한 수업: 다중지능이론〉 제1강(다중지능이란 무엇인가), EBS 1TV, 2023. 9. 4.
한국거래소 정보데이터시스템, data.krx.co.kr.
한국대학교육협의회, 「2018학년도 대학입학전형시행계획 발표」, 보도자료, 한국대학교육협의회, 2016. 4. 27.
한국대학교육협의회, 「2019학년도 대학입학전형시행계획 발표」, 보도자료, 한국대학교육협의회, 2017. 4. 27.
한국대학교육협의회, 「2020학년도 대학입학전형시행계획 발표」, 보도자료, 한국대학교육협의회, 2018. 5. 1.
한국대학교육협의회, 「2021학년도 대학입학전형시행계획 발표」, 보도자료, 한국대학교육협의회, 2019. 4. 30.
한국대학교육협의회, 「2022학년도 대학입학전형시행계획 발표」, 보도자료, 한국대학교육협의회, 2020. 4. 29.
한국대학교육협의회, 「2023학년도 대학입학전형시행계획 발표」, 보도자료, 한국대학교육협의회, 2021. 4. 28.
한국대학교육협의회, 「2024학년도 대학입학전형시행계획 발표」, 보도자료, 한국대학교육협의회, 2022. 4. 26.
한국대학교육협의회, 「2025학년도 대학입학전형시행계획 발표」, 보도자료, 한국대학교육협의회, 2023. 4. 26.
한국대학교육협의회, 「2026학년도 대학입학전형시행계획 발표」, 보도자료, 한국대학교육협의회, 2024. 5. 2.
한국대학교육협의회 대입정보포털 '어디가', www.adiga.kr.
한국대학교육협의회 대학정보공시센터, 「신입생의 출신 고등학교 유형별 현황」, 대학알리미.
한국대학교육협의회 대학정보공시센터, 「졸업생의 취업 현황」, 대학알리미.
한국대학교육협의회 대학정보공시센터, 「중도탈락 학생 현황」, 대학알리미.
한국보건의료인국가시험원, www.kuksiwon.or.kr.
한국부동산원, 「전국주택가격동향조사」, 한국부동산원 부동산정보통계시스템.
한국산업인력공단 중앙고용정보원, 『2003 한국직업사전』 통합본 제3판, 한국산업인력공단, 2003.

한국산업인력공단 Q-Net, www.Q-Net.or.kr.

한국야구위원회, 「2024 KBO 리그 평균 연봉 '역대 최고' 1억 5,495만원」, 보도자료, 2024. 3. 11.

한국야구위원회, www.kbo.or.kr.

한국언론진흥재단 빅카인즈, www.bigkinds.or.kr.

한국외국어대학교, 「2025학년도 한국외국어대학교 수시모집 모집요강」, 한국외국어대학교, 2024.

한국외국어대학교, 「한국외국어대학교 2025학년도 정시 모집요강」, 한국외국어대학교, 2024.

한국토익위원회, 「Newsletter」 제40호, 와이비엠(YBM), 2007. 6.

한양대학교, 「2025학년도 한양대학교 신입학 수시 모집요강」, 한양대학교, 2024.

한양대학교, 「2025학년도 한양대학교 신입학 정시 모집요강」, 한양대학교, 2024.

한지선·박형빈·이현수, 「수학 선행학습이 학생들의 자기효능감, 성취동기 및 학업성취도에 미치는 영향: 대학 영재교육원 학생들을 중심으로」, 『한국학교수학회논문집』 제16권 제1호, 2013.

한지우·오삼일, 「AI와 노동시장 변화」, BOK 이슈노트 제2023-30호, 2023.

한지훈, 「"지역 비례로 뽑은 서울대생 학점, 모든 계열서 평균보다 높다"」, 『연합뉴스』, 2024. 11. 3.

행정안전부, 「주민등록인구현황」, 통계청 국가통계포털.

홍석철, 「'수능 첫만점' 한성과학고 오승은양 공부비결」, 『문화일보』, 1998. 12. 16.

三隅隆司(이와마 요코)·ウスビ·サコ(우수비 사코), 「グローバル敎育·政策を讀む 各國に學ぶ (上): 小學校英語, 韓國は日本より130時間長く 海外留·3倍差(글로벌 교육·정책을 보고 각국에서 배우다 (상): 초등학교 영어, 한국이 일본보다 130시간 더 길고 해외 유학은 3배 차이)」, 『日本經濟新聞(니혼게이자이신문)』, 2023. 2. 20.

税所弘(사이쇼 히로시), 『「朝型人間」の成功哲學(아침형 인간의 성공철학)』, 笠書房(미카사책방), 1993. (최현숙 역, 『아침형 인간』, 한스미디어, 2003.)

中國校友會罔(중국교우회망), www.cuaa.net.

Adolphus, Katie, Clare L. Lawton, and Louise Dye, "The Effects of Breakfast on Behavior and Academic Performance in Children and Adolescents," *Frontiers in Human Neuroscience*, Volume 7, No. 425, 2013.

Allensworth, Elaine M., and Kallie Clark, "High School GPAs and ACT Scores as Predictors of College Completion: Examining Assumptions About Consistency Across High Schools," *Educational Researcher*, Volume 49, Issue 3, 2020.

An, Seongjun, Sungju Lim, Hyun-Woo Kim, Hyung-Sik Kim, Dongjun Lee, Eunjeong Son, Tae Woo Kim, Tae Sik Goh, Kihun Kim, and Yun Hak Kim, "Global Prevalence of Suicide by Latitude: A Systematic Review and Meta-Analysis," *Asian Journal of Psychiatry*, Volume 81, 2023.

Anderson, Vicky, Megan Spencer-Smith, and Amanda Wood, "Do Children Really Recover Better? Neurobehavioural Plasticity After Early Brain Insult," *Brain*, Volume 134, Issue 8, 2011.

Baker, Harry, "How Many Atoms Are in the Observable Universe?," Live Science, 2021. 7. 10.

Bandura, Albert, "Self-Efficacy: Toward a Unifying Theory of Behavioral Change," *Psychological Review*, Volume 84, No. 2, 1977.

Bandura, Albert, *Self-Efficacy: The Exercise of Control*, Freeman, 1997. (박영신·김의철 역, 『자기효능감과 삶의 질: 교육·건강·운동·조직에서의 성취』, 교육과학사, 2007.)

Bandura, Albert, *Social Foundations of Thought and Action: A Social Cognitive Theory*, Prentice Hall, 1986.

Bandura, Albert, and Dale H. Schunk, "Cultivating Competence, Self-Efficacy, and Intrinsic Interest through Proximal Self-Motivation," *Journal of Personality and Social Psychology*, Volume 41, Issue 3, 1981.

Banich, Marie T., and Rebecca J. Compton, *Cognitive Neuroscience*, Fifth edition, Cambridge University Press, 2023.

Bates, Elizabeth, Judy Reilly, Beverly Wulfeck, Nina Dronkers, Meiti Opie, Judi Fenson, Sarah Kriz, Rita

Jeffries, LaRae Miller, and Kathryn Herbst, "Differential Effects of Unilateral Lesions on Language Production in Children and Adults," *Brain and Language*, Volume 79, Issue 2, 2001.

Beason-Held, Lori L., and Barry Horwitz, "Aging Brain," *Encyclopedia of the Human Brain*, edited by V. S. Ramachandran, Academic Press, 2002.

Bennett, Craig M.,and Abigail A. Baird, "Anatomical Changes in the Emerging Adult Brain: a Voxel-Based Morphometry Study," *Human Brain Mapping*, Volume 27, 2006.

Bennett, Edward L., Marian C. Diamond, David Krech, and Mark R. Rosenzweig, "Chemical and Anatomical Plasticity of Brain: Changes in Brain Through Experience, Demanded by Learning Theories, Are Found in Experiments with Rats," *Science*, Vol 146, Issue 3644, 1964.

Bouchard Jr., Thomas J., "The Wilson Effect: The Increase in Heritability of IQ with Age," *Twin Research and Human Genetics*, Volume 16, Issue 5, 2013.

Bouchard Jr., Thomas J., David T. Lykken, Matthew McGue, Nancy L. Segal, and Auke Tellegen, "Sources of Human Psychological Differences: The Minnesota Study of Twins Reared Apart," *Science*, Volume 250, No. 4978, 1990.

Boyle, Gert, and Kerry Tymchuk, *One Tough Mother: Success in Life, Business, and Apple Pies*, WestWinds Press, 2005.

Brian, Denis, *The Unexpected Einstein: The Real Man Behind the Icon*, John Wiley & Sons, 2005. (채은진 역, 『아인슈타인: 신이 선택한 인간』, 말글빛냄, 2006.)

Britton, Jack, Ian Walker, Ben Waltmann, and Yu Zhu, "How Much Does It Pay to Get Good Grades at University?", Research Paper, Institute for Fiscal Studies, Department for Education, 2022.

Brown, Drusilla K., Alan V. Deardorff, and Robert M. Ster, "The Effects of Multinational Production on Wages and Working Conditions in Developing Countries," *Challenges to Globalization: Analyzing the Economics*, edited by Robert E. Baldwin and L. Alan Winters, University of Chicago Press, 2004.

Burkhart, Simone, and Jan Kercher, "Abbruchquoten Ausländischer Studierender('Dropout Rates of International Students' in English)," DAAD-Blickpunkt('DAAD-Focus Point' in English), Deutscher Akademischer Austauschdienst('German Academic Exchange Service' in English), 2014.

Butter, Susannah, "Are You an Early Bird like Michelle or a Night Owl like Barack?," *London Evening Standard*, 2013. 9. 24.

Carrol, John B., "Foreign Language Proficiency Levels Attained by Language Majors near Graduation from College," *Foreign Language Annals*, Volume 1, Issue 2, 1967.

Carroll, Lewis, T*hrough the Looking-Glass, and What Alice Found There*, Macmillan, 1871. (김경미 역, 『거울 나라의 앨리스』, 비룡소, 2010.)

Cassady, Jerrell C., and Ronald E. Johnson, "Cognitive Test Anxiety and Academic Performance," *Contemporary Educational Psychology*, Volume 27, Issue 2, 2002.

Cattell, R. B., "Where Is Intelligence? Some Answers from the Triadic Theory," *Human Cognitive Abilities in Theory and Practice*, edited by J. J. McArdle & R. W. Woodcock, Lawrence Erlbaum Associates Publishers, 1998.

Chegg.org, "Global Student Survey," Chegg, 2023.

Child, Julia, and Alex Prud'homme, *My Life in France*, Alfred A. Knopf, 2006. (허지은 역, 『줄리아의 즐거운 인생』, 이룸, 2009.)

Claro, Susana, David Paunesku, and Carol S. Dweck, "Growth Mindset Tempers the Effects of Poverty on Academic Achievement," *Proceedings of the National Academy of Sciences*, Volume 113, No. 31, 2016.

Dewald, Julia F., Anne M. Meijer, Frans J. Oort, Gerard A. Kerkhof, and Susan M. Bögels, "The Influence of Sleep Quality, Sleep Duration and Sleepiness on School Performance in Children and Adolescents: A

Meta-analytic Review," *Sleep Medicine Reviews*, Volume 14, Issue 3, 2010.

Diamond, Marian C., Arnold B. Scheibel, Greer M. Murphy Jr., and Thomas Harvey, "On a Brain of a Scientist: Albert Einstein," *Experimental Neurology*, Volume 88, Issue 1, 1985.

Diamond, Marian C., David Krech, and Mark R. Rosenzweig, "The Effects of an Enriched Environment on the Histology of the Rat Cerebral Cortex," *Journal of Comparative Neurology*, Volume 123, Issue 1, 1964.

Dweck, Carol S., *Mindset: The New Psychology of Success*, Random House, 2006. (김준수 역, 『마인드셋』, 스몰빅미디어, 2017.)

EF EPI, www.ef.com/epi.

Eliot, Lise, Adnan Ahmed, Hiba Khan, and Julie Patel, "Dump the "Dimorphism": Comprehensive Synthesis of Human Brain Studies Reveals Few Male-Female Differences Beyond Size," *Neuroscience & Biobehavioral Reviews*, Volume 125, 2021.

von der Embse, Nathaniel, Dane Jester, Devlina Roy, and James Post, "Test Anxiety Effects, Predictors, and Correlates: A 30-Year Meta-Analytic Review," *Journal of Affective Disorders*, Volume 227, 2018.

Enright, Tristan, and Roberto Refinetti, "Chronotype, Class Times, and Academic Achievement of University Students," *Chronobiology International*, Volume 34, Issue 4, 2017.

Ericsson, K. Anders, Ralf T. Krampe, and Clemens Tesch-Römer, "The Role of Deliberate Practice in the Acquisition of Expert Performance," *Psychological Review*, Volume 100, No. 3, 1993.

Enright, Tristan, and Roberto Refinetti, "Chronotype, Class Times, and Academic Achievement of University Students," *Chronobiology International*, Volume 34, Issue 4, 2017.

ETS, "2021 Report on Test Takers Worldwide: TOEIC® Listening & Reading Test," ETS, 2022.

ETS, "2022 Report on Test Takers Worldwide: TOEIC® Listening & Reading Test," ETS, 2023.

ETS, "2023 Report on Test Takers Worldwide: TOEIC® Listening & Reading Test," ETS, 2024.

FashionUnited, www.fashionunited.com.

Felten, Edward W., Manav Raj, and Robert Seamans, "Occupational Heterogeneity in Exposure to Generative AI," SSRN, 2023.

Flege, James Emil, Murray J. Munro, and Ian R.A. Mackay, "Effects of Age of Second-Language Learning on the Production of English Consonants," *Speech Communication*, Volume 16, Issue 1, 1995.

Fornito, Alex, Andrew Zalesky, and Michael Breakspear, "The Connectomics of Brain Disorders," *Nature Reviews Neuroscience*, Volume 16, 2015.

Freed, Barbara F., Norman Segalowitz, and Dan P. Dewey, "Context of Learning and Second Language Fluency in French: Comparing Regular Classroom, Study Abroad, and Intensive Domestic Immersion Programs," *Studies in Second Language Acquisition*, Volume 26, Issue 2, 2004.

Frey, Meredith C., and Douglas K. Detterman, "Scholastic Assessment or g?: The Relationship Between the Scholastic Assessment Test and General Cognitive Ability," *Psychological Science*, Volume 15, Issue 6, 2004.

Friedman, John, Bruce Sacerdote, and Michele Tine, "Standardized Test Scores and Academic Performance at Ivy-Plus Colleges," Opportunity Insights, 2024.

Gallup, Oxford Wellbeing Research Centre, and UN Sustainable Development Solutions Network, *World Happiness Report 2024*, University of Oxford, 2024.

Gardner, Howard, *Frames of Mind: The Theory of Multiple Intelligences*, Basic Books, 1983. (이경희 역, 『마음의 틀』, 문음사, 1993.)

Gardner, Howard, *Intelligence Reframed: Multiple Intelligence for the 21st Century*, Basic Books, 1999. (문

용린 역, 『다중지능: 인간 지능의 새로운 이해』, 김영사, 2001.)

Gardner, Howard, *Multiple Intelligences: New Horizons*, Basic Books, 2006. (문용린·유경재 역, 『다중지능』, 웅진씽크빅, 2007.)

Gladwell, Malcomm, *Outliers: The Story of Success*, Little, Brown and Company, 2008. (노정태 역, 『아웃라이어: 성공의 기회를 발견한 사람들』 제2판, 김영사, 2019.)

Goldin, Andrea P., Mariano Sigman, Gisela Braier, Diego A. Golombek, and Maria J. Leone, "Interplay of Chronotype and School Timing Predicts School Performance," *Nature Human Behaviour*, Volume 4, No 4, 2020.

Han, Hak-Sun, "The Effect of Age on Children's Second Language Acquisition," *English Teaching*, Volume 62, Issue 3, 2007.

Hartshorne, Joshua K., Joshua B. Tenenbaum, and Steven Pinker, "A Critical Period for Second Language Acquisition: Evidence from 2/3 million English Speakers," *Cognition*, Volume 177, 2018.

Haworth C. M. A., M. J. Wright, M. Luciano, N. G. Martin, E. J. C. de Geus, C. E. M. van Beijsterveldt, M. Bartels, D. Posthuma, D. I. Boomsma, O. S. P. Davis, Y. Kovas, R. P. Corley, J. C. DeFries, J. K. Hewitt, R. K. Olson, S-A. Rhea, S. J. Wadsworth, W. G. Iacono, M. McGue, L. A. Thompson, S. A. Hart, S. A. Petrill, D. Lubinski, and R. Plomin, "The Heritability of General Cognitive Ability Increases Linearly from Childhood to Young Adulthood," *Molecular Psychiatry*, Volume 15, 2010.

Haworth, Claire M. A., Margaret J. Wright, Nicolas W. Martin, Nicholas G. Martin, Dorret I. Boomsma, Meike Bartels, Danielle Posthuma, Oliver S. P. Davis, Angela M. Brant, Robin P. Corley, John K. Hewitt, William G. Iacono, Matthew McGue, Lee A. Thompson, Sara A. Hart, Stephen A. Petrill, David Lubinski, and Robert Plomin, "A Twin Study of the Genetics of High Cognitive Ability Selected from 11,000 Twin Pairs in Six Studies from Four Countries," *Behavior Genetics*, Volume 39, 2009.

Health New Zealand, www.tewhatuora.govt.nz.

Hembree, Ray, "Correlates, Causes, Effects, and Treatment of Test Anxiety," *Review of Educational Research*, Volume 58, Issue 1, 1988.

Higher Education Statistics Agency, www.hesa.ac.uk.

Hirshkowitz, Max, Kaitlyn Whiton, Steven M. Albert, Cathy Alessi, Oliviero Bruni, Lydia DonCarlos, Nancy Hazen, John Herman, Eliot S. Katz, Leila Kheirandish-Gozal, David N. Neubauer, Anne E. O'Donnell, Maurice Ohayon, John Peever, Robert Rawding, Ramesh C. Sachdeva, Belinda Setters, Michael V. Vitiello, J. Catesby Ware, and Paula J. Adams Hillard, "National Sleep Foundation's Sleep Time Duration Recommendations: Methodology and Results Summary," *Sleep Health*, Volume 1, Issue 1, 2015.

Hsu, Anna J. C., Mavis Yi-Ching Chen, and Nai-Fang Shin, "From Academic Achievement to Career Development: Does Self-Regulated Learning Matter?", *International Journal for Educational and Vocational Guidance*, Volume 22, 2022.

International Mathematical Olympiad, www.imo-offical.org.

Isaacson, Walter, *Einstein: His Life and Universe*, Simon & Schuster, 2007. (이덕환 역, 『아인슈타인: 삶과 우주』, 까치글방, 2007.)

Johnson, Jacqueline S., and Elissa L. Newport, "Critical Period Effects in Second Language Learning: The Influence of Maturational State on the Acquisition of English as a Second Language," *Cognitive Psychology*, Volume 21, Issue 1, 1989.

Jung, Sook Kyung, "Demotivating and Remotivating Factors in Learning English : A Case of Low Level College Students," *English Teaching*, Volume 66, No. 2, 2011.

Jusczyk, Peter W., Angela D. Friederici, Jeanine M. I. Wessels, Vigdis Y. Svenkerud, and Ann Marie Jusczyk, "Infants' Sensitivity to the Sound Patterns of Native Language Words," *Journal of Memory and Language*, Volume 32, Issue 3, 1993.

Jussim, Lee, and Kent D. Harber, "Teacher Expectations and Self-Fulfilling Prophecies: Knowns and Unknowns, Resolved and Unresolved Controversies," *Personality and Social Psychology Review*, Volume 9, No. 2, 2005.

Kersey, Alyssa J., Kelsey D. Csumitta, and Jessica F. Cantlon, "Gender Similarities in the Brain During Mathematics Development," *npj Science of Learning*, Volume 4, No. 19, 2019.

Koenig, Katherine, Meredith C. Frey, and Douglas K. Detterman, "ACT and General Cognitive Ability," *Intelligence*, Volume 36, Issue 2, 2008.

Kurlaender, Michael, and Kramer Cohen, *Predicting College Success: How Do Different High School Assessments Measure Up?*, Policy Analysis for California Education, 2019.

Lee, James J., Robbee Wedow, Aysu Okbay, ..., Peter M. Visscher, Daniel J. Benjamin, and David Cesarini, "Gene Discovery and Polygenic Prediction from a Genome-Wide Association Study of Educational Attainment in 1.1 million Individuals," *Nature Genetics*, Volume 50, 2018.

Lenneberg, Eric H., *Biological Foundations of Language*, John Wiley and Sons, 1967.

Lozano-Blasco, Raquel, Alerto Quílez-Robres, Pablo Usán, Carlos Salavera, and Raquel Casanovas-López, "Types of Intelligence and Academic Performance: A Systematic Review and Meta-Analysis," *Journal of Intelligence*, Volume 10, No. 4, 2022.

Macnamara, Brooke N., David Z. Hambrick, and Frederick L. Oswald, "Deliberate Practice and Performance in Music, Games, Sports, Education, and Professions: A Meta-Analysis," *Psychological Science*, Volume 25, Issue 8, 2014.

Maguire, Eleanor A., David G. Gadian, Ingrid S. Johnsrude, Catriona D. Good, John Ashburner, Richard S. J. Frackowiak, and Christopher D. Frith, "Navigation-Related Structural Change in the Hippocampi of Taxi Drivers," *Proceedings of the National Academy of Sciences of the United States of America*, Volume 97, No. 8, 2000.

Mangan, Dan, "Politics Judge Sanctions Lawyers for Brief Written by A.I. with Fake Citations," CNBC, 2023. 6. 22.

Martínez, Eric, "Re-evaluating GPT-4's Bar Exam Performance," *Artificial Intelligence and Law*, forthcoming, 2024.

Maurer, Daphne, and Terri L. Lewis, "Sensitive Periods in Visual Development," *The Oxford Handbook of Developmental Psychology (Volume 1): Body and Mind*, edited by Philip David Zelazo, Oxford University Press, 2013.

Maurer, Daphne, and Terri L. Lewis, "Visual Acuity: The Role of Visual Input in Inducing Postnatal Change," *Clinical Neuroscience Research*, Volume 1, Issue 4, 2001.

Muñoz, Carmen, "A New Look at "Age": Young and Old L2 Learners," *The Cambridge Handbook of Language Learning*, edited by John W. Schwieter and Alessandro Benati, Cambridge University Press, 2019.

Muñoz, Carmen, "The Effects of Age on Foreign Language Learning: The BAF Project," *Age and the Rate of Foreign Language Learning*, edited by Carmen Muñoz, Multilingual Matters, 2006.

Muñoz, Carmen, Teresa Cadierno, and Isabel Casas, "Different Starting Points for English Language Learning: A Comparative Study of Danish and Spanish Young Learners," *Language Learning*, Volume 68, Issue 4, 2018.

Musée du Louvre, www.louvre.fr.

National Conference of Bar Examiners, www.ncbex.org.

Neisser, Ulric, Gwyneth Boodoo, Thomas J. Bouchard Jr., A. Wade Boykin, Nathan Brody, Stephen J. Ceci, Diane F. Halpern, John C. Loehlin, Robert Perloff, Robert J. Sternberg, and Susana Urbina, "Intelligence: Knowns and Unknowns," *American Psychologist*, Volume 51, No. 2, 1996.

NSSF(Nasjonalt Senter for Selvmordsforskning og –Forebygging, 'Nation Centre for Suicide Research and Prevention' in English), "Suicide Statistics in Norway", 2024.

OECD, *Do Adults Have the Skills They Need to Thrive in a Changing World?: Survey of Adult Skills 2023*, OECD Publishing, 2024a.

OECD, *Education at a Glance 2024*, OECD Publishing, 2024b.

OECD, *Health at a Glance 2023*, OECD Publishing, 2023.

OECD, *OECD Compendium of Productivity Indicators*, OECD Publishing, 2024c.

OECD, *PISA 2012 Results (Volume IV): What Makes Schools Successful? Resources, Policies and Practices*, OECD Publishing, 2013.

OECD, *PISA 2018 Results (Volume II): Where All Students Succeed*, OECD Publishing, 2019.

OECD, "PISA Data Explorer," OECD.

Office for Students, *English Higher Education 2023: The Office for Students Annual Review*, Office for Students, 2023.

Office of Homeland Security Statistics, "Yearbook of Immigration Statistics."

Okano, Kana, Jakub R. Kaczmarzyk, Neha Dave, John D. E. Gabrieli, and Jeffrey C. Grossman, "Sleep Quality, Duration, and Consistency Are Associated with Better Academic Performance in College Students." npj Science of Learning, Volume 4, No. 16, 2019.

OpenAI, "GPT-4 Technical Report," arXiv, 2023.

Park, Sunyoung, "Self-Directed Learning in the Workplace," Education Resources Information Center (ERIC), Institute of Education Sciences of the U. S. Department of Education, 2008.

Paruthi, Shalini, Lee J. Brooks, Carolyn D'Ambrosio, Wendy A. Hall, Suresh Kotagal, Robin M. Lloyd, Beth A. Malow, Kiran Maski, Cynthia Nichols, Stuart F. Quan, Carol L. Rosen, Matthew M. Troester, and Merrill S. Wise, "Consensus Statement of the American Academy of Sleep Medicine on the Recommended Amount of Sleep for Healthy Children: Methodology and Discussion," *Journal of Clinical Sleep Medicine*, Volume 12, Issue 11, 2016.

Pearson, "How Gen AI Proof Is Your Job?," News Release, Pearson, 2023. 11. 27.

Pfenninger, Simone E., and David Singleton, *Beyond Age Effects in Instructional L2 Learning: Revisiting the Age Factor*, Multilingual Matters, 2017.

Pfenninger, Simone E., and David Singleton, "The Age Factor in the Foreign Language Class: What Do Learners Think?," *Theory and Practice of Second Language Acquisition*, Volume 2, No. 1, 2016.

Plomin, Robert, and J. C. DeFries, "Genetics and Intelligence: Recent data," *Intelligence*, Volume 4, Issue 1, 1980.

Plomin, Robert, and Sophie von Stumm, "The New Genetics of Intelligence," *Nature Reviews Genetics*, Volume 19, 2018.

Preckel, Franzis, Anastasiya A. Lipnevich, Sandra Schneider, and Richard D. Roberts, "Chronotype, Cognitive Abilities, and Academic Achievement: A Meta-Analytic Investigation," *Learning and Individual Differences*, Volume 21, Issue 5, 2011.

Quacquarelli Symonds, www.topuniversities.com.

Rampersaud, Gail G., Mark A. Pereira, Beverly L. Girard, Judi Adams, and Jordan D. Metzl, "Breakfast Habits, Nutritional Status, Body Weight, and Academic Performance in Children and Adolescent," *Journal of the American Dietetic Association*, Volume 105, No. 5, 2005.

Richardson, Sarah S., Meredith W. Reiches, Joe Bruch, Marion Boulicault, Nicole E. Noll, and Heather Shattuck-Heidorn, "Is There a Gender-Equality Paradox in Science, Technology, Engineering, and Math

(STEM)? Commentary on the Study by Stoet and Geary (2018)," *Psychological Science*, Volume 31, Issue 3, 2020.

Rinaldi, Pasquale, Patrizio Pasqualetti, Virginia Volterra, and Maria Cristina Caselli, "Gender Differences in Early Stages of Language Development. Some Evidence and Possible Explanations," *Journal of Neuroscience Research*, Volume 101, Issue 5, 2021.

Rosenthal, Robert, and Lenore Jacobson, "Pygmalion in the Classroom," *The Urban Review*, Volume 3, 1968.

Salthouse, Timothy, "Consequences of Age-Related Cognitive Declines," *Annual Review of Psychology*, Volume 63, 2012.

Sanders, Robert, "Enrichment Is Key to Children's Intelligence and Creativity, Says New book Coauthored by UC Berkeley Brain Researcher Marian Diamond," News Release, University of California, Berkeley, 1998. 5. 11.

Schaie, K. Warner, *Developmental Influences on Adult Intelligence: The Seattle Longitudinal Study*, Second Edition, Oxford University Press. 2013.

Schwab, Klaus, *The Fourth Industrial Revolution*, Crown Business, 2016. (송경진 역, 『클라우스 슈밥의 제4차 산업혁명』, 메가스터디북스, 2016.)

Segal, Nancy L., and Yoon-Mi Hur, "Personality Traits, Mental Abilities and Other Individual Differences: Monozygotic Female Twins Raised Apart in South Korea and the United States," *Personality and Individual Differences*, Volume 194, 2022.

Serrano, Raquel, and Carmen Muñoz, "Same Hours, Different Time Distribution: Any Difference in EFL?," *System*, Volume 35, Issue 3, 2007.

Serrano, Raquel, Àngels Llanes, and Elsa Tragant, "Analyzing the Effect of Context of Second Language Learning: Domestic Intensive and Semi-Intensive Courses vs. Study Abroad in Europe," *System*, Volume 39, Issue 2, 2011.

Serrano, Raquel, Àngels Llanes, and Elsa Tragant, "Examining L2 Development in Two Short-Term Intensive Programs for Teenagers: Study Abroad vs. "at Home"," *System*, Volume 57, 2016.

ShanghaiRanking, www.shanghairanking.com.

Shaw, P., D. Greenstein, J. Lerch, L. Clasen, R. Lenroot, N. Gogtay, A. Evans, J. Rapoport, and J. Giedd, "Intellectual Ability and Cortical Development in Children and Adolescents," *Nature*, Volume 440, 2006.

Shear, Michael D., "Obama After Dark: The Precious Hours Alone," *New York Times*, 2016. 7. 2.

Shin, Hong-Im, & Jeon, Woo Taek, ""I'm Not Happy, but I Don't Care": Help-Seeking Behavior, Academic Difficulties, and Happiness," *Korean Journal of Medical Education*, Volume 23, Issue 1, 2011.

Small Arms Survey, www.smallarmssurvey.org.

Snowdon, David A., "Aging and Alzheimer's Disease: Lessons From the Nun Study," *Gerontologist*, Volume 37, No. 2, 1997.

Song, Bongsun, and Tae-Young Kim, "The Dynamics of Demotivation and Remotivation Among Korean High School EFL Students," *System*, Volume 65, 2017.

Song, Mi-Jeong, "Beyond the Critical Period Hypothesis: The Effect of Amount of Native Language Use on Ultimate Attainment in SLA," *Korean Journal of Applied Linguistics*, Volume 24, Issue 2, 2008.

Song, Mi-Jeong, "Retesting the Critical Period Hypothesis: Is Age a Strong Predictor of Ultimate Attainment in SLA?," *English Teaching*, Volume 6, Issue 4, 2006.

Spalding, Kirsty L., Olaf Bergmann, Kanar Alkass, Samuel Bernard, Mehran Salehpour, Hagen B. Huttner, Emil Boström, Isabelle Westerlund, Céline Vial, Bruce A. Buchholz, Göran Possnert, Deborah C. Mash, Henrik Druid, Jonas Frisén, "Dynamics of Hippocampal Neurogenesis in Adult Humans," *Cell*, Volume

153, Issue 6, 2013.

Stern, H. H., "The Time Factor and Compact Course Development," *TESL Canada Journal*, Volume 3, No. 1, 1985.

Stern, Yaakov, "Cognitive Reserve in Ageing and Alzheimer's Disease," *Lancet Neurology*, Volume 11, Issue 11, 2012.

Stevenson, David Lee, and David P. Baker, "Shadow Education and Allocation in Formal Schooling: Transition to University in Japan," *American Journal of Sociology*, Volume 97, No. 6, 1992.

Stoet, Gijsbert, and David C. Gear, "Corrigendum: The Gender-Equality Paradox in Science, Technology, Engineering, and Mathematics Education," *Psychological Science*, Volume 31, Issue 1, 2020.

Stoet, Gijsbert, and David C. Gear, "The Gender-Equality Paradox in Science, Technology, Engineering, and Mathematics Education," *Psychological Science*, Volume 29, Issue 4, 2018.

Sudden Trust, and Social Mobility Commission, *Elitist Britain 2019: The Educational Backgrounds of Britain's Leading People*, Sudden Trust, 2019.

Times Higher Education, www.timeshighereducation.com.

Tromp, John, "Chess Position Ranking," GitHub, 2021.

Tromp, John, and Gunnar Farnebäck, "Combinatorics of Go," GitHub, 2016.

United Nations (Department of Economic and Social Affairs, Population Division), *World Population Prospects 2024*, Online Edition, United Nations, 2024.

U.S. Department of State, www.state.gov.

U.S. News & World Report, www.usnews.com.

Van Valen, Leigh, "A New Evolutionary Law," *Evolutionary Theory*, Volume 1, 1973.

van der Vinne, Vincent, Giulia Zerbini, Anne Siersema, Amy Pieper, Martha Merrow, Roelof A. Hut, Till Roenneberg, and Thomas Kantermann, "Timing of Examinations Affects School Performance Differently in Early and Late Chronotypes." *Journal of Biological Rhythms*, Volume 30, No. 1, 2015.

de Vries, Robert, "Earning by Degrees: Differences in the Career Outcomes of UK Graduates," Sutton Trust, 2014.

Wilson, R. S., P. A. Scherr, J. A. Schneider, Y. Tang, and D. A. Bennett, "The Relation of Cognitive Activity to Risk of Developing Alzheimer's Disease," *Neurology*, Volume 69, No. 3, 2007.

World Economic Forum, *Global Gender Gap Report 2023*, World Economic Forum, 2023.

World Health Organization, WHO Mortality Database.

Wu, Rong, and Zhonggen Yu, "Do AI Chatbots Improve Students Learning Outcomes? Evidence from a Meta-Analysis," *British Journal of Educational Technology*, Volume 55, Issue 1, 2024.

Yerkes, Robert M., and John D. Dodson, "The Relation of Strength of Stimulus to Rapidity of Habit-Formation," *Journal of Comparative Neurology and Psychology*, Volume 18, Issue 5, 1908.

Zerbini, Giulia, and Martha Merrow, "Time to Learn: How Chronotype Impacts Education," *PsyCh Journal*, Volume 6, Issue 4, 2017.

Zimmerman, Barry J., Albert Bandura, and Manuel Martinez-Pons, "Self-Motivation for Academic Attainment: The Role of Self-Efficacy Beliefs and Personal Goal Setting," *American Educational Research Journal*, Volume 29, Issue 3, 1992.

교육의 수익률을 높여라
성공적인 자녀교육과 자기계발을 위한 교육투자 가이드

펴 낸 날	2025년 1월 31일 초판 1쇄
지 은 이	박경인·권준모
디 자 인	디자인 아르시에
제　　작	에스앤제이
펴 낸 이	권준모
펴 낸 곳	크리에이티브탱크(유)
출판신고	제2023-000067호(2023년 2월 23일)
주　　소	서울특별시 강남구 선릉로 704, 12층 1269-4호
전　　화	070-8098-8291
팩　　스	070-7614-8291
전자우편	books@creativetank.co.kr
홈페이지	www.creativetank.co.kr

ⓒ 박경인·권준모 2025
ISBN 979-11-990795-0-2　　03370

이 책은 저작권법에 따라 보호받는 저작물이므로 무단 전재 및 복제를 금합니다.

값은 뒤표지에 있습니다.
파본은 구입하신 서점에서 교환해 드립니다.